KÖLN

Eine große Stadt in Bildern

KÖLN

Eine große Stadt in Bildern

Fotografien von Celia Körber-Leupold

Text von Detlev Arens

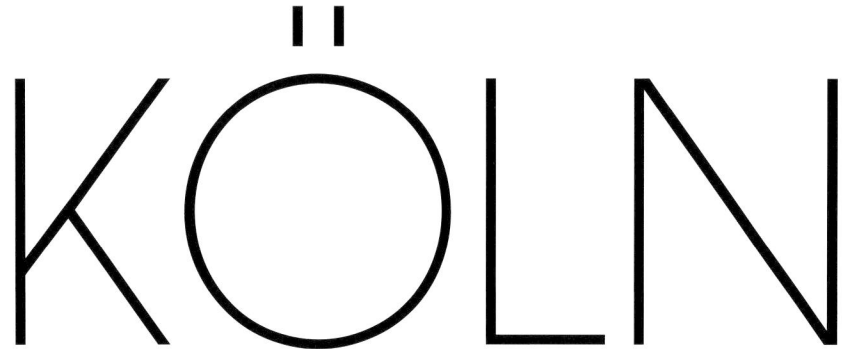
GREVEN VERLAG KÖLN

Inhalt

Eine Stadt in Bildern und das Bild der Stadt

Bevor Bilder die Augen öffnen können, schaffen sie Abstand. Das gilt selbst für die Bilder im Kopf. Im bekanntesten Köln-Lied erscheint dann vor dem inneren Auge das bekannteste Kölner Bauwerk, der Dom. Früher hieß es, ein in der Wolle gewaschener Domstädter wechsle nur aus einem Grund ins Rechtsrheinische, nämlich um vom Deutzer Ufer das berühmte Panorama besser auf sich wirken zu lassen. Der Strom schafft Abstand, den sich auch das Auge der Kamera unzählige Male zunutze gemacht hat.

Weil die Stadt Verkehrsknotenpunkt ist, führen viele Wege nach Köln, übrigens auch für Kölner, die wieder nach Hause kommen. Imagepfleger bemängeln die Einfahrt von Westen in den Hauptbahnhof, weil sie auf der Domseite nur triste Hinterhöfe bietet. Doch wer mit der Stadt vertraut ist, für den wirkt gerade diese Tristesse eigentümlich anheimelnd. Die Zeit scheint hier still gestellt, als führe der Ein- und Heimreisende durch ein Bild von Chargesheimer. Das hat so gut wie nichts mit Nostalgie zu tun und viel mit historischer Realität. Vorn mag die Stadt sich ändern, so viel und so schrill sie will, in diesen Hinterhöfen ist sie sich erstaunlich gleich geblieben.

Sicher, das prächtigere Entree wartet bei der Annäherung von Osten. Dann geht es unvermeidlich über den Strom. Und wenigstens auf Höhe des historischen Köln zeigt sich ein anderes Stadtbild. Es präsentiert die unverbrüchlichste Zusammengehörigkeit, und die heißt eben

Köln am Rhein

Der Rhein hat die Stadt geprägt, zu ihm hin war und ist sie ausgerichtet. Die römische Gründung wendete sich mit städtebaulicher Imponiergeste über den Strom hinweg ins feindliche Barbarenland, schon die Colonia nutzte die Möglichkeit, ihr Prätorium und ihren Kapitolstempel vom Rhein her wirken zu lassen.

Dass sie als Provinzkapitale Niedergermaniens lange mit dem großen Pfund eines Naturhafens wuchern konnte, verdankte sie ebenfalls dem Strom. Er bildete hier einen Seitenarm, den die vorgelagerte Insel bestens schützte. Allerdings verlandete dieser Arm noch während der Römerherrschaft, und die Anlegestelle musste gleich an das linke Ufer rücken.

Dafür hatte „das große heilige Cöln" jetzt vollends Gelegenheit, sich – nach einem Wort von Heinrich Heine – in den Wellen zu spiegeln. Wie selbstverständlich lassen die Stadtansichten des Mittelalters und der früheren Neuzeit sie stets vor dem Rhein posieren. Ohne Rhein kein Rhein-Panorama, ein Panorama, das nun wirklich zu Weltruhm kam, unzählige Male gezeichnet, gemalt und gestochen. Die Rheinseite war die Schokoladenseite der Stadt, lange bevor ein Schokoladenmuseum sie bereicherte. Und mochten die aufgeklärten Besucher des 18. Jahrhunderts Köln als verkommenes Pfaffennest schmähen, seine Kulisse rühmten sie dennoch.

So hat es seinen eigenen Reiz, die Parade dieser Schauseite vom Schiff her abzunehmen. Bei allem Verlust an alter Bausubstanz lässt sie doch die jahrhundertealten Strukturen erkennen, von der Bastei bis rheinaufwärts zum Bayenturm, ganz sicher aber zwischen Hohenzollern- und Deutzer Brücke. Das Türmedoppel des Doms, der Vierungsturm von Groß St. Martin und der Rathausturm setzen hier die Akzente.

Selten genug lässt sich eine große städtebauliche, eine Pioniertat der letzten Jahrzehnte rühmen. Doch dank des Rheingartens liegt Köln, genauer seine Altstadt, wieder am Rhein und nicht an der Rheinuferstraße. An der Wasserseite beeindruckt auch der umgenutzte Rheinauhafen, wenngleich sich die Wohnungen hier nur Doppelverdiener ohne Kinder leisten können. Immerhin ist mit dem Deutzer ein wirklicher Hafen in Sichtweite. Sonst sind die – zugegeben prosaischeren – Hafenstandorte nördlich (Niehl) wie südlich (Godorf) an die Peripherie der Stadt gerückt. Diese Randlage entspricht ihrer Bedeutung nicht: Insgesamt behauptet sich Köln immer noch als zweitgrößter Binnenhafen Deutschlands (nach Duisburg).

Beim Stichwort Fluss stellt sich die Metapher „Lebensader" oft allzu geläufig ein. Lange war der Rhein vor allem Wasserstraße und Abwasserkanal, manche sprachen sogar von der „größten Kloake Europas". Die „Wasserstraße" hat starken Einfluss auf das Leben im Strom genommen, mehr noch, sie hat es buchstäblich von Grund auf verändert. Bei den Schalentieren, bei den Schnecken und Muscheln stellen eingewanderte Arten die große Mehrheit, und auf die Zusammensetzung der Tiergemeinschaften wirkt der nie abreißende Überseeverkehr immer neu ein. Ebenso verdanken die Kölner Ufer manches exotische Gewächs einem Frachter aus fernen Ländern. Die ökologische Globalisierung, sie lässt sich am und im Rhein mit Händen greifen.

Doch lebt seit Verbesserung der Wasserqualität auch der Strom selbst wieder auf. Wenn er nicht weiter unten abgefangen wird, schwimmt heute sogar der eine oder andere Lachs am Kölner Panorama vorbei. Inzwischen gibt es sogar Strandbäder am Rhein. Sie sind das vielleicht sichtbarste Zeichen für die Wiederannäherung von Stadtbewohnern und Strom.

Diese vorsichtige Annäherung geht von den Menschen aus, eine andere, sehr viel massivere vom Rhein selbst. Allerdings ist unsereiner an diesen so genannten Jahrhunderthochwassern kaum unbeteiligt, nur dass eben diese Teilhabe weit über den Kreis der Geschädigten hinausgeht.

Der Dom im Mittelpunkt

Natürlich bereichert auch der Dom das Rhein-Panorama. Aber selbst altgediente Kölner staunen immer wieder, an wie vielen Enden der Straßenschluchten und -fluchten die Kathedrale auftaucht.

Auch im übertragenen Sinn scheint alles auf den Dom zuzulaufen. Er, genauer vielleicht seine Doppelturmfassade, steht für die Stadt, er konzentriert ihr Bild wie nur wenige andere Bauwerke die Stadtbilder andernorts. Verglichen damit scheint eher eine statistische Größe, dass der Dom die weitaus meisten Besucher anzieht.

Bei seiner Grundsteinlegung 1248 griffen die geistlichen Bauherren nach den Sternen. Kein anderes Gotteshaus sollte dem ihren gleichkommen, sogar die großen Vorbilder in Frankreich sollte es übertrumpfen. Nur zeigte sich ziemlich bald, dass die ehrgeizigen Pläne zum Scheitern verurteilt waren. Wurde der grandiose Chor noch recht zügig fertiggestellt (Weihe 1322), so schritten die Arbeiten bis 1530 immer quälender voran. Dann tat sich über dreihundert Jahre so gut wie nichts. Das Wahrzeichen Kölns war jetzt der riesige hölzerne Kran auf dem Südturm, der nachdrücklich an das abgebrochene Unternehmen erinnerte. Wenn der Wind ging, knarrte und quietschte er, als wollte er den Kölnern wegen des unvollendeten Werks auch noch in den Ohren liegen.

Vollendet wurde der Dom im 19. Jahrhundert, nun mit kräftiger Unterstützung des preußischen Staates und seiner protestantischen Herrscher. Am 4. September 1842 legten der spätere Kardinal Johannes von Geissel und König Friedrich Wilhelm IV. gemeinsam den Grundstein zum Weiterbau. Die Kathedrale wurde von Ludwig Uhland nicht nur als „Großer Vaterlandsgedanke" gefeiert, sondern auch als „Denkmal der gemischten Ehe" ironisch distanziert.

Jedenfalls galt seine Fertigstellung als nationale Tat wie die Gotik als Nationalstil überhaupt. Dieser kräftige Irrtum hielt das patriotische Deutschland noch eine ganze Weile in seinem Bann. Es wollte den Vaterlandsschwärmern nur schwer einleuchten, dass die ideellen Fundamente des Baus in Frankreich gelegt wurden, also geistiges Eigentum des Erbfeinds waren. Der Dom gehört zur französischen Kathedralgotik, zieht die Summe ihrer Architekturgedanken.

Räumlich ein weit östlicher Vorposten, erscheint er nicht wenigen als die Vollendung des wahrlich epochemachenden Bautyps.

Ein Vorposten ist der Dom noch in anderer Richtung und in anderer Hinsicht, nämlich ein nördlicher Vorposten der Rheinromantik. Gestiftet haben diese Verbindung zum Strom die Engländer. Sie entdeckten ja eigentlich den Rhein als Tourismusattraktion, und ihre Reiseroute nahm von Köln ihren Ausgang. Aber noch viel später wurde der Dom auch als Vorposten der berühmten Burgengasse wahrgenommen, war sozusagen Felsen und Burg in einem. Noch der Dichter Jürgen Becker kann ihn – wenngleich in satirischer Absicht – mit dem „herrlichen Drachenfels" vergleichen. Damit gehört er zum Kerninventar der Rheinromantik, und das gilt für den ruinösen Dom, das „Steingebirge", ebenso wie für den vollendeten.

Eigentliches Zentrum des Doms und Bauanlass sind die Gebeine der Heiligen Drei Könige, die der Kölner Erzbischof Rainald von Dassel aus Mailand nach Köln geschafft hatte. Sie ruhen in dem wundervollen Schrein des Chorhaupts, dessen gleißendes Gold die Besucherblicke schon von der westlichen Vorhalle her auf sich zieht. Wie zugegeben viele Sarkophage hat er die Form einer Basilika. Nur ist hier die Versuchung besonders groß, das Erscheinungsbild als Appell zum Bau einer neuen Kirche zu verstehen, einer Kirche, würdig des Gehäuses fürs heilige Gebein.

Und vielleicht hat dieser größte Reliquiensarkophag Europas auch auf die gewaltigen Dimensionen des Unternehmens selbst gewirkt. Aber natürlich erschöpft sich die Bedeutung des Schreins nicht in der schieren Größe. Für seine überragende künstlerische Qualität steht der Name des Nikolaus von Verdun. Nikolaus, fähigster Goldschmied der Romanik, hat ihn kurz nach 1180 entworfen und mit den Prophetenfiguren der Langseiten ein stupendes Zeugnis seines Könnens abgelegt. Vollendet wurde das gewaltige Werk erst um 1225, vermutlich von einer Aachener Werkstatt.

Erstaunlich viele Kunstwerke blieben der Kathedrale erhalten. Zu den höchstrangigen gehören das mächtige Gerokreuz (10. Jahrhundert) noch aus dem alten Dom, die Malereien der Chorschranken und die vierzehn hochgotischen Chorpfeilerfiguren aus den Jahrzehnten vor 1300. Ebenfalls dazu gehören die Glasmalereien verschiedener Zeitstufen, am meisten zum Bild der Stadt tragen die fünf spätmittelalterlichen Fenster im nördlichen Seitenschiff bei. Das mittlere, das Geburt-Christi-Fenster, ist eine Stiftung der Stadt und stellt ihre vornehme Herkunft heraus. Breitbeinig zeigen sich Marcus Vipsanius Agrippa als Gründer und der gänzlich legendäre Marsilius als ihr Retter aus den Klauen der Belagerer. Gleich mehrfach präsent ist das Kölner Stadtwappen, und auch der hl. Gereon als Stadtpatron fehlt nicht. Mit den hll. Mauritius und Gregorius Maurus sind zwei weitere Märtyrer der thebäischen Legion vertreten, deren Angehörige jedenfalls zeitlich gesehen das Fundament der „Colonia sancta" bilden.

Einen noch engeren Bezug zu Köln hat Stephan Lochners Altar der Stadtpatrone. Ursprünglich stand dieses um 1440 gemalte Retabel in der Ratskapelle und kam erst nach deren Abriss in den Dom. An seinem ursprünglichen Standort sollte es nicht zuletzt der Selbstdarstellung des Rates dienen. Es versammelt die Schutzheiligen der Metropole: Vor der thronenden Gottesmutter mit Kind im Zentrum knien die Heiligen Drei Könige, der linke Flügel zeigt die hl. Ursula inmitten der dichtgedrängten Mitmärtyrerinnen und -märtyrer, auch der gewappnete Gereon rechts führt zahlreiche Blutzeugen aus der thebäischen Legion an. Machtvoll wirkt das Auftreten der Kölner Heiligen, gesteigert wird es vom monumentalen Zug der Darstellung, die sich über alle drei Flügel des geöffneten Altars zieht.

Recht spät, erst 1996, fand der Dom Aufnahme ins UNESCO-Weltkulturerbe. Das offizielle Köln nahm den Beschluss huldvoll zur Kenntnis, nicht ohne durchblicken zu lassen, dass es diese Ehrung für überfällig hielt. Ob der eine oder andere Verantwortliche damals den leisen Verdacht hegte, der Dom als Weltkulturerbe könne einmal der Stadt-„Entwicklung" im Weg stehen?

Das Verkehrskreuz des Westens

Freilich rief schon der Bau des benachbarten Hauptbahnhofs viele Mahner auf den Plan, die darin eine Abwertung der Kathedrale sahen. Als der Stadtrat 1882 mit einer einzigen Stimme Mehrheit den heutigen Standort des ‚Central-Personenbahnhofs' beschloss, kommentierte der Volksmund: „Der Dom ist als Wartesaal III. und IV. Klasse in Aussicht genommen." Der aber profitiert von dieser Anbindung zumindest insofern, als er dem Bahnhof viele Besucher verdankt.

Vorab ist die gute Erreichbarkeit ein Pfund, mit dem Köln wuchern kann. Anfangs stand freilich der Güterverkehr im Vordergrund des Interesses. Und obwohl sich schon bald abzeichnete, dass die Eisenbahn den Schiffen beim Transport von Massengütern gewaltige Konkurrenz machte, spielte der Rhein wieder eine wichtige Rolle: Die niederländischen Transitzölle verhinderten einen kostengünstigen Zugang zu den Nordseehäfen, der nun auf anderem Weg gesichert werden sollte. Aber wie sehr immer noch vom Strom her gedacht wurde, belegt das Schlagwort vom ‚Eisernen Rhein', geprägt für die 1843 eröffnete Strecke

Köln – Antwerpen. Sie war die erste internationale Eisenbahnverbindung Europas.

Dem Schienenanschluss an einen großen Seehafen folgte 1847 dank der ‚Cöln-Mindener Eisenbahn' die Verbindung nach Berlin. Sie zählte bald zu den wichtigsten innerdeutschen Strecken, nahm allerdings von Deutz ihren Ausgang. Doch selbstverständlich gingen Schienen schon über die erste feste Brücke des neuzeitlichen Köln, die Dombrücke von 1859. Auch über die Hohenzollernbrücke als ihren Nachfolger (errichtet 1907–1911) verkehrten Züge, und die Südbrücke (1906–1910) diente ausschließlich dem Schienenfrachtverkehr.

Damals hatte Köln seine Stellung als Eisenbahnknotenpunkt ausgebaut und auch in der Folgezeit zu behaupten gewusst. Ob als Haltepunkt im 1971 eingerichteten IC-Netz, ob als Station im Hochgeschwindigkeitsverkehr, immer hielt Köln Anschluss, wenngleich die Innenstadtlage seines Hauptbahnhofs manche Probleme bereitet.

Ein Stadtbildkapitel für sich ist der Straßenverkehr. Die Schließung des Kölner Autobahnrings 1965 wurde als Pioniertat gefeiert und davon geschwärmt, wie gewaltig sich dieser Ring noch verbreitern ließe. Keine Schallschutzwand kann die Motorengeräusche aus den Parkanlagen des Äußeren Grüngürtels verbannen. Der Hintersinn des Wortes Verkehrskreuz aber erfüllt sich an der Nord-Süd-Fahrt, einst Vorzeigeprojekt der ‚autogerechten Stadt'. Immer wieder wird erwogen, diese brutale Schneise wenigstens partienweise in den Untergrund zu verbannen. Weil sich aber nicht absehen lässt, wann die öffentlichen Haushalte aus dem Gröbsten heraus sind, bleibt es wohl beim Traum von einer geschlossenen Stadtbildwunde.

Selbstredend hat auch die Erfolgsgeschichte des Airports ihren Preis, Stichwort Fluglärm. Dabei fand der Flughafen „Konrad Adenauer" erst ab Mitte der 1980er Jahre wirklichen Zuspruch und erreichte im Frachtgeschäft den zweiten Rang in Deutschland. Zu Beginn des 21. Jahrhunderts entdeckten die Betreiber mit den Billigflügen ein neues Geschäftsfeld, und hier wollen sie lange die Nase vorn haben. Die Anbindung des Flughafens ans Intercity- und S-Bahnnetz spricht für das Bemühen, die einzelnen Verkehrsträger sinnvoll zu verknüpfen. In das Miteinander von Wasserweg, Schiene und Straße wird einiges investiert. Die Schnittstellen liegen eher am Stadtrand wie der Containerbahnhof Eifeltor. Dennoch darf nicht aus dem Blickfeld geraten, dass ein umweltverträglicheres Verkehrsmanagement zu den wichtigen Aufgaben der Zukunft gehört.

U wie Untergrund:
Der verborgene Reichtum

Möglich, dass manche Tourismusstrategen doch von einer weltweiten Sehenswürdigkeit träumten – welcher Verstand kann schon über jede Hintertreppe des Bewusstseins wachen? Und der schiefe Turm von St. Johann Baptist machte zumindest deutschlandweit Schlagzeilen, plötzlich wurde Pisa nur noch am Wortanfang großgeschrieben. Aber natürlich wurde dieser Turm an der Severinstraße doch wieder gerade gerückt. Schon seine äußerst nüchterne Architektur stand dem Werbeeffekt, also der Vermarktung entgegen, außerdem bürgt eine Panne beim U-Bahnbau kaum für die nötige Aura eines Bauwerks.

Welche Reichtümer, fast hätten wir gesagt welche Schätze, unter dem Pflaster oder Asphalt dieser Stadt liegen, davon geben ihre U-Bahnhöfe und Tiefgaragen allerdings nur einen schwachen Begriff. Unter dem Dom wartet die Welt der Spätantike und des frühen Mittelalters nur darauf, von den Worten kundiger Archäologen wiederbelebt zu werden, unter St. Pantaleon verheißen römische Mauerzüge aufregende Entdeckungen. Und selbst in den Außenbezirken blieb ein imposantes römisches Denkmal erhalten. Die Grabkammer an der Aachener Straße in Weiden gehörte wohl zu einem Gutshof und wurde seit etwa 150 n. Chr. bis ins 4. Jahrhundert genutzt. In die drei großen Wandnischen sind marmorne Speiseliegen eingestellt, offenbar sollten die Toten zu einem Gastmahl versammelt werden, die Nahrungsaufnahme als sicherste Gewähr des Weiterlebens auch nach dem Tod. Heute steht hier ebenfalls der Jahreszeiten-Sarkophag, dessen prunkvolles Äußeres auf einen ursprünglich oberirdischen Standort schließen lässt. Die spannendste archäologische Zone liegt unter dem Rathaus und seinem Vorplatz. Denn dieser historische Sitz des Stadtregiments fußt auf dem römischen Prätorium, also dem Herrschaftszentrum der Provinz Germania inferior, später secunda. Hier residierte der römische Statthalter, hier befanden sich die Stätte des Kaiserkults und die Basilika für die Gerichtsverhandlungen. Vier Bauphasen seit dem ersten nachchristlichen Jahrhundert lassen sich ausmachen, und noch nach dem Frankeneinfall 355 wurde dieser Palast umso prächtiger wieder aufgebaut; seine Rheinfront maß jetzt gute 90 Meter Länge. Neu erstand ein achteckiger Zentralbau, vielleicht ein Empfangsraum, der unter dem Spanischen Bau besichtigt werden kann.

Und so geschichtsvergessen waren die ersten Frankenkönige nicht, dass sie die imposante Anlage nicht zur Residenz gemacht hätten. Unter den Merowingern allerdings geriet die Stadt an den Rand ihres östlichen Reiches, selbst der große Einfluss von Bischof Kunibert (vor 626 – nach 648) am austrischen Hof änderte daran kaum etwas. Doch mit dem Ausgreifen des Frankenreiches nach Osten fand Köln ins Zentrum des Geschehens zurück und das Prätorium wieder in seine Rolle als herrschaftlicher Palast. Noch immer ist umstritten, warum er dann endgültig aufgegeben wurde.

Vom Prätorium lässt sich ein weiterer Bereich des nur noch unterirdisch präsenten Köln erschließen: das historische Judenviertel. Wenigstens die jetzt zeltartig überdachte, gut erhaltene Mikwe erlaubt von oben einen Blick in die Tiefe. Doch das jüdische Gemeindezentrum ist viel umfangreicher bezeugt, als der freigeräumte Schacht des Ritualbads ahnen lässt. Die Fundamente der Synagoge sind ebenso erhalten wie die Mauerzüge vom Haus des Synagogendieners, erhalten sind sowohl Reste des Hochzeits- und Tanzhauses als auch des Hospizes – ein europaweit einmaliges Ensemble.

Seit langem gibt es die Idee, hier ein ‚Haus der jüdischen Kultur' zu errichten. Dafür spricht nicht nur der archäologische Befund, sondern auch eine vortreffliche Quellenlage. Während andernorts jüdisches Leben aus vereinzelten Daten mühsam rekonstruiert werden muss, stellen die Kölner Schriftzeugnisse einen fast lückenlosen Zusammenhang her. Die hiesigen Schreinskarten, eine Art frühes Grundbuch, zeigen das Entstehen des Jüdischen Viertels im 12. Jahrhundert und erlauben, die Besitzerwechsel der einzelnen Häuser über viele Generationen nachzuverfolgen. Nicht unterschlagen werden darf, dass dieses Judenviertel beim blutigen Massaker von 1349 unterging. Endgültig erlosch es 1423/24, als der Rat den Juden die Ansiedlung im Stadtgebiet generell verbot.

Aus der Synagoge wurde nun die Ratskapelle St. Maria in Jerusalem, der zusätzliche Hinweis auf die Stadt Davids kann wohl als Anspielung auf ihre Vorgängerin gelesen werden. Jetzt ummantelte der Altar dieser Kapelle jenen Sockel, der zuvor den Schrein mit den Thorarollen erhöht hatte. Der Altar wiederum trug das Retabel mit den Stadtpatronen von Stephan Lochner. Noch bevor die Kapelle selbst verschwand, kam Lochners Werk in den Dom. Es ist bis heute nach dem Dreikönigsschrein das bekannteste Kunstwerk der Kirche, immer noch nennen es manche kurz und bündig „Dombild". Wer möchte, kann dennoch den verborgenen Fäden bis zur untergegangenen Synagoge folgen.

Ganz ohne Heinzelmännchen: Der Stapel, der Wein und der Hering

„Mit Heinzelmännchen so bequem": Bequem ist eine glatte Untertreibung, allenfalls dadurch gerechtfertigt, dass sich bequem auf „vordem" reimt. Die Kleinen verwandelten Köln in ein Schlaraffenland, wo die Arbeit stets schon getan war. Dazu passen die leichten, gefällig-musikalischen Reime des gebürtigen Schlesiers August Kopisch, der auf dieses dankbare Motiv in der Kölner Sagensammlung Ernst Weydens stieß. Mit der Idylle räumt eine Frau auf. Des Schneiders Weib trägt eine Lampe, die sehr wohl das Licht der Aufklärung versinnbildlichen kann. Aber dann muss es eben doch eine geschlechtsspezifische Unart namens Neugier sein, von der die Männlein auf Nimmerwiedersehen vertrieben werden: „doch kommt die schöne Zeit nicht wieder her".

Selbst die leise Ironie trübt hier den Blick durch die Butzenscheibe nicht. Was immer als Stichelei gegen den arbeitsscheuen Rheinländer gedacht sein mochte, verlor sich aus dem Text – wenn dieses Element auch auf die eine oder andere Art der Folklore erhalten blieb. Die Erzählung des 1853 verstorbenen August Kopisch hat jedenfalls die ganze Modernisierung der Kölner Wirtschaft überdauert. Obwohl dieser frühe Traum vom Wirtschaftszentrum West ausdrücklich in die Vergangenheit eines noch zünftisch geprägten Köln führt, in Verhältnisse also, die schon beim ersten Erscheinen des Buches nur noch der Blick zurück vergegenwärtigen konnte. Dafür ist der Heinzelmännchen-Brunnen noch heute eine Attraktion, und keineswegs nur wegen seiner Lage vor einem Brauhaus …

Viele Köln-Themen führen an den Rhein. Schon zur Römerzeit bedeutete er einen Standortvorteil für die Wirtschaft, Handelsbeziehungen reichten bis nach England. Und dank des Stroms musste sich später niemand groß den Kopf darüber zerbrechen, wie sich der Warenfluss zugunsten Kölns kanalisieren ließ.

Politisch war dieser Eingriff nicht ohne weiteres durchzusetzen. Genter Kaufleute leisteten erbitterten Widerstand, als sie um 1165 mit ihrer Ware in die Stadt gezwungen wurden. Der Kaiser Friedrich Barbarossa hatte den Rhein daraufhin ausdrücklich als „freie und Königsstraße" bezeichnet. Dennoch gewährt der Kölner Erzbischof 1259 ein Stapelrecht. Es verfügt, dass jede Ware jedes Kaufmanns zunächst drei Tage in der Stadt angeboten werden muss, ehe sie in den freien Handel gelangen kann. Bezeichnenderweise gilt dieses Recht zunächst nur für die verschifften

Güter (erst 1349/50 wird es auch auf Waren ausgedehnt, die zu Lande nach Köln kommen). Noch heute erinnern die Straßennamen Nieder- und Oberländer Ufer daran, dass hier ein Wechsel stattfand, ein Umladen von einem Schiffstyp auf den anderen. Knapp oberhalb Kölns änderte sich die Stromnatur: Bis hierhin konnten die bauchigen Schiffe des Niederländer Typs fahren, deren Frachtraum große Warenmengen aufnahm. Ab Höhe des Siebengebirges hatte der Rhein eine andere Fließdynamik, die Mittelrheinstrecke ließ sich nur mit den flacher gebauten, weniger belastbaren Oberländer Schiffen bewältigen. Es waren übrigens auch andere Fähigkeiten der Binnenschiffer gefragt, denn nun galt es, heil über die Untiefen hinweg und an Felsen wie der Loreley vorbeizukommen.

Aber ohne seine Wirtschaftskraft hätte Köln das Stapelrecht kaum durchsetzen können. Die Gewerbe blühten, Tuchmacher, Gold- und Waffenschmiede lieferten gesuchte Ware. Dennoch fragt sich, warum das Stapelrecht, dieses oft und besonders in der Spätzeit nur zähneknirschend geduldete, so lange in Kraft bleiben konnte.

Viel dazu bei trug die Einsicht der Stadt, dass sie für den Stapelzwang einen Gegenwert bieten musste, hier die Garantie reeller Geschäfte. Dieses Bemühen um Vertrauenswürdigkeit zeigt sich besonders im Umgang mit zwei Kölner Haupthandelsgütern, mit dem Wein und dem Hering. Die Weine gelangten von Süden stromabwärts, die Heringe von Norden stromaufwärts, und wieder einmal kann sich der Rhein als Nord-Süd-Achse bewähren. Wein wie Hering waren mehr oder weniger leicht verderbliche, und dennoch unentbehrliche Massengüter – außerdem kamen beide in Fässer respektive Tonnen.

Köln galt im Mittelalter als „Weinhaus der Hanse". Tatsächlich spielte der Rebensaft im Wirtschaftsleben der Stadt eine überragende Rolle, spätestens seit Mitte des 14. Jahrhunderts war er ihr wichtigstes Handelsgut. Weit griff dieser Handel aus, weit war er verzweigt. Schon früh lieferten die Kölner Wein nach England, sie versorgten die Niederlande und Skandinavien, im Ostseeraum handelten sie bis Reval (heute Tallinn) und Nowgorod.

Und jedenfalls an den Zollstellen rheinabwärts fand die Kölner „Ritzung" allgemeine Anerkennung. Gut sichtbar bezeichnete sie auf den Fässern jene Weinmenge, die der Weinröder als zuständiger städtischer Beamter ermittelt und beglaubigt hatte. Dieses Vertrauen kam auch dem Produkt selbst zugute. Denn bei den hygienischen Standards der Zeit konnte jede erneute Kontrolle dem Wein schaden. Lange war Köln nach Bordeaux der wichtigste Weinhandelsplatz diesseits der Alpen. Leicht lässt sich ausmalen, welch reger Betrieb während der Stoßzeiten Herbst und Frühjahr auf dem Rhein ebenso wie am Kölner Hafenkai herrschte. Und da die Stadt nur indirekte Steuern erhob, war die Weinakzise ihre Haupteinnahmequelle. Deshalb musste sie an einer möglichst umfassenden Kontrolle aller Vorgänge interessiert sein, die mit dem Wein zu tun hatten. Verglichen mit dem Wein steht der Hering eher abseits des Interesses. Sicher reichte – obwohl die Kölner Heringsfässer bis nach Straßburg und Basel, nach Nürnberg und Augsburg gelangten – der Heringshandel weder vom Umfang noch von der Weitläufigkeit her an den Weinhandel heran. Aber gerade beim Hering lässt sich zeigen, wie der Stapel fast einen Markenrang ermöglichte. Eben weil der Fisch eine äußerst heikle Ware war, konnte an ihm der Wille zur Qualitätssicherung demonstriert werden.

Und so gaben Stempel über das korrekte Tonnenmaß, die Verwendung eines hochwertigen Salzes für die Lake, die Tadellosigkeit des angelieferten Herings und den Heimathafen des Fischers Auskunft. Dem Fass sozusagen die Krone auf aber setzte das Zeichen des obersten Kölner Kontrollbeamten, seit 1567 jedenfalls galten die drei Kronen aus dem Stadtwappen für die Anlieferungszeit von Oktober bis Januar. Dieser „Kölner Brand" war ein wirkliches Gütesiegel.

Sicher, das ist Geschichte. Doch wenigstens hat das moderne Stapelhaus unterhalb von Groß St. Martin die Nachfolge des Fischkauf- und Schlachthauses angetreten. Gerettet wurde der Achteckturm des historischen Gebäudes. Er ist ein authentisches Zeugnis des rheinischen Heringshandels, als dessen Dreh- und Angelpunkt sich Köln bis weit ins 17. Jahrhundert hinein behauptete.

Das heilige Köln

Eine Art Wirtschaftsförderung bedeuteten auch die Reliquien der Heiligen Drei Könige. Ohnehin konnte „sancta colonia" mit viel heiligem Gebein innerhalb ihrer Mauern aufwarten. Und Kölns sprichwörtlicher Reliquienreichtum führte den großen Humanisten Erasmus von Rotterdam zu einer feinsinnigen Überlegung, wie sich mit diesem Pfund wuchern ließ: „Glücklicher noch wird die Stadt zukünftig sein, wenn sie die Tugenden derer nachahmt, deren Reliquien sie hütet, und sich auf den Lebenswandel derer besinnt, deren Leiber sie besitzt."

Sichtbare Zeichen im Stadtbild setzen die großen romanischen Kirchen, zwölf an der Zahl und jede auf ihre Weise ein architektonischer Charakterkopf. Es gehörte zu den rühmenswerten städtebaulichen Kraftakten, diese Gotteshäuser nach dem Krieg wieder zu errichten. Und vielleicht wird ja eines Tages doch die Idee einer *via sancta* verwirklicht, die dieses Ensemble sinnfällig verbindet. Jedenfalls in

der öffentlichen Wahrnehmung könnten die Kirchen aus dem Schatten des Doms treten, in dem sie sehr zu Unrecht stehen.

St. Pantaleon reicht sichtbar sogar in die ottonische Epoche zurück. Das mächtige Westwerk prägt einen Bau, an dessen Vorgänger Bischof Bruno im 10. Jahrhundert eine Benediktinerabtei gründete. Die byzantinische Prinzessin Theophanu, Gattin seines kaiserlichen Neffen, Ottos II., wählte St. Pantaleon zu ihrer Grablege, nachdem sie diese Kirche schon zuvor mit reichen Gaben bedacht hatte. Sicher spielte bei ihrer besonderen Zuwendung auch eine Rolle, dass hier ein Märtyrer aus ihrer Heimat verehrt wurde.

Namentlich noch tiefer in der Geschichte gründet St. Maria im Kapitol. Die christliche Andachtsstätte entstand im Haupttempel des heidnisch-römischen Köln. Und was St. Pantaleon sein spektakuläres Westwerk, ist St. Maria im Kapitol ihr Kleeblattchor im Osten. Sein Inneres hat exakt die Grundrissabmessungen des Dreikonchenchors der Geburtskirche in Bethlehem. Der Bau des Gotteshauses geht auf die Äbtissin Ida zurück, eine Enkelin Ottos II. und Theophanus. Sie hat mit dieser grandiosen Architektur sicher auch ihre kaiserliche Abstammung ins rechte Licht rücken wollen. Rang und Geltung der Andachtsstätte leiten sich indessen schon von Plektrudis her; die Gemahlin des fränkischen Hausmeiers Pippin II. hatte sie Ende des 7. Jahrhunderts als Stiftskirche gegründet.

Der 1065 schlussgeweihte romanische Bau gilt nächst dem Kaiserdom zu Speyer als bedeutendste Sakralarchitektur der Salierzeit. Diese Stellung unterstreichen die beiden um 1060 entstandenen Flügel der Hauptportal-Holztür, die heute noch in der Kirche gezeigt werden können. Mit ihnen besitzt St. Maria im Kapitol ein einzigartiges Kunstwerk, dessen erlesene Schnitzerei äußerst lebendig die Jugend und Passion Christi vergegenwärtigt.

Während der Stauferherrschaft entstehen mit Groß St. Martin und St. Aposteln zwei der imposantesten Kölner Kirchenbauten. Auffälligster Bauteil von Groß St. Martin ist sein Vierungsturm, der lange das Rheinpanorama beherrschte. Viele halten ihn für den schönsten der europäischen Romanik überhaupt. Sein Aufstieg aus dem Dreikonchenchor vollzieht sich derart souverän in der Komposition seiner einzelnen Architekturglieder und so zwingend in der Verweiskraft seiner Bauzierelemente, dass gegen dieses hoch zielende Urteil kaum Einwände möglich scheinen.

Der Vierungsturm von St. Aposteln am Neumarkt, diesmal über dem Grundriss des Achtecks, will nicht so hoch hinaus. Dafür zieht sein macht- und prachtvoll entwickelter Dreikonchenchor eine Summe dieses Architekturtyps. Die Vertikale vertreten hier die beiden unten runden, oben achteckigen Chorflankentürme. Sie sind jedoch ganz konsequent in den selten harmonischen Aufbau dieses Ostabschlusses eingebunden, der insgesamt die Waagerechte betont. Im Innern zeigt vor allem die Vierungskuppel, wie sehr der Dreikonchenchor zum Zentralbau tendiert. Ein Raum von geradezu majestätischer Aura – wäre die unsinnige Ausmalung nicht.

Wie gesagt, es ist schwer, sich in Köln für die bedeutendste romanische Sakralarchitektur zu entscheiden. Aber den erstaunlichsten Bau stellt vielleicht doch St. Gereon dar. Sein berühmtes Dekagon hält im ovalen Grundriss noch den frühchristlichen Zentralbau gegenwärtig. Und schon am Hauptportal gebietet eine Inschrift Ehrfurcht vor dem „Tempel des heiligen Gereon und seiner 318 Gefährten, der thebäischen Märtyrer, und des Gregorius und seiner 360 Gefährten, der maurischen Märtyrer". Legende und Überlieferung beglaubigen, dass die sterblichen Überreste der Heiligen von Helena, der Mutter Kaiser Konstantins des Großen, aufgefunden wurden.

Danach müssen die Kirchenpatrone trotz ihrer Vielzahl ein wenig ins Abseits geraten sein. Oder wie sonst ist zu erklären, dass der so robuste Kirchenfürst Anno schweißgebadet erwacht? Im Traum nämlich hatten ihn die Mauren für ihre unwürdige Gedenkstätte verantwortlich gemacht und ihm kräftige Prügel verabreicht. Daraufhin beginnt Anno mit dem Bau eines Langchors, der unter seinem Nachfolger 1156 vollendet wird. Das eigentlich aufregende Unternehmen ist dann aber die Erhöhung des Zehnecks auf knapp 35 m. Zu Beginn des 13. Jahrhunderts entsteht St. Gereons großartige Kuppel, damals die größte seit dem Bau der Hagia Sophia. Und hier macht sich, gut zwanzig Jahre vor der Grundsteinlegung des Doms, der neue Stil nicht nur geltend, sondern findet auch zu einer überzeugenden Synthese mit der rheinischen Romanik. So reicht die augenfällig nachvollziehbare Baugeschichte von der Spätantike bis zum Anbruch der Gotik.

Viel ließe sich noch zu den übrigen romanischen Kirchen sagen, etwa zu St. Georg als der einzig erhaltenen Säulenbasilika des Rheinlands (11. Jahrhundert) mit seinem grandiosen Westbau vom Ende des 12. Jahrhunderts, zu St. Kunibert mit dem bedeutendsten romanischen Fensterzyklus in Deutschland und seiner fast überirdisch anmutigen Verkündigungsgruppe (um 1440). 1247, also ein Jahr vor der Grundsteinlegung des Doms, wurde diese Kirche geweiht, und auch ihre Vollendung stand schon unter dem Horizont der Gotik.

Aber niemand wird an St. Ursula vorbeigehen. Schließlich kann diese Stadtschutzheilige mit einer Vielzahl von Märtyrerinnen (und Märtyrern) in ihrem Gefolge aufwarten, hinsichtlich deren selbst Patron Gereon zurückstehen muss. Die Legendensammlung des Jacobus de Voragine erzählt, dass die Tochter eines britannischen Königs nach Rom wallfahrtet, wo ein Engel ihr den Märtyrertod prophezeit. Tatsächlich werden sie und ihre Getreuen auf der Heimfahrt vor Köln von einem Hunnenheer bestialisch hingemordet. – Die fromme Erzählung kann sich nicht nur auf die Tradition, sondern auch auf das Zutagetreten von vielen Knochenüberresten berufen. Beim Bau der Stadtmauer von 1106 gab ein römisches Gräberfeld nahe der Kirche immer neue, spektakuläre Funde frei. Die Zahl der Ursulabegleiter, eben der 11.000 Jungfrauen, erhöht sich freilich erst im Zuge der Überlieferung, jetzt kommen zu den weiblichen auch männliche Blutzeugen.

St. Ursula ist Anfang des 12. Jahrhunderts das erste rheinische Gotteshaus mit Empore. Im übrigen hat diese romanische Kirche viele Veränderungen erfahren, genannt seien nur der gotische Chor und die barocke Haube mit der Krone. Im Barock entstand auch die spektakuläre „Goldene Kammer". Ihre Schildbogen sind ganz mit heiligem Gebein verkleidet, über das Segenssprüche oder nur kunstvolle Ornamente aus dem gleichen Material gelegt sind. Darunter zieht sich eine reich vergoldete Nischenzone, die zahlreiche Reliquienbüsten aus Gotik und Barock aufgenommen hat. Und die älteren Frauenköpfe zeigen jenes berühmte Kölner Lächeln, das über alle irdische Pein auf stille, aber unbeirrbare Weise triumphiert.

Glanz des Mittelalters: Die Bürgerstadt Köln

Mit Maria Lyskirchen blieb nur eine einzige Pfarrkirche der Romanik erhalten. Doch natürlich war Köln, über eine weite Zeitstrecke die größte Metropole des Mittelalters, auch eine Bürgerstadt. In der Tiefgarage unter dem Dom ist ein Stück römischer Stadtmauer mit dem legendären „Stollen" erhalten geblieben. Durch ihn soll sich am 23. April 1074 ein zornbebender Erzbischof Anno II. gezwängt haben, auf schmählicher Flucht vor den Kölner Untertanen, die schon seinen Palast gestürmt hatten. Diesmal ging es um ein kurzerhand beschlagnahmtes Kaufmannsschiff. Das war nur einer von vielen Willkürakten des Stadtherrn, aber eben jener, der das Fass überlaufen ließ. Nun wollte ihm die aufgebrachte Menge ans Leder, gar ans Leben. Anno entkam mit knapper Not, und zahlte die Demütigung den Kölnern nach seiner Rückkehr blutig heim. Dennoch ist dieser Aufstand eine erste Manifestation bürgerlichen Selbstbewusstseins, das sich während der folgenden Jahrhunderte immer stärker geltend macht.

Gewiss, mit ihrem Wirken in der großen Politik haben die Kölner Erzbischöfe reichsweit Ehre eingelegt. Nur wurden sie durch die Aufgaben höheren Orts wohl doch gehindert, die Kölner Entwicklungen genügend scharf im Auge zu behalten. Hier drängte eine gut betuchte Kaufmannschaft auf Teilhabe an der Macht, hier bildeten sich Sondergemeinden, meist die Kirchspiele, als stabile Substruktur der Stadtgemeinde heraus. Das singuläre Schreinswesen ermöglicht es seit Mitte des 12. Jahrhunderts, Besitz- wie Besitzerwechsel bei Häusern und Grundstücken über Generationen zu verfolgen. Die ersten Schreinskarten stammen aus dem Kölner Kirchspiel St. Laurenz, in dem das Bürgerhaus lag und innerhalb dessen Grenzen ebenfalls das Judenviertel entstand.

Gut zweihundert Jahre nach dem Aufstand gegen Anno sah sich Erzbischof Siegfried von Westerburg aus seiner Metropole verdrängt, die Schlacht bei Worringen 1288 hatte es so gefügt. Allerdings verdeckt die pauschale Rede von den Kölner Bürgern, dass vorerst nur wenige Patrizierfamilien die Strippen zogen. Eine Vorstellung von ihrem Standesbewusstsein vermittelt heute noch das Overstolzenhaus. Um 1230 erbaut, blieb es als schönstes Beispiel romanischer Bürgerhausarchitektur in Deutschland erhalten.

Über die Geschicke der Stadt entschied diese sehr kleine Führungsschicht in einem entsprechend exklusiven Rahmen. Sie nannte ihn in schöner Unbefangenheit Richerzeche, also Bruderschaft der Reichen. Die entschiedenste, jedenfalls augenfälligste Stärkung erfuhr die Stadt 1179/80, als sie auf das Doppelte ihrer vorherigen Größe erweitert wurde und selbstverständlich auch eine neue Umwehrung erhielt; von ihr zeugen noch heute Severinstorburg, Ulrepforte, Hahnen- und Eigelsteintor. Das alles geschah ohne Absprache mit dem Fürstbischof Philipp von Heinsberg. Der ließ sich zwar sein nachträgliches Einverständnis ansehnlich entgelten, aber die hübsche Summe konnte doch nur eine Art Schmerzensgeld sein.

Mit der Schlacht bei Worringen erstarkten innerstädtisch die Zünfte, in Köln Ämter genannt. Ebenfalls erstarkten die Kaufleute, die hier mit den Gaffeln eine zunftähnliche Organisationsform suchten. Unter ihnen waren Familien, die sich sehr wohl zu den „Reichen" zählen durften, aber von der Richerzeche, also vom Stadtregiment, ausgeschlossen waren.

Die Patriziergeschlechter sonderten sich seit Anfang des 14. Jahrhunderts immer stärker ab. Sie beanspruchten den Adelsrang und führten ihre Stammbäume bis in die Zeit des römischen Kaisers Trajan zurück. Standesdünkel und Herkunftsfiktion können in ihrem Fall als Zeichen der Unsicherheit gedeutet werden. Wenigstens gaben diese Geschlechter das Heft des wirtschaftlichen Handelns immer mehr aus der Hand, indem sie sich aus dem Fernhandel zu-

rückzogen. Insgesamt jedoch erstarkte Köln zur Zeit ihrer Herrschaft ökonomisch derart, dass spätere Generationen diesen Stand, wenn überhaupt, nur noch mit Mühe halten konnten.

1318 erwähnen die Urkunden erstmals den weiten Rat. Hier werden auch nichtpatrizischen Kaufleuten und Handwerkern Sitz und Stimme zugestanden. Aber diese Gruppen geben sich mit einer Vertretung in dem wenig einflussreichen Gremium nicht zufrieden. Etwa ab Mitte des 14. Jahrhunderts gerät die Richerzeche mehr und mehr ins Abseits. Das unwiderrufliche Ende der Geschlechterherrschaft markiert das Jahr 1396, als mit dem Verbundbrief eine neue Stadtverfassung ausgearbeitet wird. Fortan führt nur noch ein einziger Rat das Regiment, der von den 22 Gaffeln beschickt wird. Sie formen sich zu politischen Verbänden um; neben den drei Kaufmannsgaffeln treten, einzeln oder zusammengefasst, jetzt die Zünfte als Gaffeln auf. Jeder Kölner Bürger muss einen Eid auf den Verbundbrief schwören und einer Gaffel angehören.

Das neue Regiment errichtet zwischen 1407 und 1414 ein ragendes Zeichen der neu gewonnenen Macht, 61 Meter hoch ist der prächtig geschmückte Ratsturm. Köln behauptet seine Selbstständigkeit mehr oder weniger unangefochten, obwohl vor allem der Erzbischof immer wieder einmal versucht, diesen Stachel im Fleisch seiner Landesherrschaft zu ziehen. 1475 wird Köln dann tatsächlich freie Reichsstadt, nachdem es diesen Status schon weit vorher für sich in Anspruch genommen hatte. Und bis über die Schwelle zur Neuzeit lässt sich die Kölner Bürgerschaft von dem Gefühl tragen, ihre Heimat sei „aller Städte Kron".

Reichsfreiheit gewährte der Kaiser, weil Köln die Stadt Neuss gegen ihren Belagerer, den Burgunderherzog Karl den Kühnen, unterstützt hatte. Insofern zahlte sie für den Titel einen hohen Preis, denn noch 1794 waren die enormen Schulden aus diesem Engagement nicht abgetragen. Im Übrigen gaben unter der neuen Verfassung ebenfalls nur wenige Familien den Ton an. Sie schlossen sich zwar nicht mehr so fest gegen die übrige Bevölkerung ab wie vormals die Patrizier, dennoch lief es auch hier auf eine Herrschaft der Wenigen hinaus. Das ist sicher nichts Kölnspezifisches; aber vielleicht doch etwas Stadteigentümliches ist die Verniedlichung: Nur hieß dieser Verbund damals noch nicht Klüngel, sondern „Kränzchen".

Selbst als der „Transfixbrief" vom Dezember 1513 die Rechte der Gaffeln noch einmal stärkt, garantiert die Verfassung keine bessere Kontrolle der Macht. Immerhin: entgegen mancher Darstellung bleibt Köln im 16. Jahrhundert eine vitale Kommune mit soliden wirtschaftlichen Verhältnissen (allerdings eine, die sich gegen die immer bedeutenderen süddeutschen Zentren behaupten muss). Selbst die oft wiederholte Aussage, die Kölner Universität sei damals ein Hort der Reaktion gewesen, hält einer genaueren Überprüfung nicht stand.

Doch anders als viele andere Reichsstädte bleibt Köln katholisch. Durch den Dreißigjährigen Krieg (1618–1648) kommt das Gemeinwesen einigermaßen ungeschoren, wenngleich es des öfteren erkleckliche Summen aufwenden muss, um fremde Truppen vom Einmarsch abzuhalten. Während der zweiten Hälfte des 17. Jahrhunderts werden die Klagen über Missstände im Stadtregiment lauter, 1679/80 kommt es zur offenen Empörung. Es hatte sich ein System der „heimlichen Verbindungen" etabliert, das mit Bestechlichkeit nur blass umschrieben ist. Wortgewaltiger Sprecher der Aufrührer ist Nikolaus Gülich. Er kann jedoch trotz anfänglicher Erfolge das Blatt nicht wenden und wird zum schlechten Schluss 1686 hingerichtet. Die alten Cliquen bemühen sich, sein Andenken mit Stumpf und Stiel auszurotten, und lassen sogar sein Haus am Quatermarkt (Ecke Obenmarspforten) niederreißen. Seit 1912 steht auf dem Grundstück der Fastnachtsbrunnen, der ja auch einem tollen Treiben gewidmet ist.

Im 18. Jahrhundert erweist sich das Zunftwesen immer mehr als Hemmschuh der wirtschaftlichen Entwicklung. Weil die Protestanten ausgegrenzt werden, leidet das hiesige Gewerbe zusätzlich. Dagegen steigt der Stern Mülheims. Die bergische Freiheit auf dem anderen Rheinufer zieht Nutzen nicht zuletzt aus dem Zuzug von Kölner Unternehmern, die evangelischen Gemeinschaften angehören. Nur der Handel hält Köln über Wasser. Besucher, unter ihnen besonders die Anhänger der Aufklärung, äußern sich höchst despektierlich über die Zurückgebliebenheit der Stadt. Georg Forster hält ihr sogar Düsseldorf als positives Beispiel vor, und das tut heute noch weh.

Keine Kleinigkeit: Aufbruch in die Moderne

Zugegeben, der Name Appellhofplatz klingt eher nach Kaserne. Doch er leitet sich von Appellationsgerichtshof her, einem Gericht, das zu den Errungenschaften der Franzosenzeit gehörte. An sie erinnert namentlich übrigens auch die bekannte Duftmarke 4711, zuvor die Hausnummer für das ebenfalls oft zitierte Gebäude in der Glockengasse. Mit dem Durchzählen der Quartiere versuchten die Franzosen, Ordnung ins Adressengewirr der alten Reichsstadt zu bringen.

Die Zahl 1794 bezeichnet nur ein Jahr. Dieses Jahr aber steht für den vielleicht schärfsten Einschnitt in der Geschichte Kölns. Am 6. Oktober 1794 rücken die Franzosen ein. Vor Melaten übergibt eine Abordnung aus Rat und Bürgerschaft die Stadtschlüssel, bis heute wird der Bund im Pariser Nationalarchiv aufbewahrt. Damit geht die Reichsstadtherrlichkeit zu Ende, die zuletzt so herrlich nicht gewesen war, aber sicher herrlich genug, um ihren Verlust in getragenen Versen zu betrauern.

Zwanzig Jahre werden die Franzosen bleiben. Zwanzig Jahre, die das Gesicht der Stadt verändern, manche sagen: sie vom Mittelalter in die Neuzeit katapultieren. Das ist zweifellos übertrieben, und maßlos übertrieben wäre die Behauptung, Köln habe den neuen Herren zugejubelt. Schließlich kamen sie als Besatzer, und die schöne Möglichkeit von Freiheit, Gleichheit, Brüderlichkeit wurde von der hässlichen Wirklichkeit hoher Zwangsabgaben konterkariert. Nicht einmal Hauptort des Departements wurde Köln, diese Würde ging an Aachen, das überdies Sitz des neu eingerichteten Erzbistums wurde. Die Rheinmetropole war erst einmal nur simple Provinzstadt.

Seit 1798 gehörte Köln nicht mehr zu einem Besatzungsgebiet, sondern zu Frankreich, seit 1804 war es eine *Bonne ville* im napoleonischen Imperium. Die Bürger profitierten unterm Strich sicher auch von der reformierten Verwaltungsstruktur, als größte Errungenschaft der Franzosenzeit aber muss die Neuordnung des Justizwesens gelten. Sie schuf Rechtssicherheit, die nicht nur dem einzelnen Bürger, sondern auch den „Kommerzien" zugute kam. Nun endlich erhielten die Protestanten und Juden das volle Bürgerrecht, der Weg in die städtische Elite stand ihnen offen. Wie erfolgreich sie ihn beschritten, lässt sich an einer damals oft gestellten Scherzfrage ermessen: „Sind Sie reich oder sind Sie katholisch?"

Dafür kamen die Mönche und Nonnen, die Stiftsherren und -damen um ihre gesellschaftliche Stellung. Die Säkularisation traf sie ins Mark, das bewegliche (oft genug auch das unbewegliche) Hab und Gut ihrer Gemeinschaften wurde verschleudert. Nutznießer waren auch kunstsinnige Bürger, allen voran die Brüder Boisserée und der unermüdliche Ferdinand Franz Wallraf, sie konnten die großen Altarretabel mittelalterlicher Malerei oft für ein Spottgeld erwerben.

Nach der Niederlage Napoleons schlägt der Wiener Kongress 1815 die ehemals freie Reichstadt Köln Preußen zu. Die neue Staatszugehörigkeit kommentiert der schwerreiche Bankier Abraham Schaaffhausen: „Do herode mer ävver en en ärm Famillije", ein Satz, der viel zu schön ist, als dass er erfunden sein könnte.

Oft leben jüngere Vergangenheiten als gute alte Zeit fort. Doch auch diesseits der Verklärung kann es Gründe für die rückwärtsgewandte Anhänglichkeit geben: Was die zeitweilig französischen Kölner an der napoleonischen Gesetzgebung hatten, scheint ihnen erst als Preußen aufgegangen zu sein. Das „Rheinische Recht" war ein kostbares Erbe der Franzosenzeit, jahrzehntelang setzte es linksrheinisch ein Zeichen gegen den Obrigkeitsstaat der Hohenzollern. Vor allem der *Code civil* (den noch der junge Konrad Adenauer studieren musste) sicherte die Freiheitsrechte des Einzelnen auf eine Weise, von der die übrigen Preußen nur träumen konnten. Erstaunlich genug, haben die neuen Herren den Fortbestand der progressiven Verfassungs- und Justiznormen geduldet. Und dass der Appellationsgerichtshof, eben ein Erbe der Franzosenzeit, 1819 endgültig in Köln etabliert wird, anerkennt diese Kontinuität.

Natürlich profitiert auch der Wortteil dieses Bandes von den sichtbaren Hinterlassenschaften. Nur gibt es wenig Stadtbildprägendes aus der Franzosenzeit. Um so nachdrücklicher sei an den Melatenfriedhof erinnert. Lange hatte der Stadtrat gegen das Verbot, die Toten auf den innerstädtischen Kirchhöfen oder gar in den Kirchen selbst zu beerdigen, hinhaltenden Widerstand geleistet. Aber ein kaiserliches Dekret vom 12. Juni 1804 konnte nicht mehr missachtet werden. So ist der Zentralfriedhof eine originäre Einrichtung der Besatzer, sein ältestes, monumentales Eingangstor gilt denn auch als Zeugnis eines hier ägyptisch inspirierten, französischen Klassizismus.

Ein Denkmalstreit zur Preußenzeit

Über die Gegensätze zwischen dem katholisch geprägten Köln und dem protestantischen Preußen ist aus gegebenen Anlässen viel geschrieben worden. Das Stichwort „Kölner Wirren" (1837–1842) findet sich in jedem halbwegs vollständigen Geschichtslexikon. Am Beginn der Wirren steht als „Kölner Ereignis" die Verhaftung von Erzbischof Clemens August Droste zu Vischering 1837. Obwohl sein hochfahrendes Auftreten wahrhaftig nicht ins geläufige Bild vom Märtyrer passte, gelang es einer bornierten Staatsmacht dennoch, diese Rolle an Vischering zu vergeben. Später wirft der „Kulturkampf" (beendet 1877) mit der abermaligen Gefangennahme eines Kölner Oberhirten seine Schatten noch über die Feierlichkeiten zur Domvollendung.

Auch nachdem die Kölner Wirren ausgestanden schienen, blieben die Misshelligkeiten. Sehr deutlich zeigt sich das im Denkmalstreit. Seine beiden Gegenstände sind erhalten, was hierorts keineswegs zu den Selbstverständlichkeiten gehört. Die katholische Mariensäule allerdings hat ihren

prominenten Platz verloren und ihren noch prominenteren gar nicht erst bekommen. Ursprünglich sollte sie ganz rathausnah auf den Altermarkt, nur mit hauchdünner Mehrheit lehnte der Rat diesen Standort ab.

Er wäre eine Provokation ersten Ranges gewesen. Die Mariensäule entstand nämlich aus Anlass eines kirchlichen Dogmas. Nachdem Papst Pius IX. am 8. Dezember 1854 die Unbefleckte Empfängnis Marias (das heißt ihre Freiheit von der Erbsünde) zum verbindlichen Glaubensinhalt erhoben hatte, bildete sich in Köln umgehend ein Verein zur Errichtung eines entsprechenden Denkmals.

Über die politische Absicht der Auftraggeber belehren auch Zeit und Ort der späteren Aufstellung. Zur Generalversammlung der katholischen Vereine 1858 wurde die Säule in Höhe des damaligen Erzbischöflichen Palastes, vor allem aber mitten auf der Gereonstraße enthüllt. Fluchtpunkt ihrer Stadtbild-Perspektive war der Dom.

Über den Anlass hinaus ist die Säule ein durchaus ambitioniertes neugotisches Kunstwerk. Der renommierte Vinzenz Statz hatte die Architektur entworfen, die Sitzfiguren der Propheten hatte Peter Fuchs von der Dombauhütte geschaffen und kein Geringerer als der damals höchst gefragte Edward von Steinle die Vorlagen geliefert. Obenauf kam eine sternenkranzbekrönte Maria von Gottfried Renn. Und fast wie ein Bekenntnis wirkt das städtische Wappen am Unterbau der Säule, die ja laut Erzbischof Kardinal von Geissel ein Fanal setzen sollte, dass „das alte ,heilige' Köln noch katholisch ist". Auch Persönlichkeiten wie August Reichensperger, dessen katholische Fraktion im Reichstag als Vorgängerorganisation der Zentrumspartei gelten kann, verstanden das Denkmal in diesem Sinn.

Längst verklungen ist der Parteienstreit, ganz im Gegensatz zum Verkehrslärm. Immerhin steht die Mariensäule seit 1901 in der kleinen Anlage auf dem Gereonsdriesch, der vielbefahrenen Straße ein wenig entrückt. Nur lässt das zweifellos beschauliche Plätzchen die politische Brisanz des Denkmals noch mehr vergessen.

Das kann vom Reiterdenkmal Friedrich Wilhelms III. keineswegs behauptet werden. Es schmückt wieder den Heumarkt, aber um seine Revitalisierung hat es ein erbittertes Hin und Her gegeben. Die Befürworter gaben sogar ein Buch heraus, dessen schierer Umfang schon geeignet war, die Gegner des Vorhabens unter der Beweislast positiver Argumente zusammenbrechen zu lassen.

„Merkwürdigerweise hat sich nun hier in Köln ein Komitee gebildet, bestehend aus protestantischen Bankiers und Fabrikanten, aus Juden und Freimaurern, unter welchen auch einige Katholiken sich befinden, um dem verstorbenen König ein großartiges Monument zu errichten, zu welchem die ganze Provinz beisteuern soll." So der bereits oben zitierte Erzbischof Geissel. Das „Monument" war demnach auch zu seiner Zeit nicht unumstritten, die Entstehungsgeschichte umfasst volle 23 Jahre, Jahre der Unsicherheiten und Einwände, dauernder Entwurfsrevisionen, eines ersten unbefriedigenden und eines zweiten Wettbewerbs mit „sehr niederschlagendem Eindruck, viel unbefriedigender als der der ersten Konkurrenz". Und auch in diesem Fall konnte der ursprünglich vorgesehene Standort nicht durchgesetzt werden. Das Militär sprach sich gegen den Neumarkt aus, weil es ihn als Exerzier- und Paradeplatz brauchte.

Dagegen stand von Beginn an fest, dass es ein Reiterdenkmal sein musste. Unumgänglich ebenfalls, dass – bei allen Bedenken gegen seine Person – König Friedrich Wilhelm III. im Sattel sitzen sollte; schließlich waren unter seiner Regentschaft „die Rheinlande" preußisch geworden. Aber in den Reliefs und vor allem mit den überlebensgroßen Figuren der Sockelzone trachtete das Großbürgertum nach Selbstdarstellung. Hier kam jener Dritte Stand zu Denkmalehren, den die Staatsgewalt noch immer gern unter den Teppich der Geschichte gekehrt hätte. Markante Vertreter aus Wirtschaft, Wissenschaft und Kunst umstanden das Piedestal, nicht zu vergessen „die Sänger der Freiheitskriege". Der regierende Wilhelm I. wollte vor allem die Darstellung von Theodor Körner und Ernst Moritz Arndt verhindern, konnte sich aber nicht durchsetzen.

Das Monument wurde im Zweiten Weltkrieg schwer beschädigt, seine Reste hat man 1949/50 mehr abgebrochen als abgebaut. Seit 1983 wurde es sukzessive erneuert, und seine Retter waren guten Muts, es völlig wiederherzustellen. Aber dann blieben die erhofften Gelder aus, und noch immer steht das Monument unfertig auf dem Heumarkt, gerettet und gerichtet zugleich. Dabei sehen viele Kunsthistoriker in dieser gewaltigen Komposition ein herausragendes Beispiel des politischen Denkmals. Die formal wie inhaltlich außergewöhnliche Präsenz des Bürgertums stand gerade bei seiner Enthüllung quer zum Zeitgeist, der nach der Reichsgründung 1870/71 nur noch den säbelrasselnden Großmachtsprechern die Zunge löste.

Das Heumarktdenkmal konnte noch jüngst ins Kreuzfeuer eines heftigen Für und Wider geraten, manch einer fühlte sich bei den Diskussionen im Rat an alte Kulturkampfzeiten erinnert. Dagegen ist es um die Mariensäule sehr still geworden. Damals freilich konnten ihre Initiatoren noch auftrumpfen, weil sie ungleich schneller vollendet wurde. Und ohne Frage ist auch diese Säule ganz eng mit der Stadtgeschichte verknüpft. Wenn der immerhin barhäuptige Reiter ein Stein des Anstoßes bleibt, sollte die Maria am Gereonsdriesch wenigstens ein Stein des Denkanstoßes werden.

Motor der Entwicklung: Konstrukteure in Köln

Es war eine Idylle: Hinter den preußischen Festungswerken, die auch Deutz im Klammergriff hielten, dehnten sich rheinabwärts blühende Gärten, anmutige Landhäuser setzten sparsame bauliche Akzente, der Strom zeigte eine lachende Aue. Freilich führte zwischendurch ein alter Weg von Deutz nach Mülheim, des Öfteren als Schmugglerpfad genutzt, um den Kölner Stapel zu umgehen …

Ja, es gab noch viel ländliche Partien um die alte Reichsstadt. Das sollte sich ab 1825 ändern, ganz allmählich erst, dann immer zügiger. Die Industrie hielt hier Einzug, in diesen Dörfern vor den Toren Kölns, in Ehrenfeld, Kalk, Bayenthal oder Nippes. Sie erleben seit der Mitte des 19. Jahrhunderts einen rasanten Anstieg ihrer Einwohnerzahlen, erhalten urbane Strukturen, lange bevor sie entweder gleich Köln zugeschlagen oder erst selbst Städte und dann doch eingemeindet werden.

Seit 1850 erhielt auch die Deutz-Mülheimer Straße ihr Gesicht, das sich bis heute nur wenig verändert hat. Den Anfang machte eine Waggonfabrik namens van der Zypen & Charlier. Ferdinand van der Zypen kam aus dem ersten wirklichen Industrierevier Festlandeuropas, und er kam sogar aus Lüttich, also dessen Zentrum. Albert Charlier war ein Kölner Kaufmann, möglicherweise mit belgischen Wurzeln, aber im Unterschied zu van der Zypen des Deutschen mächtig – und als Transportunternehmer ohnehin im Vermitteln geübt.

1845/46 gründeten sie eine „Eisenbahnwagen- und Maschinenfabrik". Der Name schien etwas hoch gegriffen, denn einstweilen trog die Hoffnung auf lukrative Aufträge seitens der Eisenbahngesellschaften. Das Unternehmen musste sich mit einer viel weniger ehrgeizigen Produktpalette begnügen und stellte anfangs hauptsächlich Postkutschen her. Doch 1865 hatte es die Vorgaben des Titels definitiv eingeholt und immerhin 600 Beschäftigte. Eine Arbeitersiedlung an der Julius- und Gaußstraße war entstanden, selbstverständlich auch eine repräsentative Villa für den Firmenchef. Sie allerdings verschwand, nur eine Ahnung von der einstigen Pracht vermittelt das stattliche Tor am Eingang zum Grundstück.

Heute ist auch diese Firma Geschichte, und dennoch verdient sie mehr als historisches Interesse. Zu Anfang des 21. Jahrhunderts wurde auf ihrem Gelände eine spektakuläre Entdeckung gemacht: die Teststrecke der Wuppertaler Schwebebahn. 1899 hatte die Fabrik den Auftrag zum Bau der Schwebebahnwagen erhalten, und mit ihnen gelang endgültig der Durchbruch zur Produktion rein eiserner Waggons. Bald entstanden neue große Montagegebäude, noch erhaltene Zeugnisse dieser Pionierzeit sind eine imposante vierschiffige Backsteinhalle (1888/1905) und ein Magazin (um 1910). Das ehemalige Lager wirkt äußerlich wie ein herkömmlicher Backstein-, ist tatsächlich aber ein Stahlbetonskelettbau. Und in der großen Backsteinhalle wurden jene zwei Stützen gefunden, die zur erwähnten Teststrecke der Schwebebahn gehörten. Auch ihretwegen ist der Komplex ein industriegeschichtliches Denkmal von hohem Rang.

Entwickelt aber wurde das Schwebebahn-Prinzip von Eugen Langen. Er war damals Direktor der direkt benachbarten Gasmotorenfabrik Deutz. Die hatte ihre Wurzeln in der „N. A. Otto & Cie.", einer Firma, die 1864 noch nahe dem Hauptbahnhof (also linksrheinisch) die Arbeit aufgenommen hatte. Sie trug den Namen von Nicolaus August Otto, einem Kaufmann und technischen Autodidakten aus Holzhausen bei Wiesbaden. Er hatte sich mit Langen, dem Sohn eines Zuckerfabrikanten und Handelskammerpräsidenten, zusammengetan, ihr Unternehmen war die erste Motorenfabrik auf dem Globus. Ottos Gasmotor erhielt bei der Pariser Weltausstellung drei Jahre später als wirtschaftlichste Antriebsmaschine eine Goldmedaille.

1869 zog das Werk dann an die Deutz-Mülheimer Straße. Seinetwegen gilt Deutz als „Wiege der Weltmotorisierung". Zu Otto und Langen war damals der Hamburger Kaufmann Ludwig August Roosen-Runge gestoßen. Im Januar 1872 wurde das Unternehmen in eine Aktiengesellschaft umgewandelt. Übrigens forderte nur wenige Tage später die Kölner Handelskammer vom Reichskanzler die „gänzliche Entfestung der Stadt". Ein Fortbestand des Festungsgürtels würde „die merkantile und industrielle Entwicklung der Stadt Köln auf das Tiefste schädigen".

Keine zweieinhalb Monate sind seit Gründung der Aktiengesellschaft vergangen, und Langen macht Gottfried Daimler zum technischen Direktor. Er kommt mit seinem Freund Wilhelm Maybach, der in Deutz das Konstruktionsbüro leiten wird. Daimler richtet das neue Werk ein, Otto firmiert als kaufmännischer Leiter. Ungeachtet dieser Position verfolgt er weiter seine Lebensaufgabe. Und 1876 gelingt ihm die Erfindung des Viertaktmotors, der noch heute seinen Namen trägt und trotz gewaltiger Fortschritte in der Automobilindustrie immer noch eine wichtige Rolle spielt. Zehn Jahre bleiben Daimler und Maybach in Deutz und treiben die Entwicklung schnell laufender Motoren voran. 1882 verlassen sie das Unternehmen und bauen in Cannstatt die Autoproduktion auf.

Auf der Düsseldorfer Kunst- und Gewerbeausstellung 1902 setzt sich die Deutz-AG stark in Szene und präsentiert einen Gasmotor von 1000 PS. Von Düsseldorf wandert der Ausstellungspavillon nach Deutz, und dort steht er heute noch. Die stählerne Tragkonstruktion mit ihrer Ziegelausfachung wurde freilich allen schmückenden Beiwerks entkleidet und so der Arbeitswelt angepasst, aber sie bleibt ein wichtiges Zeugnis der Industriearchitektur. Von ihr führt eine direkte Linie etwa zu den Bauten von Fritz Schupp und Martin Kremmer, die das UNESCO-Weltkulturerbe Zeche Zollverein in Essen prägen.

Für den Großmotorenbau wird eine neue Produktionshalle an der Deutz-Mülheimer Straße eingerichtet. Nach 1907 wird noch einmal versucht, auch in den Autobau einzusteigen. Kein Geringerer als der legendäre Konstrukteur Ettore Bugatti (1881–1947), damals auch ein erfolgreicher Rennfahrer auf seinen selbstgebauten Boliden, arbeitet in Deutz. Zwar gibt er nur ein kurzes Gastspiel, dennoch ist der Gedanke erlaubt: Um wie vieles heller könnte der Stern einer Autostadt Köln strahlen, wenn sie sich auch noch mit dem Namen Ettore Bugattis hätte schmücken können.

Doch wie auch immer, an der Deutz-Mülheimer Straße hat sich ein spannendes Stück Kölner Industriegeschichte abgespielt. Wesentlich geprägt wurde es von der Klöckner-Humboldt-Deutz AG, in die das bescheidene Gasmotorenwerk 1938 mündete. Auch nach dem Zweiten Weltkrieg entwickelte sich der Standort dynamisch fort. Dann allerdings sank der Stern dieses Großunternehmens, 2002 standen auf seinem Gelände westlich der Straße alle Räder still. Es war bei weitem nicht das einzige Zeichen der wirtschaftlichen Umstrukturierung, aber es war ein spektakuläres. Das Verschwinden der alten Industrien ist eben nicht nur eine Herausforderung für die Wirtschaftsförderer, sondern auch für die Städteplaner.

Kleiner Anhang: Medienstandort Köln

Den Charme der alten Industriebauten wissen gerade Firmen aus dem Medienbereich zu schätzen. Der Umzug von RTL in die denkmalgeschützten „alten" Deutzer Messehallen (von 1928) ist dafür nur ein Beispiel. Wenngleich in diesem Fall ein Kraftakt nötig war, an dem sich einige noch nachträglich zu verheben drohten.

Medienstandort Köln. Dies eine Mal vernachlässigen wir die historischen Aspekte, etwa den Buchdruck, der hier früh in Blüte stand, oder die „Neue Rheinische Zeitung" unter ihrem Chefredakteur Karl Marx. Dies eine Mal soll nur von den neueren Entwicklungen im Bereich der elektronischen Medien die Rede sein. Aber auch dort stehen immer noch Westdeutscher Rundfunk und Deutschlandfunk vorne an, sie halten die Fahne der Öffentlich-Rechtlichen hoch. Natürlich setzt der WDR auch im zentralen Stadtbild Akzente, nicht immer die glücklichsten, aber das wirklich nur nebenbei.

Beachtliche Anstrengungen gab und gibt es, Köln als Medienstandort immer noch schärfer zu profilieren. Für die Lästermäuler war das oft ein gefundenes Fressen. Der schöne Schein passe genau ins Profil der Stadt, sei überhaupt ihr ureigenstes Metier. Wenigstens darf gegen alle Boshaftigkeit festgehalten werden, dass der Mediapark ein Gewinn fürs Stadtbild ist. Der gläserne KölnTurm des Stararchitekten Jean Nouvel ragt mit den siebbedruckten, zweischaligen Fassaden 43 Stockwerke auf und soll den hohen Anspruch dieses Vorhabens überdeutlich machen. Nur täuschen eben auch seine gut 140 Meter Höhe nicht über das eher bescheidene Format hinweg, das dieses projektierte Zentrum der Neuen Medien schließlich erhalten hat. Ein vielleicht noch ehrgeizigeres Vorhaben war das Coloneum am guten, alten Butzweiler Hof im Kölner Nordwesten. Ein leibhaftiger NRW-Ministerpräsident und späterer gesamtdeutscher Wirtschaftsminister verstieg sich zu Schwindel erregender Augenhöhe: Nach seinen Worten sollte das Coloneum einst das heimische Hollywood werden. Leider teilte die Branche die Begeisterung des Politikers nicht. Wer so hart am Wind des Zeitgeists navigiert, muss ständig auf Veränderungen gefasst sein und neigt von vornherein zu ausgesprochenem Fluchtverhalten.

Firmen aus dem Bereich der elektronischen Medien mit stets attraktiveren Standorten zu ködern, bleibt eine besondere Herausforderung. Und trotz vergleichsweise hoher Krisenanfälligkeit setzt ja die Branche eine beachtliche Zahl an Kölnern in Lohn und Brot. Manchmal gilt es, einfach den Vorwurf auszuhalten, das Schwanken zwischen Größenwahn und Stümperei sei eine lokale Eigentümlichkeit.

Zu Hause im Veedel: Ein Blick zurück

Heimat ist ein vertrackter Begriff. Die vaterstädtische Hymne Willi Ostermanns („Heimweh nach Köln") lässt allerdings keinen Zweifel, sie meint mit der Heimat ganz Köln. Aber der Sänger wählt ja auch eine kluge Perspektive. Von ziemlich weit weg (in der letzten Strophe sogar „vum Himmelspöözje"), also aus der Ferne, ist die Stadt klein genug, um das Heimweh auf sie als Fluchtpunkt zu konzentrieren. Doch aus der Nähe? Da überfordert die Größe der großen Stadt, jedenfalls wird es verwickelter, wir erinnern nur an die Vorbehalte gegen die „schäl Sick".

Kann eine rasante Medienmetropole überhaupt Heimat sein? Und verdient den Ehrentitel „echter Kölner" schon jemand, der traumhaft sicher vom linksrheinische A ins rechtsrheinische B zu gelangen weiß? – Bei solchen Zweifeln hilft der Hinweis aufs tagtägliche Tun und Lassen, das durchweg mit den kleinen Einheiten rechnet. Bindungen spielen sich im Raum der Kindheit ein, erst recht im weiteren Leben entschädigt dann die Dichte des Beziehungsgeflechts für die Überschaubarkeit des Umfelds.

Enge Bindungen knüpf(t)en sich in Köln ans Veedel, zu deutsch: Viertel. Das wohl bekannteste heißt „Vringsveedel", vielleicht auch deshalb, weil sich der Heiligenname Severin so schön einkölschen lässt. Und er legt den Gedanken nahe, dass die alten Kirchspiele die historische Basis der Viertel sind. Sie waren Untergliederungen, die zwischen ihren Angehörigen und der Stadtgemeinde vielfältig vermittelten.

Aber der Begriff Viertel klingt säkularer, mehr nach Verwaltung und nach einem sauberen, eben einem Strich auf dem Papier. Zuallererst jedoch erinnert er ans Quartier und damit an die Franzosenzeit. Ernst Weyden spricht in seinem 1862 erschienenen Band ‚Köln am Rhein vor fünfzig Jahren' wie selbstverständlich vom Severins- und vom Eigelstein-, sogar – heute unvorstellbar – vom Domviertel. 1812 gehörte Köln in der Tat zu Frankreich, aber: von einer Aufteilung in Quartiere ist nichts bekannt.

Überhaupt stößt der Versuch, dem „Veedel" historisch auf die Spur zu kommen, derart ins Leere, dass sich als einzig halbwegs gesichertes Datum die „Veedelszöch" anführen lassen. Sie wurden als gemeinsame Veranstaltung erstmals um 1930 durchgeführt, doch haben einzelne Veedel ihren eigenen Zug schon vor dem Ersten Weltkrieg ausgerichtet. Bleibt die Frage, was das „Veedel" ausmacht. Und weil ein Zusammengehörigkeitsgefühl ja nicht unbedingt auf einer starken Faktenbasis gründen muss, darf ruhig die ganze heutige Stadt ins Auge gefasst werden. Mancher Veedelsschwärmer hat das in schöner Unbefangenheit getan und selbst Chorweiler zum Veedel erklärt. Auch dass sich benachbarte Vororte eine mehr oder minder herzliche Abneigung entgegenbrachten, ist keine Voraussetzung für das Entstehen eines Veedels im Stadtverband, solche Konflikte haben oft genug einen eher dörflichen Hintergrund. Spott gegen unmittelbare Anrainer gab es im Kern-Köln übrigens auch. Dem Beiern, also dem vorösterlichen, rhythmischen Anschlagen der Glocken von Menschenhand, wurden bestimmte Verse unterlegt, meist galten diese derben Sprüche der Pfarrgemeinde nebenan.

Zweierlei scheint sicher: Zum Veedel gehört eine gewisse Urbanität, seine Bewohner sind sich bewusst, Teil eines Ganzen zu sein. Und: das Veedel ist keine Angelegenheit der Oberschichten, sondern eine Art Organisationsform der gesellschaftlichen Basis. Niemand würde der Marienburg oder dem Hahnwald Veedelscharakter ansinnen, Lindenthal übrigens auch nicht. Das heutige Zentrum kann ebenso wie die Altstadt kein Veedel sein, dazu fehlt es den beiden Bereichen schon an Alteingesessenen.

Als authentische Veedel gelten das bereits erwähnte Vrings- und das Eigelsteinveedel. Ohne weiteres können Veedel in der Neustadt entstanden sein, jedenfalls ist das „Agnesviertel" (hochdeutsch) eine geläufige Vokabel. Überhaupt wird die rasche Verstädterung der ehemaligen Vororte die Veedelsbildung dort begünstigt haben. In diesem Zusammenhang sei daran erinnert, dass mit dem linksrheinischen Ehrenfeld und den rechtsrheinischen Deutz, Kalk und zuletzt Mülheim (1914) Stadtgemeinden an Köln fielen.

Eine Blüte erlebte die Veedelskultur in den Jahren nach dem Zweiten Weltkrieg, die als Nachbarschaftshilfe auch andernorts überlebensnotwendig, aber in den Trümmerstädten noch dringender gefordert war. Das schönste Dokument eines Viertels ist vielleicht der grandiose Chargesheimer-Bildband ‚Unter Krahnenbäumen' (1958). Im Vorwort beschreibt Heinrich Böll die Zerstörung des Viertels durch die Nord-Süd-Fahrt. Schon hier ist die Perspektive eine rückwärts gewandte, zumindest dieses Veedel stirbt Ende der 1950er Jahre.

Doch zweifellos hängen heute auch viele „Imis" an ihrem Veedel, ob es nun historisch beglaubigt ist oder nicht. Mit dem Übergang in den Dialekt tendiert das Viertel ohnehin zum gefühlten Veedel. Es ist eine Sehnsucht, von der sich voller Inbrunst singen („denn he hält mer zesamme"), obwohl nicht ganz so viel sagen lässt. Aber schließlich steht ja ganz Köln im Verdacht/im Ruf, „e Jeföhl" zu sein.

Mehr als nur Gürtel: Kölner Grün

Dass die mittelalterliche Stadt jedes Grün aus ihren Mauern verbannt habe, gilt zumindest nicht für Köln. Auf größere Mengen Laub brachten es die sehr zahlreichen Rebflächen, während die Gärten meist krautige, also nahrhafte Pflanzen hegten. Natürlich dienten Wein- und Nutzgärten auch der Erholung oder sommerlichen Kurzweil, aber das spielte doch nur eine Nebenrolle.

Großzügige Anlagen entstanden erst im 19. Jahrhundert. Einige mussten ihren ursprünglichen Platz bald wieder räumen, darunter der Botanische Garten am Dom, immerhin eine Schöpfung des genialen Gartenarchitekten Maximilian Friedrich Weyhe. Ältester Kölner Park ist heute der Stadtgarten. 1827–1829 entstanden, wurde er 1865 durch die Einbeziehung der Baumschule erweitert und Ende desselben Jahrhunderts wieder verkleinert. Die erste Blütezeit des öffentlichen Grüns fällt ins letzte Viertel des 19. Jahrhunderts, schon vorher (1864) hatte die Flora als „Zier- und Lustgarten" eine glanzvolle Eröffnung feiern können.

Die bemerkenswerteste Anlage der ersten Jahre nach 1900 ist der Klettenbergpark, aus dessen Ensemble heimischer Landschaften ein fast spektakulär inszenierter Basaltbruch hervorsticht. Seinen Weiher speist übrigens der Duffesbach. Und nur hier kann ein geschichtsbewusster Kölner dem Bach Reverenz erweisen, ohne sich des erbärmlichen Umgangs schämen zu müssen, den seinesgleichen diesem so verdienstvollen Fließgewässer hat angedeihen lassen.

Den sinnfälligsten Einfluss aufs Stadtbild nehmen bis heute die Grüngürtel, ein eher brüchiger innen, und ein breiter außen. In oder an ihnen liegen die Parks im Linksrheinischen. Und schon vor dem Ersten Weltkrieg gab es Überlegungen, ein grünes Band um die Stadt zu ziehen, das die schon existenten Anlagen einbezog.

Gut möglich, dass den Kölnern beim Gebrauch der Gürtelmetapher damals nicht ganz wohl war. Sie verband sich ja mit dem Festungsgürtel, der die Entwicklung ihrer Stadt zu unterbinden drohte. Doch wie schon der Volksgarten oder der (heutige) Friedenspark nahm der eine Grüngürtel die Fort- und Zwischenwerkruinen des Festungsgürtels auf. Die Ein- und Übergrünung dieser Hinterlassenschaften weckt einen Verdacht: Ob sie auch als hintersinniger Kommentar zur preußischen Vorliebe für das Soldatische verstanden werden sollten: Kasernenhöfe zu Kinderspielplätzen, Festungswälle zu Rosengärten? Jedenfalls findet sich diese Nutzung ehemaliger Militäranlagen sonst nirgendwo, oder doch nirgendwo derart entschieden durchgeführt, eine Konversion auf wahrhaft kölnische Art.

Ehrgeizige Vorhaben viel und lange bereden ist das eine, sie verwirklichen das andere. Erst die Initiative des Oberbürgermeisters Konrad Adenauer führte zu greifbaren Ergebnissen. Der Hamburger Fritz Schumacher, einer der profiliertesten Stadtplaner Deutschlands, entwarf um 1923 ein grünes Netz für Köln, ins Werk gesetzt hat es vor allem Kölns Gartenbaudirektor Fritz Enke.

Nicht jede Anlage überdauerte in ihrer ursprünglichen Gestalt. Manche verdanken dem Schutt des Bombenkriegs ungeplante topographische Akzente, an etlichen nagten Ausfallstraßen, Autobahnen und ihre Zubringer, gelegentlich nistete sich auch ein Gebäude ins Grün. Aber insgesamt blieben sie ein gestaltetes Stück Stadtnatur, das sich sehen lassen kann.

Natürlich sah der Entwurf Schumachers auch Verbindungslinien zwischen Äußerem und Innerem Grüngürtel vor. Sie waren in ihrem Bestand sehr viel gefährdeter, doch der ‚Lindenthaler Kanal' ist nach wie vor ein Schmuckstück dieser Stadt. Bei seiner Anlage schwebte auch dem Kölner Rat Großes vor, und dieses große Vorbild lag ausgerechnet im feindlichen Düsseldorf: die Königsallee.

Das Wort Kanal ist ja latent doppeldeutig, das betrifft besonders die Kanäle im Untergrund. Hier aber soll der oberirdische Lindenthaler Kanal an die wichtige Rolle erinnern, die das Wasser in den Parks spielt. Ihm stadteinwärts vorgelagert, glänzt – leider durch die Universitätsstraße getrennt – der Aachener Weiher, ein Teil des Inneren Grüngürtels, der nur nach seiner Wasserfläche gerufen wird. Auf anderen Weihern kann sogar Bötchen gefahren werden, oder sie dienen – weniger volkstümlich – als Regattastrecke (Decksteiner Weiher). Darüber hinaus bietet das nasse Element ein hohes ästhetisches Potential. Aus der Ferne gesehen nimmt sein Spiegel die Weite des Himmels auf, aus der Nähe verdichtet er das Bild des Parks, indem er es zurückwirft.

In den grünen Generalplan war auch das rechtsrheinische Köln einbezogen, doch ein zusammenhängender Parkzug entstand hier nie. Dafür greift der Kölner Osten mehr ins (Bergisch) Ländliche aus, und das Gremberger Wäldchen ist eben eher ein Wäldchen als ein Park. Besonders sein Buschwindröschenflor hilft im zeitigen Frühjahr darüber hinweg, dass der stets gegenwärtige Autolärm die Idylle empfindlich stört. Ganz anders der Stammheimer Schlosspark. Ihm ist die aristokratische Herkunft doch (wieder) anzusehen, und immerhin hat Maximilian Friedrich Weyhe ihn geplant. Eine Wasserfläche braucht der Schlosspark (längst ohne Schloss) nicht unbedingt, denn Weyhe verstand den Rhein als Leitmotiv seiner Landschaftsgartenkomposition.

Ein Kapitel über das Kölner Grün sollte an die naturnäheren Flecken des Stadtgebiets wenigstens erinnern. Dazu gehört manche erschöpfte Kiesgrube, und einige davon tragen die Bezeichnung Naturschutzgebiet heute schon zu Recht. Die Merheimer Heide existiert zwar nur noch dem Namen nach, aber an der Wahner Heide hat die Stadt ihren Anteil, er umfasst sogar einen schönen Bestand der raren Drachenwurz. Und mit dem Königsforst reicht ein Wald ins Stadtgebiet, der, 1003 erstmals erwähnt, auch historisch von einigem Belang ist. Der Nüssenberger Busch im linksrheinischen Köln gehört dagegen noch zum Äußeren Grüngürtel. Gleichwohl erlaubt seine Pflanzengemeinschaft keinen Zweifel daran, dass es sich hier um einen wirklichen Wald handelt.

Das innere Stadtbild aber prägen die Parks. Romantiker nennen sie gern „Oasen der Stille". Doch selbstredend haben sie ganz nüchterne „Aufgaben" zu erledigen, dienen als Freizeitgelände, Bürgertreffpunkte, Frischluftschneisen, Staubfänger und Sauerstoffproduzenten.

Aber zunächst einmal sind Grünanlagen etwas Überflüssiges. Entsprechend groß ist die Versuchung, sie als Verfügungsmasse zu sehen, eine Freifläche, die notfalls auch entfallen kann. Doch gerade solcher Überfluss begründet ihre Lebensnotwendigkeit. Parks können gesehen, können erlebt werden ohne Ertragsgedanken im Hinterkopf. Und: sie machen auf keinerlei Exklusivität Anspruch, dieses Grün ist wirklich allen zugänglich.

Unsere sehr persönliche Empfehlung ist der östliche Stadtwald zwischen Dürener und Friedrich-Schmidt-Straße. Seine gelungensten Partien ziehen wirklich in Bann, geben keine bloß nachgestellte, sondern eine beschworene Landschaft. Und die hat ihren ganz eigenen Zauber, fast hätten wir gesagt: Magie.

Die fünfte Jahreszeit: Karneval

Wohin, wenn nicht nach Köln, gehört ein „Fastnachtsbrunnen"? Der Anno 1902 am Gülichplatz aufgestellte darf sich sogar mit einem umlaufenden Goethezitat schmücken. „Löblich ist ein tolles Streben, wenn es kurz ist und mit Sinn. / Heiterkeit zum Erdenleben sey dem flücht'gen Rausch Gewinn." Damit hatte der Weimarer 1828 auf die Einladung zum hiesigen Karneval reagiert. Und wer hätte um die vorige Jahrhundertwende ein derart passgenaues Dichterfürstenwort links liegen lassen dürfen? Auch wenn die prätentiös-altmeisterlichen Verse den Gegenstand ziemlich weit verfehlten.

Noch heute schüttelt Kölns Karneval ja selbst ein Wortungetüm wie „Alleinstellungsmerkmal" locker ab. Das ist gut so, und überhaupt hat es dem Karneval an Gelegenheiten nicht gefehlt, seinen Eigensinn zu behaupten.

Aus den frühen Nachrichten – und früh heißt hier Anfang des 15. Jahrhunderts – spricht Missbilligung. Der Rat muss „Auswüchse" verbieten, handfeste Belästigungen biederer Bürger, denen diese Art Unterschichtengaudi keineswegs zusagen wollte. Nur wenn schon um 1500 ausgerechnet eine Nonne das erste Karnevalslied überliefert, dann muss es wohl ebenfalls eine gesittetere Art Brauch gegeben haben. Und vielleicht schert diese Zweiteilung der fünften Jahreszeit seit je auseinander: hier das spiegelnde Parkett, dort – bestenfalls – das bucklige Pflaster, hier die Oberschichtbälle bei „Ferrari und Ehl" (1728), dort das wilde Treiben auf den Straßen. Es ist auch später und bei besserer Quellenlage nicht ganz leicht, daraus eine „Kölsche Eigenart" zu destillieren.

Eher noch einen folkloristischen Idealzustand. Allerdings gehört das rebellische Element zweifellos zum Karneval, ebenso der Spott über die realen (Herrschafts-)Verhältnisse. Die Funken stehen für einen gleitenden Übergang. Einerseits wollten sie als „Funkengesellschaft" die wirklichen Stadtsoldaten wieder aufleben lassen und mit ihnen die alte Reichsstadtherrlichkeit. Andererseits betrieben sie eine Parodie des militärischen Regelwerks.

Die letzten Stadtsoldaten fristeten eine derart kümmerliche Existenz, dass schon erstaunlich ist, wie schnell deren Verklärung einsetzen konnte. Wenigstens hing den Kölner Berufskriegern im späteren 18. Jahrhundert der Ruf einer unheldischen Gesinnung an. (Das war allerdings nicht unbedingt kölnspezifisch, man denke nur an den strickenden Stadtsoldaten von Carl Spitzweg.) Demnach hätten ihre noch real existenten Nachfolger eine Art historisches Recht gehabt, im ersten Karnevalszug des Jahres 1823 mitzuwirken, werden jedoch höchstens Publikum gewesen sein. Im Zug ein Jahr später marschierten großenteils „Mietlinge". Ob sich mit ihnen die parodistische Absicht verwirklichen ließ, muss dahingestellt bleiben.

1823: das ist das Gründungsjahr des Karnevals in seinen heute vertrauten Formen. Und gleich zu Anfang gibt es ein Gremium, dessen Bezeichnung man sich auf der Zunge zergehen lassen muss: „Festordnendes Comité". Dieses Komitee verspricht jedenfalls namentlich ein straffes Reglement, und seine Initiatoren bürgen fürs Unterbleiben jeder Ausfälligkeit, sie zählen entschieden zur vaterstädtischen Elite. Auch später hat sich ja der organisierte Karneval oft berufen gefühlt, mäßigend auf die Narrenschar einzuwirken, und sei es mit Appellen wie „Von Zoten frei die Narretei".

1823 gab es auch den ersten Karnevalszug, sein Mittelpunkt ist der „Held Karneval". Schon er lässt ahnen, dass dieser Fasteleer unter dem Horizont der literarischen Romantik stand. Die Hymnen auf den Helden bemühen sich redlich um einen hohen Ton, der über jeden Verdacht einer rhetorischen Rüpelei erhaben ist. Den Zug fünf Jahre später beobachtet Johanna Schopenhauer und hält als Gipfel der Ausgelassenheit fest: „Überall regnet es Erbsen und gipserne Confetti zu den Wagen herein und wieder aus diesen heraus; je toller, desto besser." Die Mutter des Philosophen erwähnt ebenfalls die randlich Beteiligten, eine „gaffende und jubelnde Volksmenge". So manifestiert der Zug den Unterschied zwischen Zuschauern und Akteuren.

Gewiss waren die Urheber des neuen Karnevals gut beraten, auf die ganz andere Mentalität der Herren Preußen Rücksicht zu nehmen. Köln war Festungsstadt, die Bewegungsfreiheit seiner Bürger ohnedies stark eingeschränkt, das Militär überall präsent. Immer wieder drohten dem Karneval Absagen und Verbote. Und keineswegs zufällig wird das sichtbare Zeichen der organisierten Narretei einem hohen preußischen Militär verdankt. Karl Heinrich von Czettritz und Neuhauß, seines Zeichens Kommandeur der 15. Kavalleriebrigade, schlägt unter dem Motto „Gleiche Brüder, gleiche Kappen" 1827 die einheitliche Kopfbedeckung vor. Er wurde Ehrenmitglied der „Großen Karnevalsgesellschaft" und verdankte die Ehre seiner Erlaubnis, dem Karnevalszug mittels seiner Militärpferde „ein herrliches Bild" zu verleihen.

Heute ist alles größer, schöner und prächtiger. Wenn das Wetter halbwegs mitspielt, verheißt der Rosenmontag immer wieder Besucherrekorde am Zugweg. Längst hat sich auch der Zug selbst vervielfältigt, sonntags ist der Tag der „Schull- und Veedelszöch", dienstags (meist) der einzelner Stadtteilzüge. Die tollen Tage werfen ihren Schatten weit voraus, die „Session" beginnt am „11. im 11.", richtig los geht es dann nach der Jahreswende.

Nun beginnen auch die Sitzungen, und die, die im Fernsehen übertragen wurden, bestimmten das Bild vom Karneval. Über dieses Bild ließ sich wundervoll herziehen. Aber wer diese staatstragenden Veranstaltungen auf die Schippe nahm, bekam den ganzen Zorn des organisierten Karnevals zu spüren; das jecke Establishment reagierte auf solche Uzerei kaum weniger humorlos als die allein seligmachende Kirche auf die Ketzerkonventikel. Doch viele empfanden die frühen (leider schon legendären) Stunksitzungen wie eine Befreiung. Viele bisherige Karnevalsverächter hatten hier ihr Coming-out. Endlich konnten sie guten Gewissens das tun, was sie eigentlich schon immer ganz gern getan hätten, was sich aber angesichts trostloser Nummernfolgen verbot: Karneval feiern, Karneval im Saal.

Inzwischen hat die Stunksitzung einiges von ihrem Biss, ihrer wunderbaren Leichtigkeit des Seins verloren, und die Prunksitzungen haben an Feierlaune gewonnen. Sie verdanken das zuallererst den animierten Gästen, die sich von einem läppischen Vortrag (oder den bemühten Ansagen eines Präsidenten) die Stimmung partout nicht verderben lassen. Hier macht der Saal den Karneval, keineswegs die Bühne. Und wenn der Kulturkritiker nicht den völlig unstandesgemäßen Reflex sofort unterdrückte, könnte er hier in ein Lob auf den Zeitgeist ausbrechen.

Doch schon werden die Kölner Brauchtumspfleger wieder von der Sorge geplagt, dass ihr Narrenschiff im Meer der allgemeinen Spaßgesellschaft untergehen könnte. Nur: Gefährdet war die Eigenart des Karnevals immer. Es genügt der Hinweis auf die Lieder Willi Ostermanns: Der Kraft und Originalität seiner Dialekt- steht die flaue Beliebigkeit seiner sogenannten Stimmungslieder gegenüber, hier geht der Zwiespalt mitten durch das Werk.

Aber es gibt sie immer noch, die wahren Jecken. Sie verkörpern den Geist des Karnevals, ohne dass wir genau wissen müssten, was das ist. Und wenn sie sich an einem sicher erkennen lassen, dann daran, dass sie außer für die lauten auch für die leisen Töne ein Ohr haben. Das gilt nicht nur für die Rampen-Lichtgestalten, sondern auch fürs ganze Narrenvolk. Seine Empfänglichkeit entscheidet über die Vitalität des Karnevals. Gar nicht so selten zeigt sie sich am Schönsten beim Verbrennen des Nubbels. Wenn dieser Sündenbock an der Wende zum Aschermittwoch in Flammen aufgeht, gelingt manchem Kneipenkollektiv ein Trauer- und Bußgottesdienst von herrlich komischer Verzweiflung. So endet die fünfte Kölner Jahreszeit mit einem echten Gemeinschaftserlebnis.

Echt kölsch:
Auf den Spuren der Eigenart

Es ist schon merkwürdig: Je weniger die Annahme eines spezifisch rheinischen Gemüts der wissenschaftlichen Überprüfung standhält, desto unverdrossener wird es beschworen. Ins Auge fällt, wie viele Kabarettisten und Comedians aus dem „Rheinländer an sich" ihren Honig gesogen haben, Leute also, die sich als Speerspitze gegen die hausbackene Lustigkeit verstehen. Fast immer führt ihr Weg zur Eigentümlichkeit über den Dialekt, manchmal nur über die Sprachmelodie, als ließen sich ihr alle Wesenszüge ablauschen. Und es scheint nicht der mindeste Zweifel erlaubt, dass der Kölner die konzentrierteste Existenzform des Rheinländers ist, demnach alle Aussagen über den einen umso mehr für den anderen gelten.

Erstaunlich auch, welche Anziehungskraft Köln für die Zugezogenen hat. Diese Stadt nimmt Neubürger mit offeneren Armen auf als andere Metropolen ihres Kalibers, wir sagen nur: Hamburg, München. Die Meinungsforscher sehen das hiesige *Savoir vivre* auf einem Spitzenplatz in der Beliebtheitsskala regionaler Mentalitäten.

Der gebürtige Südtiroler Konrad Beikircher machte aus den Leitsätzen ein ‚Rheinisches Grundgesetz' mit den Kopfartikeln „Et ess, wie et ess" und „Et kütt, wie et kütt". Die Gegenwartsvariante mag noch als sachliche Feststellung durchgehen und sich vom Dialekt entblößt nach trockener Empirie anhören, doch „Et kütt, wie et kütt" hat einen ausgesprochen fatalistischen Beiklang. Aber auf das Fundament solcher Schicksalsergebenheit gründet der

Kölner seinen Optimismus: „Et hätt noch emmer jot jejange".

Darin liegt kein existentieller Trotz, aber viel Vertrauen in die Zukunft. Die Lebensart der Stadt hat Heinrich Böll einmal „leichtfertig" genannt, und eine leichte Art des Lebens wird ihr unisono nachgesagt. Sie schließt Toleranz gegenüber allen möglichen Andersartigkeiten ein. Die Homosexuellen beiderlei Geschlechts wissen das zu schätzen, und natürlich – wir sind in Köln – stellt sich ein hoch gegriffener Vergleich wie von selbst ein: das „San Francisco am Rhein".

Manche sagen dieser Toleranz allerdings nach, sie sei eine als Duldsam- nur getarnte Gleichgültigkeit. Und so sehr gerade dem Kölner das Wirken einer höheren Macht, besser noch eines Allmächtigen, einleuchten muss: Seine Frömmigkeit hält sich auffällig oft in den Grenzen des vielzitierten „rheinischen Katholizismus". Der entspannte Umgang mit den Verbindlichkeiten, die aus dem Glauben erwachsen, ist jedenfalls von grandioser Diesseitigkeit.

Ein Kölner Kulturdezernent merkte vor etlichen Jahren an, hier habe er lernen müssen, dass die Vokabel nein in zwei Sprachen fehle, erstens im Japanischen, zweitens im Kölschen. Das vage Versprechen hat der Kölner zur hohen Kunst entwickelt. Mancher Hoffnungsfrohe nimmt für bare Münze, was im Klartext doch nur heißt: Daraus wird nix. Überhaupt hält sich der Kölner gerne raus. Das ist, wie gesagt, die Schattenseite seines angenehmen *Laisser-faire*. Dabei liebt er den großen Plan. Aber wie viele Strohfeuer haben über dieser Stadt gewetterleuchtet, und wie viele groß und glanzvoll angekündigte Vorhaben verloren ihre Strahlkraft, sobald es an die Arbeit hätte gehen sollen.

Erstaunlich viele Köln-Wörter fangen mit J an. „Jedöns" meint eine Art Aufwand, die dem Hiesigen zuwider ist. Dabei kann er durchaus ein Liebhaber der Weitschweifigkeit sein, kann sich in seinen Sätzen wundervoll verlieren, aber alles Aufgeplusterte missfällt ihm, erst recht bei anderen. Manchem Dafürhalten zum Trotz hat er durchaus Sinn für das unspektakuläre Vergnügen. Eine bekannte Kölner Type ist der „Jrielächer". Ein Jrielächer setzt eben nicht auf die knallige Pointe, sondern auf feineren Humor, sein Lächeln ist von kölschem Adel, nämlich verschmitzt. Freilich haben seine Anschläge oft genug etwas Boshaftes, gern geht sein feingesponnener Witz auf Kosten anderer. Für die Bühne eignet er sich weniger, obwohl zwei Karnevalsgesellschaften den Jrielächer im Namen führen.

So wären wir beim „Jeck", einem unvermeidlichen Stichwort. Denn natürlich kulminiert die kölsche Wesensart nahe beim Karneval. Und so wenig Dynamik Sache des Kölners ist, so sehr liegt ihm der Ausbruch im Blut. Dennoch gibt es „Jecken" nicht nur im Fasteleer. Fern am Horizont lauert sogar die Bedeutung geisteskrank, allemal jedoch bezeichnet „jeck" Spielarten der Vernarrtheit. Der „Jeck" ist freilich mehr. „Jett jeck sin mer all, ävver jede Jeck is anders" („Ein bischen geck sind wir alle, aber jeder Geck ist anders"), wusste der Kölner Autor Paul Schallück, „Jeck, loss Jeck elans" ist ein Schlachtruf im Karneval, steht jedoch auch dafür, dass jeder Geck nach seiner Façon selig werden soll.

Aus dem Stand kann ein in der Wolle gewaschener Kölner „Ajuja" schmettern, dafür braucht er die Session nicht. Die überschäumende Feierlaune, die Fröhlich-, ja die Herzlichkeit des Jecken gehört ins Zentrum kölscher Eigenart. Aus dieser Mitte kommt ein Sog, der viele Zugereiste mitreißt. Der Jeck steckt an. Seine Begeisterung lädt ein, Köln kennen und womöglich lieben zu lernen. Eine Einladung, die auch dieser Bildband aussprechen möchte.

Detlev Arens

KÖLN

Eine große Stadt in Bildern

24

Blick in den Chor des Kölner Doms: Die Kamera veranschaulicht die Dynamik seiner Architektur auf ihre Weise. 1248 wurde der Grundstein zum Dom gelegt, 1322 der Chor geweiht – und als einziger Bauteil im Mittelalter fertiggestellt.

View of the choir of Cologne Cathedral: The camera shows the dynamism of the architecture in its own perspective. The foundation stone of the cathedral was laid in 1248 and the choir was consecrated in 1322, the only part to be completed in the Middle Ages.

Chœur de la cathédrale de Cologne : l'appareil photo illustre à sa façon la dynamique de son architecture. La première pierre de la cathédrale a été posée en 1248, le chœur a été consacré en 1322 – la seule partie de l'édifice terminée au Moyen Âge.

Einzigartige Kunstwerke: der noch romanische Dreikönigenschrein (1181 begonnen) und das blaue Band der Könige in den Obergadenfenstern (Ausschnitt).

Unique works of art: The shrine of the Three Kings ("Dreikönigenschrein", begun in 1181), still in Romanesque style, and the blue ribbon of kings in the clerestory (detail).

Œuvre d'art unique : le reliquaire roman des rois mages ("Dreikönigenschrein", commencé en 1181) et la bande bleue des rois dans le clair étage du chœur (extrait).

Größter und schwerster Stein des Doms: Die Platte des Hochaltars aus schwarzem maasländischem Kalkstein. Auf seiner Vorderseite flankieren die Apostel eine Marienkrönung. Darüber der Dreikönigenschrein als eigentliches Zentrum der Kathedrale.

The largest and heaviest stone of the cathedral: The mensa of the high altar is made of black limestone from the area of the Maasland. The real centre of the cathedral is the shrine of the Three Kings above the altar.

La pierre la plus grande et la plus lourde de la cathédrale : la planche du maître-autel en pierre calcaire noire provenant de la région de la Meuse. Au-dessus, le reliquaire des rois mages représentent le vrai point central de la cathédrale.

Altar der Stadtpatrone von Stephan Lochner, Mitteltafel. Ein Wiesenplan deutet den Ort der Handlung an: Offenbar im Freien huldigen die prächtig gewandeten Drei Könige dem Kind, das auf dem Schoß der thronenden Gottesmutter sitzt.

Altarpiece of the City Patrons by Stephan Lochner, central panel. A meadow design indicates the scene of action: the magnificently attired Three Kings pay homage to the Child sitting on the lap of the enthroned Mother of God.

Autel des patrons de la ville de Stephan Lochner, tableau central. Le pré en avant-plan fait allusion au lieu de l'évènement : c'est manifestement en plein air que les rois mages, somptueusement vêtus, rendent hommage à l'enfant.

Nur von der Passionszeit bis Pfingsten schmücken die acht barocken Bildteppiche den Dom. Sie wurden gegen Ende des 17. Jahrhunderts von einer Brüsseler Werkstatt gewebt, die Vorlagen zu den Bildern stammen von keinem Geringeren als Peter Paul Rubens.

The eight Baroque tapestries only adorn the cathedral from Passiontide to Whitsun. They were woven towards the end of the 17th century by a workshop in Brussels, and the cartoons for the pictures come from no less a person than Peter Paul Rubens.

Les huit tapisseries baroques n'ornent la cathédrale qu'entre la Passion et la Pentecôte. Elles furent tissées vers la fin du 17e siècle par un atelier bruxellois et les modèles utilisés sont de nul autre que Peter Paul Rubens.

Der Claren-Altar ist ein grandioses, um 1350/60 geschaffenes Werk, das ursprünglich in der Franziskanerinnenkirche St. Clara stand. Die zweite Öffnung (nur an besonderen Festtagen) zeigt in der unteren Reihe die kölntypischen Reliquienbüsten.

The Altar of St. Clare is a magnificent work that was created around 1350/60 and originally stood in the Franciscan church of the Poor Clares, the Church of St. Clara. The second opening (only on high feast days) shows the reliquary busts so typical of Cologne.

L'autel de Ste Claire est une œuvre grandiose créée vers 1350/60 et qui se trouvait à l'origine dans l'église des franciscaines, St. Clara. La deuxième ouverture (réservée aux jours de fêtes particuliers) montre sur la rangée inférieure les bustes à reliques typiques à Cologne.

Das Gero-Kreuz hat seinen Namen nach Erzbischof Gero, dem mutmaßlichen Stifter des ursprünglichen Kreuz-Altars im Alten Dom. Die monumentale Christus-Figur (um 975) gehört zu den wenigen erhaltenen Werken ottonischer Kunst.

The Gero Cross is named after Archbishop Gero, the presumed donor of the original Altar of the Cross in the old cathedral. The monumental figure of Christ (around 975) is one of the few preserved works of Ottonian art.

Le crucifix de Gero doit son nom à l'archevêque Gero, le donateur présumé de l'autel de la Sainte Croix dans l'ancienne cathédrale. La monumentale statue du Christ (vers 975) fait partie des rares œuvres conservées de l'art ottonien.

Die Fassade des südlichen Querhauses wurde 1855 vollendet, den Schlussstein der Kreuzblume fügte König Friedrich Wilhelm IV. ein. Den Figurenschmuck ihrer drei Portale, einen „Höhepunkt romantisch-nazarenischer Bildhauerkunst", schuf Christian Mohr.

The façade of the southern transept was completed in 1855. King Frederick William IV inserted the keystone of the foliated cruciform finial. Christian Mohr created the ornamental figures of its three portals, a "climax of Romantic-Nazarene sculpture."

La façade du transept sud a été achevée en 1855 et c'est le roi Friedrich Wilhelm IV qui introduisit la dernière pierre du fleuron. Christian Mohr créa les statues d'ornement de ses trois portails, un « sommet de l'art sculptural nazaréen romantique ».

Köln im Bomben-Inferno des Zweiten Weltkriegs. Ewald Mataré, Lehrer von Joseph Beuys, schuf 1953/54 die Bronzetüren an der Südfassade des Doms. Das Hauptportal im Westen zeigt auf dem Mittelpfeiler die Muttergottes mit Kind.

Cologne in the inferno of bombs of the Second World War. Ewald Mataré created the bronze doors on the southern façade of Cologne Cathedral in 1953/54. The main portal in the west shows the Mother of God with Child on the centre column.

Cologne dans l'enfer des bombardements de la Seconde Guerre mondiale. Ewald Mataré créa en 1953/54 les portes en bronze de la façade sud de la cathédrale de Cologne. Le portail principal, à l'ouest, montre sur son pilier central la mère de Dieu avec l'enfant.

Selbst ohne die ursprünglichen Kuppeln gibt die gründerzeitliche Fassade des Dom-Hotels dem Domvorplatz einen angemessenen Rahmen.

Even without its original domes, the "Gründerzeit" façade of the Dom-Hotel provides an appropriate setting for the cathedral square.

Même sans les coupoles d'origine, la façade du Dom-Hotel, datant des années de fondation de l'Empire (« Gründerzeit »), fournit un cadre approprié au parvis de la cathédrale.

Vor der Westfassade des Doms öffnet sich der Roncalliplatz. Die große Freifläche zieht Straßenmusiker, moderne Gaukler und Pflastermaler magisch an. Zwischen Blau-Gold-Haus (links) und Domforum öffnet sich die Hohe Straße.

Roncalliplatz spreads out in front of the west façade of the cathedral. The huge open space magically attracts street musicians, modern travelling entertainers and pavement artists. The Hohe Strasse opens up between the Blau-Gold-Haus (left) and the Domforum.

La place Roncalli s'ouvre devant la façade ouest de la cathédrale. Cette importante surface libre attire comme par magie les musiciens ambulants, les bateleurs modernes et les peintres sur pavé. Entre la maison bleu-or (à gauche) et le Domforum vient s'ouvrir la très animée rue Hohe Strasse.

Der wieder aufgebaute Seiteneinlass des römischen Nordtors hält in der nordwestlichen Ecke des Roncalliplatzes die antiken Ursprünge der Stadt gegenwärtig; daran erinnert auch das rekonstruierte Teilstück der römischen Hafenstraße.

The rebuilt side entrance of the Roman northern gate in the northwest corner of Roncalliplatz keeps the ancient origins of the city present. The reconstructed piece of the Roman port road recalls them as well.

L'entrée latérale réédifiée de la porte romaine Nord, à l'angle nord-ouest de la place Roncalli, ramène dans les esprits les origines antiques de la ville ; la partie reconstruite de la voie romaine menant jadis au port y contribue elle aussi.

So kommt das imposante Gegenüber von Hauptbahnhofshalle und Domnordseite zur Geltung. Der weite Platz und die schlichte, dennoch großzügige Freitreppe lassen den ursprünglichen Domhügel wieder erfahrbar werden.

Here the imposing vis-à-vis of the entrance hall of the main train station and the north side of the cathedral comes into its own. The broad square and the simple, yet spacious steps once again let one get a feeling for the original cathedral hill.

Mise en valeur de l'imposant face-à-face du hall de la gare centrale et du côté nord de la cathédrale. L'étendue de la place et le perron, à la fois sobre et spacieux, révèlent la colline originale de la cathédrale.

Trotz „Erlebnisgastronomie" im Stockwerk darunter: Sie bleibt das eigentliche Erlebnis des Kölner Hauptbahnhofs, die mächtige und dennoch elegante Glas-Eisen-Konstruktion der denkmalgeschützten, 225 Meter langen Perronhalle.

In spite of the "gastronomy of adventure" one storey below, the true experience of the main train station of Cologne is still the mighty, yet elegant glass and steel construction of the 225 metre-long structure which is under a preservation order.

Malgré les « sensations gastronomiques » proposées un étage plus bas, c'est elle qui reste la véritable sensation de la gare centrale de Cologne : la puissante mais élégante marquise en verre et en fer, classée monument historique, qui s'étire sur 225 mètres.

Die Hohenzollernbrücke (1907–1911) scheint genau auf den Hochchor des Doms zuzulaufen. So wollte es schon Preußens König Friedrich Wilhelm IV.; das Reiterdenkmal im Bild (auf Deutzer Seite) stellt allerdings Wilhelm I. dar.

The Hohenzollern Bridge (1907–1911) appears to lead directly to the high choir of the cathedral. That is what the Prussian King Frederick William IV had already wanted. The equestrian monument in the picture (on the Deutz side), however, represents William I.

Le pont Hohenzollernbrücke (1907–1911), semble exactement se diriger vers le chœur de la cathédrale. C'est déjà ce que souhaitait le roi de Prusse, Friedrich Wilhelm IV ; la statue équestre représente toutefois Wilhelm I.

Heute liegt die Dominikanerkirche St. Andreas im Bankenviertel. Turmloser Westbau, kurzes Langhaus und Vierungsturm
datieren in die späte Romanik (1190–1220),
der Langchor (errichtet ab 1414) und die
Südkonche des Querschiffs sind gotisch.

The Dominican church, St. Andreas, is located in the banking district today. The tower-
less west end, the short nave, and the spire
over the crossing date back to the late Romanesque period (1190–1220), the long choir and
the south conch of the transept are Gothic.

L'église dominicaine St. Andreas se trouve
aujourd'hui dans le quartier des banques. La
partie occidentale sans tour, la nef courte et
la tour de la croisée datent de la fin de l'époque romane (1190–1220), le chœur allongé
et l'absidiole du transept sud sont gothiques.

40

Blick ins romanische Langhaus von St. Andreas, die ausgesprochen plastische Wandgliederung seines Mittelschiffs ist teils farbig gefasst, ebenso die Gewölberippen. Im Hintergrund leuchten die Fensterbahnen des gotischen Chors.

View into the Romanesque nave of the Church of St. Andreas. The extremely plastic wall pattern of the central nave is partially set in colour as are the ribs of the vault. In the background the window strips of the Gothic choir shine.

Vue dans la nef romane de St. Andreas, la division des murs particulièrement structurée du vaisseau central, est en partie colorée, de même que les nervures de voûtes. A l'arrière-plan, les longues fenêtres du chœur gothique resplendissent.

Dreimal St. Andreas: Die Krypta mit dem Sarkophag für den hl. Albertus Magnus (um 1200–1280), die Westchorhalle mit den ungewöhnlichen, ausgezackten Gurtbögen und dem Blutbrunnen, die Westfassade mit ihrer markanten dreizonigen Gliederung.

Three views of the Church of St. Andreas: the crypt with the sarcophagus for St. Albert the Great (ca. 1200–1280), the hall of the western choir with its unusual jagged belt arches and the well of blood, and the west façade with its striking three-zoned arrangement.

Trois fois St. Andreas : la crypte avec le sarcophage de St. Albertus Magnus (vers 1200 à 1280), le chœur occidental avec les arceaux inhabituellement dentelés et le puits du sang (Blutbrunnen), la façade ouest avec sa structure à trois parties.

Die Innenarchitektur der Jesuitenkirche St. Mariä Himmelfahrt (1618–1629) nimmt noch die gotische Tradition auf. Dagegen ist die üppige Ausstattung, rechts im Vordergrund die grandiose Kanzel von 1634, ganz dem Barock verpflichtet.

The interior architecture of the Jesuit church, St. Mariä Himmelfahrt (Our Lady of the Assumption, built 1618–1629), still adopts the Gothic tradition. In contrast, the sumptuous fixtures are completely indebted to the Baroque.

L'architecture intérieure de l'église des jésuites St. Mariä Himmelfahrt (Notre-Dame de l'Assomption, construite de 1618 à 1629) reprend la tradition gothique. En revanche, l'opulence de la décoration est entièrement à mettre sur le compte du baroque.

Die Jesuitenkirche vereint in ihrer Fassade romanische (Wandgliederung der Treppen-türme), gotische und barocke Elemente. So demonstriert sie die ungebrochene Tradition der „einen" (nämlich katholischen) Kirche.

On its façade the Jesuit church unites Romanesque (the wall pattern of the stair towers), Gothic and Baroque elements. In this way it demonstrates the unbroken tradi-tion of the "one" (namely Catholic) church.

L'église des jésuites réunit sur sa façade des éléments romans (structure murale des tours à escalier), gothiques et baroques. Elle démontre ainsi la tradition continue d'une église unique (à savoir l'église catholique).

Über dem Friesenplatz ragt der neueste Wohn-, Büro- und Geschäftskomplex auf, mit dem der Gerling-Konzern direkt an den Ringen ein Zeichen avancierten Bauens setzt. Der namhafte britische Architekt Norman Foster hat dazu die Pläne geliefert.

With the newest complex of flats, offices, and businesses rising up above Friesenplatz, the Gerling Group sets an example of advanced construction directly on the ring roads. The famous British architect Norman Forster provided the plans for this.

Le nouveau complexe de logements, de bureaux et de commerces se dresse au-dessus de la place Friesenplatz ; avec lui, le groupe Gerling pose le signe d'une architecture avancée, aux abords directs des périphériques. C'est Norman Foster, architecte britannique renommé, qui en a fourni les plans.

Das Maternushaus (1983 vollendet) ist Tagungszentrum des Erzbistums Köln und Sitz der Dom- und Diözesanbibliothek mit ihren illustren Beständen.

The Maternushaus (completed in 1983) is the conference centre of the Archbishopric of Cologne and location of the cathedral and diocesan library with their illustrious holdings.

La Maternushaus (achevée en 1983) est le centre de congrès de l'archevêché de Cologne et le siège de la bibliothèque de la cathédrale et du diocèse avec leurs inventaires illustres.

Nahe der Industrie- und Handelskammer mit ihrer bemerkenswerten Fünfziger-Jahre-Architektur stehen das Edith-Stein-Denkmal von Bert Gerresheim (seit 1998) und die gotische Kapelle St. Maria Ablass.

Close to the Chamber of Industry and Commerce with its remarkable architecture from the 50's there are the Edith-Stein monument by Bert Gerresheim (since 1998) and the Gothic chapel St. Maria Ablass.

A proximité de la chambre de l'industrie et du commerce avec sa remarquable architecture des années 1950, se trouvent le monument à la mémoire d'Edith Stein de Bert Gerresheim (depuis 1998) et la chapelle gothique St. Maria Ablass.

Präsidium auf Zeit. Der noble Klassizismus des Gebäudetrakts rechts im Bild zeugt noch vom Sitz des preußischen Regierungspräsidenten. Er fand 1950–1952 seine moderne Fortsetzung (mit dem Relief von Hubert Gies über dem Haupteingang).

Regional headquarters for a time. The noble classicism of the wing on the right in the picture still bears witness to its being the seat of the Prussian regional administrator. From 1950 to 1952 it found its modern extension (with a relief by Hubert Gies).

« Préfecture » pour un temps. Le noble classicisme du bâtiment, à droite sur la photo, rappelle que résidait là l'administrateur régional prussien. La partie moderne (avec le relief d'Hubert Gies au-dessus de l'entrée principale) a été édifiée en 1950–1952.

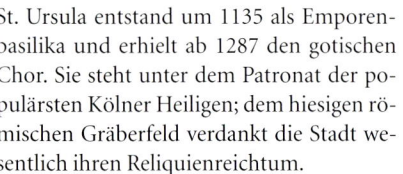

St. Ursula entstand um 1135 als Emporen-
basilika und erhielt ab 1287 den gotischen
Chor. Sie steht unter dem Patronat der populärsten Kölner Heiligen; dem hiesigen römischen Gräberfeld verdankt die Stadt wesentlich ihren Reliquienreichtum.

St. Ursula was built as a galleried basilica
about 1135; beginning in 1287 it got its
Gothic choir. It is under the patronage of
the most popular of Cologne's saints. The
city primarily has the local Roman necro-
polis to thank for its wealth of relics.

St. Ursula fut construite autour de 1135 en
tant que basilique et elle reçut le chœur gothique à partir de 1287. Elle est dédiée à la
sainte la plus populaire de Cologne ; la ville
doit sa richesse en reliques aux tombes romaines s'y trouvant.

Der wuchtige romanische Westturm von St. Ursula erhielt nach einem Brand 1680 seine barocke Haube. Die Krone ehrt das Andenken der Kirchenpatronin.

The massive western tower of St. Ursula got its Baroque bonnet after a fire in 1680. The crown honours the memory of the church patron.

La massive tour occidentale romane de St. Ursula reçu sa coiffe baroque en 1680, après un incendie. La couronne honore la mémoire de la patronne de l'église.

Auf einer Emporenbrüstung von St. Ursula steht diese gotische doppelseitige Reliquienbüste. Nach ihrer Kopfbedeckung heißt sie „Jungfrau mit dem Krüseler".

This Gothic two-faced reliquary bust stands on a gallery parapet of St. Ursula. It is called the "Virgin with the nébulé-headdress" because of the head covering.

Ce buste bilatéral gothique à reliques se trouve sur un appui de galerie de St. Ursula. Sa coiffe lui a donné le nom de « Vierge au Krüseler ».

Die Goldene Kammer von St. Ursula ist ein frommes Gesamtkunstwerk, wie es für den Barock typisch ist. Über den Reihen der großenteils gotischen Reliquienbüsten sind die Schildwände ganz mit heiligem Gebein verkleidet.

The Golden Chamber of St. Ursula is a pious synthesis of the arts as is typical of the Baroque period. The lunettes above the rows of mostly Gothic reliquary busts are covered with sacred bones.

La chambre d'or de St. Ursula est une œuvre d'art complète et pieuse, typique de l'époque baroque. Au-dessus de la rangée des bustes à reliques pour la plupart gothiques, les lunettes sont entièrement recouvertes de saints ossements.

48

In Köln sind nur wenige Partien der römischen Stadtmauer erhalten, ihr eindrucksvollstes Zeugnis ist der (ursprünglich höhere) Römerturm am Winkel von Komödien- und St.-Apern-Straße. Er sicherte die Nordwestecke der antiken Umwehrung.

In Cologne there are only a few sections of the Roman city wall left. Its most impressive witness is the Roman tower at the corner of Komödienstrasse and St.-Apern-Strasse. It protected the northwest corner of the ancient fortification.

Seules quelques parties du mur d'enceinte romain ont été conservées à Cologne et la plus impressionnante d'entre elles est la tour romaine située à l'angle de Komödienstrasse et St.-Apern-Strasse. Elle protégeait l'angle nord-ouest de la défense antique.

Das Gerichtsgebäude (1883–1893) am Appellhofplatz ist Nachfolger des Preußischen Appellationsgerichtshofs, das Bild daneben zeigt die Gefängnis- und Folterzellen der Gestapo im EL-DE-Haus.

The courthouse (1883–1893) on Appellhofplatz is the successor of the Prussian appellate law court. The picture next to this shows the prison and torture cells of the Gestapo in the EL-DE-Haus.

Le palais de justice (1883–1893) sur la place Appellhofplatz est le successeur de la cour d'appel prussienne. La photo voisine montre les cellules d'emprisonnement et de torture de la Gestapo dans la maison EL-DE.

Das Zeughaus (1594–1606 erbaut) mit seinen markanten Stufengiebeln war einst die Waffenkammer der Stadt und beherbergt heute das Kölnische Stadtmuseum. Im Bildhintergrund hebt seit 1991 das geflügelte Auto des HA Schult vom Achteckturm ab.

The arsenal (1594–1606) with its distinctive stepped gables was once the armoury of the city and today accommodates the Cologne City Museum. In the background of the picture the winged car by HA Schult has been taking off from the octagonal tower since 1991.

L'arsenal (construit de 1594 à 1606) avec ses impressionnants pignons à niveaux, a été l'armurerie de la ville et abrite aujourd'hui le musée municipal de Cologne. En arrière-plan de la photo, la voiture à ailes de HA Schult décolle depuis 1992 de la tour octogonale.

50

Die spektakuläre Architektur von St. Gereon spannt den Bogen von der Spätantike bis ins 13. Jahrhundert. Die Wandgliederung des zentralen Zehnecks gehört zu den raren Beispielen einer harmonischen Verschränkung von Romanik und Gotik.

The spectacular architecture of St. Gereon spans the period from late antiquity up to the 13th century. The wall pattern of the central decagon is one of the rare examples of a harmonious intertwining of Romanesque and Gothic architectures.

L'architecture spectaculaire de St. Gereon s'étend de la fin de l'Antiquité jusqu'au 13e siècle. La structure murale du décagone central fait partie des rares exemples d'association harmonieuse des styles roman et gothique.

Innen und außen, von unten und von oben: das Dekagon von St. Gereon mit seiner charakteristischen Durchdringung von romanischen und gotischen Elementen.

Inside and outside, from below and above: the decagon of St. Gereon with its characteristic intertwining of Romanesque and Gothic elements.

De l'intérieur et de l'extérieur, du bas et du haut : le décagone de St. Gereon imposant ses éléments caractéristiques romans et gothiques.

In der Krypta von St. Gereon steht dieser Kreuzigungsaltar (um 1540) mit deutlichen Stilmerkmalen der Renaissance, die Dreifach-Arkade aus dem zweiten Geschoss des Zehnecks zeigt eine außerordentliche Meisterschaft in den Details.

This crucifixion altar (ca. 1540) with clear stylistic features of the Renaissance is in the crypt of St. Gereon. The threefold archway in the second storey of the decagon displays exceptional mastery in its details.

Cet autel de la crucifixion (vers 1540), avec des caractéristiques propres à la Renaissance, se trouve dans la crypte de St. Gereon ; la triple arcade du deuxième étage du décagone présente une maîtrise des détails hors du commun.

52

Die grandiose Kuppel St. Gereons (geschlossen 1227). Ihre gewaltigen Abmessungen haben dem Baumeister das Äußerste abverlangt, sie gilt als Meilenstein des Gewölbebaus zwischen Hagia Sophia und Florentiner Dom (Kuppel 1418–1436).

The magnificent cupola of St. Gereon (closed in 1227). Its huge dimensions demanded the most of the master builder. It is considered to be a milestone of cupola construction between the Hagia Sophia and the Florentine cathedral (cupola 1418–1436).

La grandiose coupole de St. Gereon (fermée en 1227). Ses impressionnantes dimensions ont exigé le maximum du maître d'œuvre ; elle est considérée comme une étape clé de la construction de voûtes entre l'Hagia Sophia et la cathédrale florentine (coupole 1418–1436).

Verspielte Neogotik, einschließlich necki-
scher Söller-Zitate, ziert die Fassade dieses
Hauses (1893–1897). Es beherbergte einst
das Kölner Stadtarchiv und gehört heute
der Versicherung, deren Gebäudekomplex
das ganze Viertel beherrscht.

Playful neo-Gothic architecture decorates the
façade of this house (1893–1897). It once
housed the city archives of Cologne and now
belongs to the insurance company whose
building complex dominates the whole
district.

Un style néogothique enjoué orne la façade
de cette maison (1893–1897). Elle abritait
autrefois les archives de la ville de Cologne
et appartient aujourd'hui à une compagnie
d'assurance dont le complexe de bâtiments
domine tout le quartier.

Um Gereons- und Klapperhof ballen sich die Büro- und Verwaltungsgebäude des Gerling-Konzerns. Für den Komplex Gereonshof 10–26 hat Arno Breker auch diese Anbetung der Heiligen Drei Könige (1953, Bild links) geschaffen.

Around the streets Gereonshof and Klapperhof the office and administrative buildings of the Gerling Group crowd together. Arno Breker also created this adoration of the Three Kings (1953, picture on the left) for the complex Gereonshof 10–26.

Les bureaux et les bâtiments administratifs du groupe Gerling s'agglomèrent autour du Gereonshof et du Klapperhof. Cette adoration des rois mages (1953, photo à gauche) a été créée par Arno Breker pour le complexe Gereonshof 10–26.

St. Maria in der Kupfergasse ist ein schlicht-ba-
rockes Gotteshaus (1705–1715). Der Hauptal-
tar stammt aus der Machabäerkirche, Johann
Franz van Helmont und Johannes van Damm
sollen das meisterhafte Schnitzwerk 1717 geschaffen haben.

St. Maria in der Kupfergasse is a simple Baroque church (1705–1715). The main altar
came from the Machabäerkirche. Johann
Franz van Helmont and Johannes van
Damm are supposed to have created the
masterly carved work in 1717.

St. Maria in der Kupfergasse est une modeste
église de style baroque (1705–1715). Le
maître-autel vient de l'église Machabäerkirche : Johann Franz van Helmont et Johannes van Damm auraient créé cette
sculpture de maître en 1717.

Dieser herzige Putto mit den fromm gefalteten Händen findet sich am ebenfalls barocken Beichtstuhl (er kommt allerdings aus St. Kolumba) in der Kirche St. Maria in der Kupfergasse.

This cute putto with his piously folded hands can be found on the confessional, also Baroque, (although it comes from St. Kolumba) in the Church of St. Maria in der Kupfergasse.

Cet adorable angelot aux mains pieusement jointes se trouve dans le confessionnal baroque de l'église St. Maria in der Kupfergasse (qui provient toutefois de St. Kolumba).

Aus den Niederlanden kamen die Unbeschuhten Karmelitinnen 1630 nach Köln. Sie brachten wohl ihr berühmtes Gnadenbild schon mit. Viele Gläubige pilgerten zur „Schwarzen Muttergottes", für das 1673 eine Loretokapelle errichtet wurde.

The discalced Carmelites came from the Netherlands in 1630. They brought what is probably their most famous miraculous image of the Virgin Mary with them. Many believers made a pilgrimage to the "Black Madonna" for whom a Loreto Chapel was built in 1673.

Issues des Pays-Bas, les sœurs carmélites déchaussées vinrent en 1630. Elles apportèrent avec elles leur représentation miraculeuse. De nombreux croyants allèrent en pèlerinage vers la « Vierge noire », pour laquelle une chapelle de Loreto fut construite en 1673.

Das Dischhaus steht zwar an der Ecke zweier Straßen, aber ein Eckhaus ist es nicht. Seine kühne Kurvatur entwarf Bruno Paul (1874–1968), der in Deutschland zu den wegweisenden Architekten des Internationalen Stils gehörte.

The Dischhaus is on the corner of two streets, but it is not a corner house. Bruno Paul (1874–1968), who was one of the pioneering architects of the International Style in Germany, designed its bold curvature.

La Dischhaus se trouve à l'angle de deux rues sans être pour autant une maison d'angle. Sa courbure audacieuse fut conçue par Bruno Paul (1874–1968) qui compte en Allemagne parmi les architectes précurseurs du Style International.

Zweimal WDR: Oben das elegante Vier-Scheiben-Haus nach den Plänen von Helmut Hentrich und Hubert Petschnigg (erbaut 1966–1970), unten die Arkaden (vollendet 1996), ein Alterswerk des namhaften Architekten Gottfried Böhm.

WDR (Western German Broadcasting Corporation) twice: Above the elegant Vier-Scheiben-Haus according to the plans of Hentrich and Petschnigg (built 1966–1970), below the Arcades (completed in 1996), a late work of the famous architect Gottfried Böhm.

Deux fois WDR (Radiodiffusion et Télevision de l'Allemagne de l'ouest) : en haut, l'élégante Vier-Scheiben-Haus d'après les plans d'Hentrich et d'Petschnigg (construite de 1966 à 1970), en bas, les arcades (achevées en 1996), une œuvre tardive de l'architecte renommé Gottfried Böhm.

Das Opernhaus (1953–1957, nach Plänen von Wilhelm Riphahn) ist eine Inkunabel der Nachkriegsarchitektur. Seine klar abgegrenzten Bereiche stehen fürs funktionale Bauen, das hier mit einem repräsentativen Erscheinungsbild einhergeht.

The opera house (1953–1957), built according to the plans of Wilhelm Riphahn, is an incunabulum of post-war architecture. Its clearly defined areas represent functional building that is accompanied here by an impressive appearance.

L'opéra (1953–1957, d'après des plans de Wilhelm Riphahn) est un incunable de l'architecture d'après-guerre. Ses secteurs clairement délimités sont synonymes de construction fonctionnelle accompagnée ici d'un aspect extérieur représentatif.

Auch das nach dem Krieg neu erbaute, neugotische 4711-Haus rahmt den Offenbachplatz, sein Glockenspiel ist eine Touristenattraktion. Wacker hält der Opernbrunnen von Hansjürgen Grümmer (1966) gegen die Gesichtslosigkeit des Platzes.

The neo-Gothic 4711 House, built after the war, also frames Offenbachplatz. Its carillon is a tourist attraction. The opera fountain by Hansjürgen Grümmer (1966) holds its own against the facelessness of the square.

La maison 4711, néogothique, reconstruite après la guerre, encadre elle aussi la place Offenbachplatz. Son carillon est une attraction touristique. La fontaine de l'opéra de Hansjürgen Grümmer (1966) fait courageusement face au manque de physionomie de la place.

Das heutige Museum für Angewandte Kunst entstand nach den Plänen von Rudolf Schwarz. Wer sich mit dieser charakteristischen Nachkriegsarchitektur nicht anfreunden kann, schätzt vielleicht die strenge Gotik der anschließenden Minoritenkirche.

The present Museum of Applied Arts originated from the plans of Rudolf Schwarz. Whoever cannot acquire a taste for this typical post-war architecture may still appreciate the austere Gothic architecture of the nearby Minoritenkirche.

Le musée actuel des arts appliqués est né d'après les plans de Rudolf Schwarz. Ceux qui ne peuvent pas se faire à cette architecture caractéristique d'après-guerre, apprécieront peut-être le style gothique rigoureux de l'église d'à côté, la Minoritenkirche.

Die verschont gebliebene „Trümmer-Madonna" als Zentrum: Nach schwerer Kriegszerstörung entstand die moderne Kapelle St. Kolumba (Pläne von Gottfried Böhm). Sie ist heute Teil von Kolumba, dem Diözesanmuseum nach Plänen Peter Zumthors.

The spared "Trümmer-Madonna" (Madonna in the Ruins) at the centre: After severe war destruction the modern Chapel of St. Kolumba (plans by Gottfried Böhm) was built. Today it is part of Kolumba, the diocesan museum designed by Peter Zumthor.

La « Trümmer-Madonna » (Madone des ruines) épargnée, en point de mire : la chapelle moderne St. Kolumba (plans de Gottfried Böhm) fait aujourd'hui partie de Kolumba, le musée du diocèse, d'après des plans de Peter Zumthor.

Noch einmal ein Blick auf den Roncalliplatz, noch einmal auf das Portal am südlichen Querhaus des Kölner Doms, doch diesmal mit dem Bau des Römisch-Germanischen Museums, das die bedeutende Hinterlassenschaften der antiken Colonia zeigt.

Once again a view of Roncalliplatz, once again of the portal on the southern transept of Cologne Cathedral, but this time with the building of the Roman-Germanic Museum which exhibits the significant legacy of ancient Colonia.

Une autre vue de la place Roncalli, de nouveau en direction du portail du transept sud de la cathédrale, mais incluant cette fois le bâtiment du musée romain-germanique qui présente le remarquable héritage de l'antique Colonia.

Kölns populäre Sage von den Heinzelmännchen zog auch einen Brunnen nach sich. Oben steht „des Schneiders Weib", dem es die Kölner verdanken, dass sie „nun alles selber tun" müssen – das Kölschtrinken im benachbarten Brauhaus eingeschlossen.

Cologne's popular legend of the little people also resulted in a fountain. "Des Schneiders Weib" (The Tailor's Wife) stands at the top whom the people of Cologne have to thank that they "now have to do everything themselves" – including drinking "Kölsch" beer in the neighbouring brewery.

La légende populaire de Cologne sur les lutins a aussi entraîné la construction d'une fontaine. En haut, on voit « des Schneiders Weib » (la femme du tailleur), à laquelle les habitants de Cologne doivent de « dorénavant tout faire eux-mêmes », y compris boire la bière « Kölsch » dans la brasserie voisine.

Kräftig gegliedertes Bauvolumen: Die repräsentative Architektur entspricht der bedeutenden Sammlung moderner Kunst im Innern. Das Museum Ludwig (nach Entwürfen des Architektenteams Busmann/Haberer) mit der Freitreppe zum Rheingarten.

Powerfully structured volume: The imposing architecture corresponds to the important collection of modern art on the inside. The Museum Ludwig (according to designs of the architect team of Busmann/Haberer) with the steps down to the Rheingarten.

Des volumes bâtis à puissante structure : l'architecture représentative correspond à l'importante collection d'œuvres d'art moderne se trouvant à l'intérieur. Le musée Ludwig (d'après un projet des architectes Busmann/Haberer) avec le perron vers le Rheingarten.

Die Freitreppe zum Rheingarten präsentiert die filigrane Gotik des Domchors auf eigene Weise. Überdies betont sie den Zusammenhang von Strom und Bauwerk, und mancher Spaziergänger versteht den breiten Aufgang als Geste der Einladung.

The steps to the Rheingarten present the filigree Gothic of the cathedral choir in its own way. Moreover it emphasizes the connection between the river and the building, and quite a few strollers understand the broad stairs as a gesture of invitation.

Le perron vers le Rheingarten présente le style gothique filigrane du chœur de la cathédrale à sa propre façon. En outre, il accentue le lien entre le fleuve et l'édifice et plus d'un passant considère la large entrée en tant qu'invitation.

Wahrlich eine Dachlandschaft: das Museum Ludwig von oben. Auch mit seiner zinkgrauen, nur diskret modellierten Verkleidung setzt sich der moderne Bau immer wieder gegen die plastische Detailliertheit der benachbarten Kathedrale ab.

Truly a roofscape: the Ludwig Museum from above. Over and over again the modern building with its zinc-grey, only slightly modelled panelling also contrasts with the plastic detail of the nearby cathedral.

Un véritable paysage de toitures : le musée Ludwig vu d'en haut. Malgré son revêtement en zinc gris discrètement modelé, la moderne construction se détache sans cesse de la précision plastique de la cathédrale voisine.

Dynamische Raumgestaltung und optimaler Lichteinfall im Museum Ludwig sind wie geschaffen für Werkpräsentationen etwa des amerikanischen Pop-Art-Künstlers Tom Wesselmann (1931–2004), hier aus seiner Serie „Great American nude".

Dynamic interior design and an optimal incidence of light in Ludwig Museum are ideal for presenting works, for instance of the American pop-artist Tom Wesselmann (1931–2004), here with "Great American nude".

L'aménagement dynamique des pièces et l'incidence idéale de la lumière dans le musée Ludwig sont idéals pour présenter des œuvres comme celles de l'artiste américain du Pop-art Tom Wesselmann (1931–2004) ; ici son « Great American nude ».

Die außerordentlichen Werke seiner Expressionistensammlung verdankt das Museum Ludwig dem Kölner Bürger Josef Haubrich, dessen grandiose Stiftung im Museumstitel verschwiegen wird. Rechts der Amphitheatersaal der Philharmonie.

The Museum Ludwig owes the extraordinary works of its expressionist collection to the Cologne citizen Josef Haubrich whose magnificent donation is not revealed in the title of the museum. On the right the amphitheatre hall of the Philharmonic.

Le musée Ludwig doit sa collection d'œuvres expressionnistes au citoyen de Cologne Josef Haubrich, dont la grandiose fondation n'est pas citée dans le titre du musée. À droite, la salle d'amphithéâtre de la Philharmonie.

Nach zweimaligem Umzug hat das Wallraf-Richartz-Museum seine wohl endgültige Bleibe gefunden. Im Innern stellt der kubisch-strenge, aber keineswegs unaparte Baukörper von Oswald M. Ungers hohe Ansprüche an die Ausstellungsmacher.

After moving twice, the Wallraf-Richartz-Museum has found its final location. The cubic-severe, but in no way undistinctive building by Oswald M. Ungers places great demands on exhibition makers.

Après deux déménagements, le musée Wallraf-Richartz a sans doute trouvé sa demeure définitive. A l'intérieur, la construction cubique d'Oswald M. Ungers, rigoureuse mais non sans classe, exige beaucoup des organisateurs d'expositions.

Das ‚Trauernde Elternpaar' in St. Alban. Kopie nach dem Original von Käthe Kollwitz, dessen Figuren sie ihre eigenen und die Gesichtszüge ihres Mannes gab.

The "Grieving Parents" in St. Alban. A copy after the original by Käthe Kollwitz who gave the figures the facial features of herself and her husband.

Le « Deuil » dans St. Alban. Une copie d'après l'original de Käthe Kollwitz, qui donna à ses statues les traits de son visage et ceux de son mari.

Der 1494 erneuerte Nordwestturm in romanisierenden Formen erweckt wenigstens den Anschein eines intakten Bauteils. Doch nach einer bewegten Baugeschichte blieb die ehemalige Pfarrkirche St. Alban nur als Ruine und Mahnmal erhalten.

The northwest tower in Romanesque-like forms, renovated in 1494, at least creates the impression of an intact building segment. But, after its eventful history of construction, the former parish church of St. Alban is only preserved now as a ruin and a memorial.

Rénovée en 1494, la tour nord-ouest aux formes romanisantes donne au moins l'impression d'une construction intacte. Mais après une histoire mouvementée, l'ancienne église St. Alban a uniquement été conservée en tant que ruine et monument historique.

Kranbalken in der Giebelspitze deuten aufs hohe Alter: Ein ungekränkter Ausschnitt „Alt-Köln" am Fuß von St. Martin. Die erweiterte Perspektive zeigt dann wieder ein durchmischtes Rheinpanorama mit dem Kölner Pegel im Vordergrund.

Hoists at the gable ends are a sign of old age: an unspoilt detail of "Cologne old town" at the foot of St. Martin. The extended view again reveals a Rhine panorama mix with the Cologne water level gauge in the foreground.

Les poutres de grue dans le pignon attestent l'ancienneté : un bout indemne de « vieux Cologne » au pied de St. Martin. La perspective élargie montre de nouveau le panorama hétéroclite des berges, avec au premier plan le « Kölner Pegel », qui mesure le niveau du Rhin.

Das Schönste vom Schönen, das Kernstück des berühmten Rheinpanoramas: der junge Rheingarten, die Altstadtkulisse als historische Reminiszenz, der romanische Vierungsturm von Groß St. Martin und der gotische Doppelturm der Kathedrale.

The most beautiful of beautiful sights, the central part of the famous Rhine panorama: The new Rheingarten, the setting of the old town as a historical memento, the Romanesque crossing tower of Gross St. Martin, and the Gothic twin spires of the cathedral.

Le plus beau du beau, l'âme du célèbre panorama du Rhin : le jeune Rheingarten, la vieille ville en coulisse, en tant que réminiscence historique, la tour romane de la croisée de l'église Gross St. Martin et les deux tours gothiques de la cathédrale.

„Lur ens von Düx noh Kölle, vum Zauber bess' de platt..." – Und es soll immer noch Kölner geben, die sich nur aus einem einzigen Grund zum Wechsel auf die rechte Rheinseite bewegen lassen: Sie wollen das Panorama gegenüber genießen.

"Look at Cologne from Deutz and you are enchanted..." – And there is still supposed to be people of Cologne who allow themselves to be persuaded to cross over to the right side of the Rhine for just one reason: They want to enjoy the panorama across the river.

« Regarde Cologne de l'autre côté et tu seras enchanté... » – Et le bruit court qu'il existe encore des habitants de Cologne qui sont prêts à aller sur la rive droite du Rhin pour une seule raison : ils souhaitent apprécier le panorama d'en face.

Der Ratsturm wacht über Kölns Guter Stube, dem Alter Markt, und der zentrale Brunnen hält das Andenken des Jan van Werth hoch. Am 11. im 11. finden sich hier Jahr für Jahr die Jecken ein, um die Eröffnung der Karnevalssession zu feiern.

The city-hall tower keeps watch over Cologne's "parlour", the Alter Markt, and the central fountain honours the memory of Jan van Werth. Year after year the carnival jesters arrive here on the 11th in the 11th month to celebrate the opening of the carnival session.

La tour de l'hôtel de ville veille sur le « salon » de Cologne, l'Alter Markt, et la fontaine centrale honore la mémoire de Jan van Werth. Le jour 11 du mois 11, les inconditionnels du carnaval se retrouvent d'une année sur l'autre pour en fêter l'ouverture.

Der erhaltene Treppenturm am modernen Stapelhaus (rechter Bildrand) ist keine wirkliche Konkurrenz: Nicht wenige Kunsthistoriker halten den Vierungsturm von Groß St. Martin für den schönsten der Romanik überhaupt.

The preserved stair tower on the modern Stapelhaus (right edge of the picture) is not a real rival: Quite a few art historians consider the crossing tower of Gross St. Martin to be the most beautiful of the Romanesque period.

La tour à escalier conservée de la moderne « Stapelhaus » (bord droit de la photo) ne lui fait pas vraiment concurrence : un grand nombre d'historiens d'art considère la tour de la croisée de l'église Gross St. Martin comme l'une des plus belles du style roman.

Von der Ausstattung Groß St. Martins blieb nur Weniges erhalten, dazu gehört der achtseitige, noch romanische Taufstein. Die Kreuzigungsgruppe stammt vom alten Kreuzaltar (gestiftet 1509), dessen Sockel eine Grablegung Christi zierte.

Only a little was preserved of the fixtures of Gross St. Martin, including the octagonal baptismal font, still Romanesque. The crucifixion group is from the old Altar of the Cross (donated in 1509); the entombment of Christ adorned its base.

Les fonts baptismaux octogonaux de style encore roman font partie des derniers objets d'origine existants de l'église Gross St. Martin. La crucifixion provient de l'ancien autel de la Croix (don de 1509), dont le socle est orné de la mise au tombeau du Christ.

Für das Langhaus von Groß St. Martin waren ursprünglich keine Seitenschiffe geplant. Ursprünglich sollte dieses Langhaus auch kürzer ausfallen, erst Mitte des 13. Jahrhunderts erhielt es Laufgang (Triforium) und Gewölbe.

No aisles were initially planned for the nave of Gross St. Martin. Originally this nave was also supposed to be shorter. It did not get a triforium and vaults until the middle of the 13th century.

A l'origine, aucun bas-côté n'était prévu pour la nef de l'église Gross St. Martin et la nef devait être plus courte. Ce n'est qu'au milieu du 13e siècle qu'elle reçut une galerie (triforium) et une voûte.

Dieser Blick in die Vierung von Groß St. Martin erfasst auch die südliche und nördliche Konche des außen weniger auffälligen Kleeblattchors. 1150–1172 erbaut, folgt der östliche Abschluss dem gut hundert Jahre älteren von St. Maria im Kapitol.

This view into the crossing of Gross St. Martin also includes the conches of the trefoil choir which is less conspicuous from the outside. The eastern end, constructed 1150–1172, followed that of St. Maria im Kapitol which is a good hundred years older.

Cette vue dans la croisée de l'église Gross St. Martin comprend aussi les absidioles sud et nord du chœur tréflé, discret vu de l'extérieur. Construit de 1150 à 1172, le fond de la partie est suit celui de St. Maria im Kapitol, plus ancien d'au moins cent ans.

HE WED HÄNNESCHE GESPILT

Markmannsgasse

Unverkennbar Hänneschen: Seit 1938 existiert diese Stockpuppenbühne am Eisenmarkt. Nur sollte die einladende Geste der Titelfigur nicht missverstanden werden: Wer ins Theater will, muss die Karten lange im Voraus bestellen.

Unmistakeably Hänneschen: This puppet theatre opened its doors on the Eisenmarkt in 1938. However, the lead figure's inviting gesture is a bit misleading: Those who want to attend a show need to order tickets far in advance.

Indissociable de Cologne : le Hänneschen. Situé sur l'Eisenmarkt, le fameux théâtre de marionnettes à tiges existe depuis 1938. Le geste accueillant du sympathique « jeannot » ne doit pas faire illusion : pour réussir à avoir des places, il faut s'y prendre longtemps à l'avance.

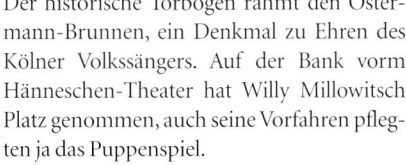

Der historische Torbogen rahmt den Ostermann-Brunnen, ein Denkmal zu Ehren des Kölner Volkssängers. Auf der Bank vorm Hänneschen-Theater hat Willy Millowitsch Platz genommen, auch seine Vorfahren pflegten ja das Puppenspiel.

The historic archway frames the Ostermann fountain, a memorial to one of Cologne's folk singers. Willy Millowitsch has taken a seat on the bench in front of the Hänneschen Theatre – his ancestors had also worked to keep the tradition of the puppet theatre alive.

Le porche historique encadre la fontaine Ostermann, érigée en hommage à un chanteur populaire de Cologne. Devant le théâtre Hänneschen, le regretté comédien Willy Millowitsch a pris place sur le banc. Il venait, lui aussi, d'une famille de marionnettistes.

Clownsgruppen gehören zum Karneval. Und die „beste Musik" macht bekanntlich die „decke Trumm", jedenfalls im Fasteleer. Der Blick von oben, durch die filigrane Gotik des Doms hindurch, setzt da einen schönen Kontrast.

Groups of clowns are part of carnival. And, as is well known, the "decke Trumm", the "big fat drum", makes the "best music", at least in the Cologne carnival. The view from above through the Gothic filigree of the cathedral contrasts nicely here.

Les groupes de clowns font partie du carnaval. Et la « meilleure musique », c'est le « decke Trumm » (le grand tambour) qui la fait, en tout cas pendant le carnaval. La vue d'en haut, à travers le gothique filigrane de la cathédrale, offre un beau contraste.

Sogar ein Brunnen ehrt den Dichterkomponisten Karl Berbuer (1900–1970). Großzügig betrachtet gehören auch Tünnes und Schäl zum Karneval.

A fountain even honours the poet-composer Karl Berbuer (1900–1970). If one takes a generous view, then Tünnes and Schäl also belong to carnival.

Il y a même une fontaine en l'honneur du compositeur et poète Karl Berbuer (1900 à 1970). Si l'on ne le prend pas à la lettre, Tünnes et Schäl font aussi partie du carnaval.

„…well treu ich sin dem Fasteleer…" Was wäre der Kölner Karneval ohne die Roten Funken? Folgerichtig kamen auch sie in der Altstadt zu Denkmalehren; der vollständige Text des Funkeneids ist der Tafel zu entnehmen.

"I will be faithful to carnival…" What would the Cologne carnival be without the "Rote Funken", Cologne's oldest and largest carnival society? It is logical that they, too, would be honoured with a monument in the Old Town.

« Je serai fidèle au Carnaval… » Que serait le carnaval de Cologne sans les « Rote Funken », la garde municipale ? Logiquement, ils ont eux aussi des monuments en leur honneur et le texte complet du serment de la garde est à lire sur la plaque.

88

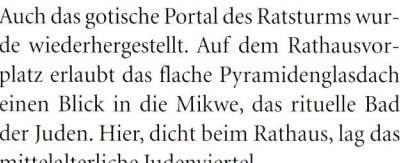

Auch das gotische Portal des Ratsturms wurde wiederhergestellt. Auf dem Rathausvorplatz erlaubt das flache Pyramidenglasdach einen Blick in die Mikwe, das rituelle Bad der Juden. Hier, dicht beim Rathaus, lag das mittelalterliche Judenviertel.

The Gothic portal of the city-hall tower has also been restored. The pyramid-shaped flat glass roof on the square in front of the town hall allows a view of the mikvah, the ritual bath of the Jews. The medieval Jewish quarter was situated here near the city hall.

Le portail gothique de la tour de l'hôtel de ville a été lui aussi reconstruit. La pyramide en verre devant l'hôtel de ville, permet de jeter un œil sur la mikvah, le bain rituel des juifs. C'est ici, tout près de l'hôtel de ville, qu'était situé le quartier juif au Moyen Âge.

Zu den schönsten Zeugnissen der nordwest-deutschen Renaissance gehört die Rathaus-laube. Ihre Brüstung zeigt den sagenhaften Kampf des Bürgermeisters Grin mit dem Löwen, den zwei Domherren auf ihn losge-lassen hatten.

The portico of the city hall is one of the most beautiful testimonies to the north-west-German Renaissance. Its parapet de-picts the legendary battle of Mayor Grin with the lion which two cathedral canons set at him.

La tonnelle de l'hôtel de ville compte parmi les plus beaux témoignages de la renaissance de l'Allemagne du Nord-Ouest. Sa balus-trade montre le légendaire combat du maire Grin avec le lion que deux chanoines avaient lâché sur lui.

Zwar fand hier nie ein Hansetag statt, dennoch heißt der schönste Raum des Kölner Rathauses Hansasaal. An der Südwand stehen die Neun Guten Helden als Symbole der Gerechtigkeit, vorzügliche, um 1330 geschaffene Holzskulpturen.

Although a sitting of the Hanseatic League was never held here, the most beautiful room of the Cologne city hall is called the Hansasaal. On the south wall the Nine Good Heroes stand as a symbol of justice. They are exquisite wooden sculptures carved around 1330.

Bien qu'il n'y ait ici jamais eu d'assemblée hanséatique, la plus belle pièce de l'hôtel de ville de Cologne s'appelle tout de même Hansasaal. Sur le mur sud se trouvent les Neuf Bons Héros comme symbole de la justice, merveilleuses sculptures en bois créées vers 1330.

Der Löwenhof (oben) mit den spätgotischen Gewölben und der Renaissancebrüstung des Umgangs grenzt an den Ratsturm. Seit etwa 1600 führt die imposante, kostbar intarsierte Prunktür Melchior von Reidts in den Senatssaal.

The Löwenhof (above) with its late-Gothic vaults and the Renaissance balustrade of the gallery flanks the city-hall tower. Melchior von Rheidt's imposing, grandiose door inlaid with precious wood has been leading into the Senate Hall since about 1600.

La Löwenhof (en haut) avec les voûtes datant du gothique flamboyant et la balustrade de la galerie datant de la Renaissance, jouxte la tour de l'hôtel de ville. Depuis 1600 environ, l'imposante et luxueuse porte de Melchior von Reidt, marquetée, mène dans la salle du sénat.

Der Gürzenich, zwischen 1441 und 1447 als Tanz- und Festhaus der Stadt errichtet, gilt als bedeutendster Profanbau des 15. Jahrhunderts in Deutschland. Seit 1997 erreicht der gläserne Lastenaufzug an seiner Südseite das Obergeschoss.

The Gürzenich, constructed between 1441 and 1447 as a city dance hall and banquet hall, is considered to be the most important secular building of the 15th century in Germany. The glass goods lift on its southern side has been going up to the top floor since 1997.

Le Gürzenich, érigé entre 1441 et 1447 en tant que maison de danse et de fête, est l'une des constructions profanes les plus importantes du 15e siècle en Allemagne. Depuis 1997, un monte-charge en verre permet d'atteindre l'étage supérieur du côté sud.

Über einem der beiden alten Hauptportale des Gürzenichs wacht Held Marsilius. Die Sage erzählt von ihm, er habe in römischer Zeit die Stadt vor ihren Feinden gerettet.

The hero Marsilius keeps watch above one of the two old main portals of the Gürzenich. The legend recounts that he saved the city from its enemies in the Roman period.

Le héros Marsilius veille au-dessus d'un des portails principaux de Gürzenich. La légende raconte qu'il a sauvé la ville de ses ennemis à l'époque romaine.

Die Innengestaltung, hier der Treppenaufgang, und die Erweiterung des Gürzenichs (1952–1955) gehören auch deutschlandweit zu den Großtaten der Wiederaufbauzeit; sie wurden von Rudolf Schwarz, Karl Band und Hans Schilling verantwortet.

The interior design, here the stairs, and the extension of the Gürzenich (1952–1955) are also part of the achievements of the reconstruction period throughout Germany. Rudolf Schwarz, Hans Schilling and Karl Band were responsible for this.

L'aménagement intérieur – ici l'entrée avec l'escalier – et l'extension du Gürzenich (1952–1955) font partie des prouesses de la reconstruction, à un niveau national. Rudolf Schwarz, Karl Band et Hans Schilling en eurent la charge.

In der Antoniterkirche erinnert Barlachs Bronzefigur „Der Schwebende" an die Toten beider Weltkriege, die Schildergasse selbst gehört den Lebenden. Aber mancher schwimmt auch gegen den Käuferstrom und sucht die Stille des Kirchenraums.

Barlach's bronze figure in the Antoniterkirche, Angel of Death, recalls the dead of both world wars. Schildergasse itself belongs to the living. But a few swim against the stream of purchasers and seek out the quiet of the church.

Dans l'église Antoniterkirche, la statue en bronze de Barlach « Ange funèbre » rappelle les défunts des deux guerres mondiales ; la Schildergasse appartient aux vivants. Mais certains vont contre le courant des chalands et recherchent la tranquillité de l'église.

Ein denkbar scharfer Gegensatz: Die kleine Antoniterkirche mit ihrer schlichten Gotik und der gewaltige Konsumtempel, das „Weltkaufhaus" vom Stararchitekten Renzo Piano. Oben rechts eine volkreiche Hohe Straße.

An extremely sharp contrast: The small Antoniterkirche with its simple Gothic architecture and the huge shrine to consumerism, the "Weltkaufhaus" by the star architect Renzo Piano. Above: a very busy Hohe Strasse.

Un contraste on ne peut plus fort : la petite Antoniterkirche avec son sobre style gothique et l'immense temple de la consommation, le grand magasin « Weltkaufhaus » de l'architecte vedette Renzo Piano. En haut, il y a foule sur la Hohe Strasse.

1911 bis 1914 entstand das Geschäftshaus Palatium (heute Hansen) nach Plänen von Wilhelm Kreis. Es sollte zugleich das festliche Entree zur damals neu angelegten Gürzenichstraße sein, daher der prunkvolle Dachaufbau an dieser Seite.

From 1911 to 1914 the office block Palatium (today Hansen) was built according to the plans of Wilhelm Kreis. At the same time it was supposed to be the splendid entrance to Gürzenichstrasse, and that is why there is a magnificent roof construction on this side.

L'immeuble commercial Palatium (Hansen aujourd'hui) fut construit de 1911 à 1914 d'après les plans de Wilhelm Kreis. Il devait représenter l'entrée solennelle de la Gürzenichstrasse, rue nouvelle à l'époque, d'où la somptueuse architecture du toit de ce côté.

Wilhelm Kreis plante ebenfalls das Warenhaus Tietz (1912–1914, heute Kaufhof) gleich gegenüber. Der Neoklassizismus seiner Fassaden war ganz auf Repräsentation berechnet, die ursprüngliche Dachgestaltung wurde beim Wiederaufbau verändert.

Wilhelm Kreis also designed the Tietz Department Store (1912–1914, today Kaufhof) directly opposite. The neoclassicism of its façade was calculated for prestige. The original roof design was altered during reconstruction.

Wilhelm Kreis planifia aussi le grand magasin Tietz (1912–1914, Kaufhof aujourd'hui), situé directement en face. Le néoclassicisme de ses façades a été conçu pour « en imposer » ; l'aménagement d'origine du toit fut modifié lors de sa reconstruction.

Ursprünglich Wasserturm, heute extravagantes Hotel. Bei diesem Blick nach Norden steht der zylindrische Backsteinbau im Vordergrund. Und beim Blick über die Dächer imponiert der Kaufhausbau Renzo Pianos auch in der Rückansicht.

Originally a water tower, today an extravagant hotel. With this view towards the north the cylindrical redbrick building is in the foreground. And with the view over the roofs towards the rear, the department store of Renzo Piano also commands respect.

Un château d'eau à l'origine et un hôtel extravagant aujourd'hui. Cette vue vers le nord met l'édifice cylindrique en briques en avant-plan. Et en regardant les toits, le centre commercial de Renzo Piano impressionne, même vu de dos.

So grün wirkt der Neumarkt nur von oben. Und auch dem mächtigen Westturm von St. Aposteln lässt dieser Ausblick optisch Gerechtigkeit widerfahren. Am Horizont tragen die Braunkohlekraftwerke der Ville zur Wolkenbildung bei.

Neumarkt only looks this green from above. This view does justice optically to the mighty western tower of St. Aposteln. The brown-coal-fired power stations of Ville on the horizon contribute to the build-up of clouds.

Le Neumarkt (nouveau marché) paraît si vert uniquement vu d'en haut. Et même l'imposante tour ouest de St. Aposteln rend justice à cette vue. A l'horizon, les centrales thermiques au lignite dans les collines de Ville contribuent à la formation de nuages.

Die Hahnentorburg am Rudolfplatz ist der geschichtsträchtigste Einlass in die Stadt. Hier erreichte die Krönungsstraße Köln, hier hindurch zogen die eben gekrönten Häupter des Reiches, um im Dom den Heiligen Drei Königen zu huldigen.

The Hahnentorburg on Rudolfplatz is the most historically important entrance into the city. The Coronation Road reached Cologne here and the just crowned heads of the empire came through here to pay homage to the Three Kings in the cathedral.

Le Hahnentorburg de la place Rudolfplatz est l'entrée la plus riche en histoire de la ville. C'est par ici que la rue du couronnement rejoignait Cologne, c'est par ici que les têtes couronnées de l'empire passèrent pour rendre hommage aux rois mages dans la cathédrale.

Der Westturm von St. Aposteln ragt auch über Wilhelm Riphahns funktionale „Brücke" (1950), die dem Kölnischen Kunstverein als Ausstellungsgebäude dient.

The western tower of the Church of St. Aposteln rises up above Wilhelm Riphahn's functional "Brücke" (Bridge) which serves the Art Association of Cologne as an exhibition building.

La tour ouest de St. Aposteln se dresse aussi au-dessus de la « Brücke » (Pont), bâtiment tout fonctionnel de Wilhelm Riphahn (1950), qui sert de salon d'exposition au club d'art de Cologne.

Zweierlei Getier. Natürlich kräht dieser Hahn (1962) von Toni Stockheim an der Hahnenstraße. Die beiden Pferdeköpfe im Turm über der Neumarkt-Galerie spielen auf die Kölner Sage von der nur scheinbar toten Richmodis von Aducht an.

Two different animals. Of course this rooster (1962) by Toni Stockheim crows on Hahnenstrasse. The two horses' heads in the tower of the Neumarkt-Galerie allude to the legend of the only apparently dead Richmodis von Aducht.

Il va de soi que ce coq de Toni Stockheim (1962) chante de la rue du coq (Hahnenstrasse). Les deux têtes de cheval dans la tour, au-dessus de la « Neumarkt-Galerie » se réfèrent à la légende sur Richmodis von Aducht, morte seulement en apparence.

Schon verschwenderisch wirkt die Gliederung der spätromanischen Apostelkirche. Das besondere Augenmerk der Baumeister galt dabei dem Kleeblattchor mit Flankentürmen und Kuppel. Um 1230 wurde dann auch der Westturm noch einmal erhöht.

The structural arrangement of the late-Romanesque St. Aposteln does look extravagant. The attention of the master builder was aimed at the trefoil choir with flank towers and cupola. Around 1230 the western tower was also heightened once again.

La structure de l'église romane St. Aposteln, de style bas-roman, semble opulente. Le chœur tréflé avec ses tours et sa coupole a reçu l'attention particulière du maître d'œuvre. Vers 1230, la tour ouest a, elle aussi, été à nouveau élevée.

Auch das Innere von St. Aposteln besticht durch seine harmonische Gliederung. Das Mittelschiff verdankt sein heutiges Erscheinungsbild einem Umbau bis 1219, damals wurde auch die flache Holzdecke durch die Kreuzrippengewölbe ersetzt.

The interior of the Church of St. Aposteln with its harmonious structuring is also captivating. The central nave owes its current appearance to a renovation until 1219. At that time the flat wooden ceiling was also replaced by the ribbed vault.

L'intérieur de St. Aposteln séduit aussi par sa structure harmonieuse. La nef centrale doit son apparence actuelle aux transformations ayant eu lieu jusqu'en 1219 ; c'est à cette époque que le plafond plat en bois a été remplacé par la voûte aux nervures croisées.

Wenn es um Kommunikation geht, geht es hoch hinaus, nur kann es nicht immer der Colonius sein. Dafür ist das Gebäude der Telekom in der Sternengasse ein innerstädtischer Blickfang, vor allem, versteht sich, dank seines Sendeturms.

When it is a question of communication, one aims high, but it cannot always be the Colonius, Cologne's telecommunications tower. On the other hand, the Telekom building in Sternengasse is an inner-city eye-catcher – above all, thanks to its broadcasting tower.

En matière de communication, il faut viser haut. Sans faire aussi « fort » que le Colonius, le bâtiment de Telekom, dans la Sternengasse, n'en est pas moins un point mire du centre ville ; la tour émettrice n'y est évidemment pas pour rien.

„Große Huldigung an das technische Zeitalter" heißt das Relief an der Volkshochschule (Josef-Haubrich-Hof) von Arnaldo Pomodoro (geb. 1926). Von seiner plastischen Seite zeigt sich zur Cäcilienstraße hin Renzo Pianos „Weltkaufhaus".

The relief on the Volkshochschule (adult education centre, Josef-Haubrich-Hof) by Arnaldo Pomodoro (b. 1926) is called "Great Tribute to the Technical Age". Renzo Piano's "Weltkaufhaus" shows itself from its three-dimensional side towards Cäcilienstrasse.

Signé Arnado Pomodoro (né en 1926), le relief ornant l'université populaire (Josef-Haubrich-Hof) se veut un « Puissant hommage à l'ère technique ». Depuis la Cäcilienstrasse, on admire fort bien la plastique arrière du « Weltkaufhaus » de Renzo Piano.

Westansicht der Cäcilienkirche, Standort des Museums Schnütgen, Kölns erster Adresse für mittelalterliche Kunst. Das ehemalige Gotteshaus eines Damenstifts entstand Mitte des 12. Jahrhunderts als flachgedeckte Pfeilerbasilika.

Western view of the Cäcilienkirche, location of the Museum Schnütgen, Cologne's top address for medieval art. The former church of a convent was built in the middle of the 12th century as a pillared basilica with a flat ceiling.

Vue d'ouest de la Cäcilienkirche, lieu d'implantation du musée Schnütgen, la première adresse de Cologne en ce qui concerne l'art médiéval. L'ancienne église d'un couvent a été construite au milieu du 12e siècle en tant que basilique à piliers et au toit plat.

Die Westempore von St. Cäcilien bietet einen guten Durchblick bis ins Halbrund der östlichen Chorapsis und einen guten Überblick über die ausgestellten Kunstwerke.

The western gallery of St. Cäcilien provides a good view right up into the semicircle of the apse of the choir and a good overall view of the exhibited works of art.

La tribune occidentale de St. Cäcilien offre une vue sur l'abside en demi-cercle du chœur oriental et sur les œuvres exposées.

Die gotische Kirche und heutige Kunststation St. Peter ist St. Cäcilien unmittelbar benachbart. Hier findet sich auch die 'Kreuzigung Petri', ein Spätwerk von Peter Paul Rubens, dessen Vater in diesem Gotteshaus begraben liegt.

The Gothic church and today's stopover for art, St. Peter, is right next door to St. Cäcilien. The "Crucifixion of St. Peter", a late work of Peter Paul Rubens whose father is buried in this church, can be found here.

L'église gothique St. Peter, étape d'art actuellement, est voisine de St. Cäcilien. On trouve ici la « Mise en croix de St. Pierre », une œuvre tardive de Peter Paul Rubens, dont le père est enterré dans cette maison de Dieu.

Blick von Nordosten auf den spektakulären Kleeblattchor von St. Maria im Kapitol (Schlussweihe der Kirche 1065). Im Vordergrund die „Trauernde" von Gerhard Marcks; sie erinnert an die 20 000 Kölner Toten des Zweiten Weltkriegs.

View from the northeast of the spectacular trefoil choir of St. Maria im Kapitol (final consecration of the church in 1065). The "Mourner" by Gerhard Marcks is in the foreground which recalls the 20,000 people of Cologne who died in the Second World War.

Vue du nord-est sur le spectaculaire chœur tréflé de St. Maria im Kapitol (consécration finale de l'église en 1065). A l'avant-plan, la « femme en deuil » de Gerhard Marcks, qui rappelle les 20 000 morts de Cologne, victimes de la seconde guerre mondiale.

Ein exquisites Kunstwerk als Grenze: Östlich des Lettners war St. Maria im Kapitol der klösterlichen Gemeinschaft vorbehalten. Vollendet 1523, kam die wundervolle Arbeit zwei Jahre später auf dem Wasserweg von Mecheln nach Köln.

An exquisite work of art as a boundary: The area east of the rood screen of St. Maria im Kapitol was reserved for the convent community. Completed in 1523, the wonderful work came from Mecheln to Cologne by water.

Une œuvre de premier ordre en tant que délimitation : à l'est du jubé, St. Maria im Kapitol était réservé à la communauté du couvent. Achevé en 1523, ce magnifique travail fut transporté deux ans plus tard de Mecheln à Cologne par voie d'eau.

Das Abendmahl von den Holztüren der Kirche. Sie entstanden um 1060, und es gibt aus dieser Zeit keine (Holztür-)Schnitzerei, die sich diesem größten Schatz von St. Maria im Kapitol an die Seite stellen ließe.

The Last Supper from the wooden doors of the church. They were carved around 1060, and from this period there is no wooden-door carving which could be placed next to this most important treasure from the Church of St. Maria im Kapitol.

La Cène des portes en bois de l'église. Elles ont été créées vers 1060 et il n'existe de cette époque aucune sculpture (sur portes en bois) digne d'être placée à côté de ce trésor de St. Maria im Kapitol.

Die kreuzgratgewölbte Hallenkrypta von St. Maria im Kapitol (um 1040) ruht auf massiven Säulen mit nüchternen Würfelkapitellen. Sie steht der größten Unterkirche dieser Zeit, nämlich der Krypta des Speyerer Doms, nur wenig nach.

The cross-groined vaulted hall crypt of the Church of St. Maria im Kapitol (around 1040) rests on massive columns with plain cubic capitals. It is almost an equal to the largest crypt of this period, namely the crypt of Speyer Cathedral.

La crypte de St. Maria im Kapitol (vers 1040) repose sur de massives colonnes surmontées de sobres chapiteaux cubiques. Elle n'a pas grand-chose à envier à la plus grande église en soubassement de cette époque, la crypte de la cathédrale de Spire.

Die Trinitatiskirche wurde in den Jahren 1857–61 als Kölns erster evangelischer Kirchenneubau errichtet. Architekt August Stüler musste in seine Pläne die Vorstellungen des preußischen Königs Friedrich Wilhelm IV. einarbeiten.

The Trinitatiskirche was constructed from 1857 to 1861 as Cologne's first new Protestant church building. The architect August Stüler had to incorporate the ideas of the Prussian King Frederick William IV into his plans.

La Trinitatiskirche a été construite de 1857 à 1861 en tant que premier temple protestant à Cologne. L'architecte August Stüler devait inclure les idées du roi de Prusse Friedrich Wilhelm IV dans ses plans.

Zeugen großer Stadtgeschichte: Das Drei-königenpförtchen, 1330 dort errichtet, wo angeblich die Gebeine dieser Heiligen in die Stadt kamen, und das romanische Overstol-zenhaus, Wohnbau eines der stolzesten Köl-ner Geschlechter (um 1225).

Witnesses to an illustrious city history: The Dreikönigenpförtchen, erected where the relics of these saints allegedly came into the city, and the Romanesque Overstolzenhaus, residence of one of the proudest families of Cologne (around 1225).

Témoins de la grande histoire de la ville : la petite porte des rois mages construite en 1330 à l'endroit où les ossements de ces saints seraient entrés dans la ville, et la maison romaine Overstolzenhaus, habitation d'une des plus fières familles de Cologne (vers 1225).

Am Heumarkt steht das Renaissancehaus „Zum St. Peter" (1568), als Eckgebäude gleich mit zwei Schaufassaden, auf dem Heumarkt das vorläufig (?) noch unvollständige Reiterdenkmal mit König Friedrich Wilhelm III. obenauf.

The Renaissance house "Zum St. Peter" (1568), which, as a corner house, has two representative façades, is located at Heumarkt, and the temporarily (?) still incomplete equestrian monument with King Frederick William III on top stands on Heumarkt.

La maison Renaissance « Zum St. Peter » (1568) se trouve sur Heumarkt où elle forme un bâtiment d'angle pourvu de deux somptueuses façades ; toujours sur Heumarkt, le monument provisoirement (?) inachevé avec la statue équestre du roi Friedrich Wilhelm III.

Auch das Doppel „Zur Brezel" und „Zum Dorn" am Alter Markt zeigt die typische Fassade eines Kölner Bürgerhauses der Spätrenaissance (1580/82). Die schmucken Volutengiebel dienten wohl vor allem dazu, etwas herzumachen.

The double house "Zur Brezel" and "Zum Dorn" on Alter Markt displays the typical façade of a Cologne town house of the late Renaissance period (1580/82). The handsome volute gables were intended above all to impress.

Le doublet « Zur Brezel » et « Zum Dorn » du vieux marché (Alter Markt) permet lui aussi d'admirer la façade typique d'une maison bourgeoise colonaise de la Renaissance tardive (1580/82). Les pignons à volutes servent avant tout à faire effet.

Eindrucksvolle Perspektive: Aus dem mächtigen Westchor von St. Georg geht der Blick in sein östliches Pendant. Der weite kuppelgewölbte Querbau im Vordergrund ist jünger als die übrige Kirche, zu der er sich wahrhaft triumphal öffnet.

From the mighty western choir of St. Georg the view is directed towards its eastern counterpart. The wide dome-vaulted transverse building in the foreground is more recent than the rest of the church to which it truly opens out in a triumphal way.

Une perspective impressionnante : la vue se dirige de l'imposant chœur ouest de St. Georg jusqu'à son pendant est. Au premier plan, le large transept à coupole voûtée est plus récent que le reste de l'église, sur laquelle il s'ouvre triomphalement.

Die nördliche Vorhalle von St. Georg ist die Kulisse für den Hermann-Joseph-Brunnen von 1894, der einen der volkstümlichsten Rheinlandheiligen ehrt. Viele Zeugnisse volkstümlicher Heiligenverehrung finden sich dann im Innern der Vorhalle.

The northern vestibule of St. Georg is the setting for the Hermann-Joseph Fountain from 1894 which honours one of the most popular saints of the Rhineland. Many testimonies to the popular veneration of saints can be found inside the vestibule.

Le narthex nord de St. Georg représente les coulisses de la fontaine Hermann-Joseph de 1894, qui fait honneur à un saint populaire de la Rhénanie. De nombreux témoignages du culte des saints populaires se trouvent à l'intérieur du narthex.

Doppelportal: Auf das schöne schmiede-
eiserne Tor folgt der Eingang zur Elendskirche St. Gregor (1765–1771, gestiftet von
der Familie de Groote), bekrönt mit der
päpstlichen Tiara und darunter dem Relief
„Triumph des Todes".

Double portal: The entrance to the Elendskirche (Church of the Strangers) St. Gregor
(1765–1771, endowed by the de Groote family), crowned with the papal tiara and having
the relief "Triumph of Death" underneath,
follows upon the lovely wrought-iron gate.

Portail double : ce beau portail en fer forgé
donne sur l'entrée de l'église des étrangers
(Elendskirche) St. Gregor (1765–1771, construite grâce aux dons de la famille de Groote), couronnée de la tiare papale, surmontant
elle-même le relief « Triomphe de la mort ».

Die Domturmspitzen als Vorbild? Die denkmalgeschützte Severinsbrücke mit ihrem einzigen, A-förmigen Pylon entstand Ende der 1950er Jahre, der Malakoff-Turm (links) zeugt noch vom preußischen Festungsgürtel um Köln.

The tips of the cathedral spires as a model? The Severinsbrücke, which has monument-preservation status, with its unique A-shaped pylon was built at the end of the 50's. The Malakoff Tower (to the left) is an ancient reminder of the Prussian belt of fortifications.

Les flèches de la cathédrale comme modèle ? Le Severinsbrücke, classé monument historique, avec son unique pylône en forme de A, a été construit à la fin des années 1950 ; la Tour Malakoff (à gauche) témoigne encore de la ceinture fortifiée prussienne qui entourait Cologne.

Kleine Übersicht: Vorne links der Kirchturm der Trinitatiskirche, dahinter Malakoffturm nebst Schokoladenmuseum, die Severinsbrücke als Klammer – und rechtsrheinisch reicht der Blick bis zu den Ausläufern des Bergischen Landes.

A small overview: On the left in the foreground the church tower of the Trinitatiskirche, behind that the Malakoff Tower next to the Chocolate Museum with the Severinsbrücke as a bracket – and on the right side of the Rhine you can see as far as the foothills of the Bergisches Land.

Une petite vue d'ensemble : devant à gauche, le clocher de la Trinitatiskirche; derrière celui-ci, la tour Malakoff, le musée du chocolat, le Severinsbrücke en tant que lien et, sur la rive droite du Rhin, une vue atteignant les contreforts du Bergisches Land.

Der burgähnliche Bayenturm war einst die südöstliche Eckbastion der Stadtumwehrung, also ein besonders wichtiges Bollwerk gegen den äußeren Feind. Heute hat hier das Feministische Archiv und Dokumentationszentrum seinen Sitz.

The castle-like Bayenturm was once the south-eastern corner bastion of the city fortifications and thus a particularly important bulwark against external foes. Today the Feminist Archive and Documentation Centre is located here.

La Bayenturm, ressemblant à un château fort, était autrefois la bastion de l'angle sud-est des fortifications de la ville ; une citadelle particulièrement importante contre l'ennemi venant de l'extérieur. Aujourd'hui, elle héberge le centre de documentation féministes.

Sie blieb Köln als einzige Pfarrkirche der Romanik erhalten: St. Maria Lyskirchen, der die Stiftsherren von St. Georg den südlichen Chorfassadenturm verweigerten. Sie lag früher direkt am Rheinufer und stand entsprechend oft unter Wasser.

It survived as Cologne's only parish church of the Romanesque period: St. Maria Lyskirchen. The canons of St. Georg denied the church the southern tower of its choir façade. Earlier it was directly on the banks of the Rhine and was thus often flooded.

La dernière église paroissiale de style roman à Cologne : St. Maria Lyskirchen, à laquelle les chanoines de St. Georg refusèrent la tour sud du chœur. Elle se trouvait autrefois directement sur la rive du Rhin et subit donc de nombreuses inondations.

Die berühmte gotische Schiffermadonna kam zwar erst im 19. Jahrhundert aus Walberberg nach Köln, aber sie gehörte rasch wie selbstverständlich zu dieser Kirche.

Although the famous Gothic Schiffermadonna (Boatman's Madonna) did not come to Cologne from Walberberg until the 19th century, it quickly became part of this church as if that were the most natural thing in the world.

La célèbre « Schiffermadonna » (Madone des bateliers) de style gothique n'est arrivée à Cologne en provenance de Walberberg qu'au 19e siècle mais elle fit rapidement partie intégrante de l'église.

Größter Schatz von St. Maria Lyskirchen sind die romanischen Gewölbemalereien, sie gehören zu den wenigen, die aus dieser Zeit erhalten blieben. Um 1220 begann das ehrgeizige Vorhaben mit einer Darstellung der Heiligen Drei Könige.

The Romanesque paintings on the vaults are the greatest treasure of the Church of St. Maria Lyskirchen. They are among the few which have been preserved from this period. The ambitious plan began around 1220 with the depiction of the Three Kings.

Le trésor principal de St. Maria Lyskirchen : les fresques sur voûtes de style roman ; elles font partie des rares fresques conservées de cette époque. Ce projet ambitieux débuta autour de 1220 avec la représentation des rois mages.

Bei der Severinstorburg liegt die Betonung auf dem Wortteil „Burg". Ihr turmartiger Aufbau entstand etwa zur gleichen Zeit wie der heutige Chor von St. Severin, und wie dessen Schluss ist er zur Feldseite hin dreifach gebrochen.

With respect to the Severinstorburg the accent is on the word segment "Burg", i.e. castle. Its tower-like structure was built around the same time as the choir of St. Severin, and, like the back wall of St. Severin, it is broken through three times on the side towards the fields.

L'accent de la porte Severinstorburg se trouve sur le mot « Burg » (château). Sa structure en forme de tour a été construite à la même époque que le chœur actuel de St. Severin, et comme l'extrémité de ce dernier, elle est rompue trois fois sur sa façade côté champs.

Außen spitz, innen rund: Die stadtseitige Durchfahrt der Severinstorburg gehört noch in die Romanik. Der Blick in die Severinstraße geht bis zum Barockbau von Haus Balchem (1676), rechts dessen im Wortsinn schmucker Erker.

On the outside pointed, on the inside round: The side of the Severnistorburg gate towards the city still belongs to the Romanesque period. The view along Severinstrasse reaches as far as the Baroque building Haus Balchem (1676), on the right its ornamented oriel.

Pointu à l'extérieur, arrondi à l'intérieur : le passage côté ville du Severinstorburg fait encore partie de l'époque romane. La vue sur la Severinstrasse mène jusqu'à l'édifice baroque « Haus Balchem » (1676) ; à droite, son encorbellement ornementé au vrai sens du terme.

St. Severin gab dem Vringsveedel seinen Namen. Ihr markanter Westturm entstand erst um 1400, doch reicht die Baugeschichte der Kirche sehr viel weiter zurück. Die ältesten Teile ihrer Krypta datieren in die Jahre 1030–1043.

St. Severin gave the Vringsveedel or Vrings quarter its name. Its prominent western tower was not built until 1400, but the history of the construction of the church goes back much further. The oldest part of the crypt dates from the years 1030–1043.

St. Severin a donné son nom au quartier « Vringsveedel ». Sa remarquable tour occidentale n'a été construite qu'autour de 1400, mais l'histoire de l'église remonte bien plus loin. Les parties les plus anciennes de sa crypte datent des années 1030 à 1043.

Die traditionsreichste Südstadtkneipe, die Wohnbauten auf dem Gelände einer traditionsreichen, wenngleich verschwundenen Schokoladenfabrik und ein „Stollwerckmädel" in Bronze: Einblicke in Vergangenheit und Gegenwart eines Veedels.

The traditional south-city pub, the residential buildings on the site of a chocolate factory with a rich tradition, even though gone, and a "Stollwerckmädel" in bronze: insights into the past and present of a Veedel (quarter).

Le bar de la ville sud le plus riche en traditions, les logements sur le terrain d'une usine de chocolat elle aussi riche en tradition bien que disparue et une « Stollwerckmädel » (fille de Stollwerk) en bronze : un aperçu dans le passé et le présent d'un Veedel (quartier).

128

Am Chorgestühl von St. Severin findet sich der meisterhaft geschnitzte Handknauf (Ende 13. Jh.), in der Krypta die Kreuzigungsszene (nach 1400), davor eine über 1000 Jahre alte Textilie aus dem ursprünglichen Schrein des Kirchenpatrons.

A masterly carved hand-rest on a choir stall of St. Severin (end of the 13th century), the crucifixion scene in the crypt (after 1400), in front of it a piece of fabric which is over 1000 years old from the original shrine of the church patron.

C'est sur les stalles de chœur de St. Severin que l'on trouve ce pommeau sculpté d'une main de maître (fin du 13e siècle) ; dans la crypte, la scène de la crucifixion (postérieure à 1400) et devant elle, un tissu vieux de plus de 1 000 ans, provenant du reliquaire original.

Blick in den Chor von St. Severin. Im Zentrum der Apsis steht der Altar mit dem (neuen) Reliquienschrein des Kirchenpatrons (1819), über dem Chorgestühl die zwanzig Leinwandbilder mit der Legende St. Severins (um 1500).

View into the choir of St. Severin. The altar stands in the centre of the apse which holds the (new) reliquary of the church patron (1819). The twenty canvas pictures with the legend of St. Severin hang above the choir stalls (ca. 1500).

Vue dans le chœur de St. Severin. L'autel avec le (nouveau) reliquaire du patron de l'église se trouve au centre de l'abside (1819) ; au-dessus des stalles, les vingt toiles représentant la légende de St. Severin (vers 1500).

Durch das prächtige Barockportal gelangte man einst ins Kartäuserkloster, heute Sitz des evangelischen Stadtkirchenverbands. Obwohl sein Gründer, der hl. Bruno, in Köln geboren wurde, siedelte sich der Orden erst 1334 hier an.

At one time one reached the Carthusian monastery through the magnificent Baroque gate. Today it is the seat of the Protestant Municipal Church Association. Although its founder, St. Bruno, was born in Cologne, the order did not settle here until 1334.

Autrefois, le somptueux portail baroque permettait d'entrer dans le monastère chartreux, aujourd'hui siège de l'association des églises protestantes de la ville. Bien que son fondateur, Saint Bruno, soit né à Cologne, ce n'est qu'en 1334 que cet ordre s'établit ici.

1393 fand die Weihe der Kartäuserkirche St. Barbara statt, deren schlichte Gotik im Einklang mit der Ordensprogrammatik steht.

The consecration of the Carthusian Church of St. Barbara took place in 1393. Its simple Gothic architecture is in harmony with the order's principles.

La consécration de l'église chartreuse St. Barbara eut lieu en 1393 ; son sobre style gothique est en harmonie avec les principes de l'ordre.

Unter den Kirchen Kölns hat das Gotteshaus der Karmelitinnen die aufwendigste Barockfassade (vollendet 1716). Die reichgegliederte Schaufront von St. Maria in der Schnurgasse orientierte sich am ehemaligen Kölner Jesuitenkolleg.

The church of the Carmelites (completed in 1716) has the most extravagant Baroque façade among Cologne's churches. The richly structured representative façade of St. Maria in der Schnurgasse is oriented towards Cologne's former Jesuit college.

Parmi toutes les églises de Cologne, la maison de Dieu des carmélites possède la façade baroque la plus fastueuse (achevée en 1716). La généreuse structure de la façade de St. Maria in der Schnurgasse s'oriente vers l'ancien collège des Jésuites de Cologne.

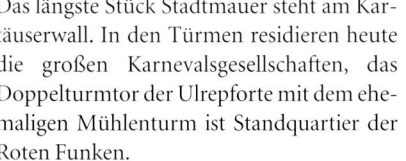

Das längste Stück Stadtmauer steht am Kartäuserwall. In den Türmen residieren heute die großen Karnevalsgesellschaften, das Doppelturmtor der Ulrepforte mit dem ehemaligen Mühlenturm ist Standquartier der Roten Funken.

The longest piece of the city wall is on Kartäuserwall. The large carnival societies reside in the towers today. The double-towered gate of the Ulrepforte with its former mill tower is the home base of the Rote Funken.

La portion la plus longue de mur d'enceinte de la ville est située sur le Kartäuserwall. Ce sont aujourd'hui les principales associations carnavalesques qui résident dans les tours ; l'Ulrepforte, avec l'ancienne tour du moulin, est le quartier des « Rote Funken ».

Hundert Jahre nach dem Fehlschlag einer feindlichen Übernahme des Stadtregiments im Jahr 1268 hält ein Relief in der Stadtmauer (heute Kopie) dieses wichtige Ereignis der Kölner Geschichte fest.

One hundred years after the failure of a hostile takeover of the government of the city in 1268, a relief in the city wall (today a copy) records this important event of Cologne history.

Cent ans après l'essai raté de la prise du pouvoir sur la ville par l'ennemi en 1268, un relief sur le mur de la ville (il s'agit aujourd'hui d'une copie) rappelle cet événement important de l'histoire de Cologne.

Der erhaltenen und wieder aufgebauten Stadtmauerpartie am Kartäuserwall ist ein Parkstreifen vorgelagert. Unten: Gereonsmühlenturm und mittelalterliche Stadtmauer am Hansaring.

A strip of park has been set in front of the preserved and rebuilt section of the city wall on Kartäuserwall. Below: Gereonsmühlenturm (mill tower) and medieval city wall on the Hansaring.

Un espace vert se trouve devant la partie conservée et reconstruite du mur d'enceinte du Kartäuserwall. En bas : la Tour « Gereonsmühle » et le mur d'enceinte médiéval sur le boulevard Hansaring.

Zweimal Gründerzeit: Der Backsteinbau des Elektrizitäts- und Wasserwerks am Zugweg und die abwechslungsreichen Prachtfassaden an der Volksgartenstraße. Der eine wie die anderen zeugen vom Bemühen um eine repräsentative Architektur.

"Gründerzeit" twice: the brick building of the electricity and water works on Zugweg and the magnificent façades of great variety on Volksgartenstrasse. The one as well as the others bear witness to the efforts to create representative architecture.

Deux objets datant des annés de la fondation, la « Gründerzeit » : l'édifice en brique abritant le centre de distribution d'eau et d'électricité sur le Zugweg et les somptueuses façades différentes les unes des autres de la Volksgartenstrasse. L'un et l'autre témoignent des efforts faits pour obtenir une architecture représentative.

Des Volkes wahrer Himmel: Der Volksgarten trägt seinen Namen immer noch zu Recht. Nur steht weniger der artenreiche Baumbestand im Mittelpunkt des Interesses als vielmehr der Bootsverleih, das Gartenlokal und die ausgedehnte Liegewiese.

The true heaven of the people: The Volksgarten still bears its name with justification, except that the biodiversity of the trees is less the focus of attention than the boat hire, outdoor restaurant, and the extensive lawns for sunbathing.

Le véritable paradis du peuple : le Volksgarten (jardin du peuple) continue de bien porter son nom. Mais la richesse des essences d'arbres suscite moins d'intérêt que la location de bateaux, la guinguette et la vaste pelouse.

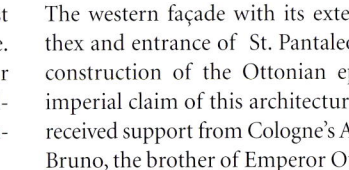

Das Westwerk der Kirche St. Pantaleon ist ein Schlüsselbau der ottonischen Epoche. Der imperiale Anspruch dieser Architektur hat seinen Rückhalt sicher auch beim Kölner Erzbischof Bruno gefunden, dem Bruder Kaiser Ottos I.

The western façade with its extended narthex and entrance of St. Pantaleon is a key construction of the Ottonian epoch. The imperial claim of this architecture certainly received support from Cologne's Archbishop Bruno, the brother of Emperor Otto I.

Le massif occidental de St. Pantaleon est une construction clé de l'époque ottonienne. La prétention impériale de cette architecture a certainement trouvé un soutien en la personne de Bruno, archevêque de Cologne et frère de l'empereur Otto I.

Das Innere der Kirche St. Pantaleon beherrscht der filigrane spätgotische Lettner mit dem barocken Orgelprospekt. Den modernen Marmorsarkophag für die hier bestattete Kaiserin Theophanu (gest. 991) schuf Sepp Hürten.

The filigree late-Gothic rood screen with the Baroque organ prospect dominates the interior of the Church of St. Pantaleon. Sepp Hürten created the modern marble sarcophagus for Empress Theophanu (d. 991) who is buried here.

Le jubé filigrane de style gothique flamboyant et le buffet d'orgue baroque dominent l'intérieur de St. Pantaleon. Le moderne sarcophage en marbre de l'impératrice Theophanu (déc. en 991), enterrée ici, est une œuvre de Sepp Hürten.

Die Synagoge in der Roonstraße, 1895–1899 erbaut und 1958/59 nach ihrer Zerstörung während der Nazi-Diktatur wiederhergestellt, knüpft mit ihren neoromanischen Formen an jene Epoche an, die Kölns Sakralarchitektur bis heute prägt.

With its neo-Romanesque forms the synagogue in Roonstrasse, built 1895–1899 and restored 1958/59 after it was destroyed during the Nazi dictatorship, continues that epoch which marks Cologne's sacred architecture to this day.

Les formes néo-romanes de la Synagogue de la rue Roonstrasse, construite de 1895 à 1899 et reconstruite en 1958/59 après avoir été détruite sous la dictature nazi, renoue avec l'époque qui marque jusqu'à ce jour l'architecture de Cologne.

Die moderne Architektur rund um den Zülpicher Platz lässt selbst dem Turm der Herz-Jesu-Kirche nur wenig Raum. Das neogotische Gotteshaus entstand um 1900, seine Architektur orientiert sich deutlich am kurz zuvor vollendeten Dom.

The modern architecture all around Zülpicher Platz even leaves the tower of the Herz-Jesu-Kirche only a little space. The neo-Gothic church was built around 1900, and its architecture is clearly modelled on the cathedral which had just been completed shortly before.

L'architecture moderne tout autour de Zülpicher Platz laisse peu de place à la tour de l'église Herz-Jesu. Cette église néogothique a été construite vers 1900 ; son architecture est clairement axée sur celle de la cathédrale, achevée peu de temps auparavant.

140

Am Portal von St. Michael wurde dagegen einiger Wert auf dekorative Details gelegt, die sogar Byzantinisches anklingen lassen.

In contrast, importance was attached to decorative details on the portal of St. Michael which even suggest something Byzantine.

Par contre, pour le portail de St. Michael, une certaine importance a été accordée aux détails décoratifs qui évoquent même un style byzantin.

Das romanisch-rustikale Erscheinungsbild von St. Michael am Brüsseler Platz wirkt wie ein Dementi des jugendlichen Alters, das die Neustadt sonst weder verleugnen konnte noch wollte. 1902–1906 wurde die Kirche errichtet.

The rustic Romanesque appearance of St. Michael on Brüsseler Platz seems to be a denial of its youthful age which otherwise the new city could not nor wanted to deny. The church was erected from 1902–1906.

L'apparence romane rustique de St. Michael sur la place Brüsseler Platz, fait l'effet d'un démenti du jeune âge que, d'autre part, la nouvelle ville ne pourrait, ni ne voudrait renier. L'église a été construite de 1902 à 1906.

Neckisch verspielt und kompromisslos streng: Am Hansaring treffen Gründerzeit- und moderne Fassaden unmittelbar aufeinander.

Teasingly playful and uncompromisingly strict: On Hansaring façades of the "Gründerzeit" directly encounter modern façades.

Un enjouement espiègle et une rigueur sans compromis : sur le périphérique intérieur Hansaring, l'époque des fondateurs et les façades modernes s'affrontent directement.

Prachtvolle Spichernstraße. Hier durften Architekten der Gründerzeit aus dem Vollen schöpfen. Aufwendigste Fensterrahmungen, üppig geschmückte Erker, sogar an Kuppeln mit raffinierten Laternen obenauf fehlt es nicht.

Splendid Spichernstrasse. Architects of the "Gründerzeit" were allowed to draw on plentiful resources. There is no lack of the most extravagant window frames, sumptuously decorated oriels, and even domes with ingenious lanterns on top.

Rue somptueuse, la Spichernstrasse. Les architectes de l'époque des fondateurs pouvaient ici en donner à volonté. Cadres de fenêtre raffinés, encorbellements généreusement ornementés et on trouve même des coupoles surmontées d'élégantes lanternes.

Hier wacht der Christuskirchenturm über Kölns ältester öffentlicher Grünanlage. Zwischen 1827 und 1829 angelegt, wurde der Stadtgarten knapp vierzig Jahre später sogar bedeutend vergrößert (1890 dann allerdings wieder verkleinert).

Here the tower of the Christuskirche keeps watch over Cologne's oldest public park. Laid out between 1827 and 1829, the city garden was even considerably enlarged about forty years later (1890, but then reduced again).

Ici, la tour de la Christuskirche veille sur l'espace vert public le plus ancien de Cologne. Aménagé entre 1827 et 1829, le « Stadtgarten » fut même sensiblement agrandi quarante ans plus tard (puis à nouveau réduit en 1890).

Die Kirche (Neu) St. Alban zählt zu den bedeutendsten Nachkriegsarchitekturen der Stadt. Hans Schilling entwarf das außergewöhnliche Gotteshaus (erbaut 1958/59), unser Bild zeigt den Eingang zur Sakramentskapelle von Elmar Hillebrand.

(Neu) St. Alban ranks among the most important post-war architectural monuments in the city. Hans Schilling designed the unusual church (built 1958/59). Our photo shows the entrance to the Blessed Sacrament Chapel by Elmar Hillebrand.

L'église (Neu) St. Alban compte parmi les architectures d'après-guerre les plus signifiantes de la ville. Hans Schilling a conçu cette maison de Dieu hors du commun (1958/59) ; notre photo montre l'entrée de la chapelle du saint sacrement d'Elmar Hillebrand.

Das Hochhaus am Hansaring ist zweifellos eines der bekanntesten Bauwerke Kölns. Nach seiner Fertigstellung 1925 war es für ganz kurze Zeit das höchste Haus Europas, heute zieht der Planetenname die Musikfans magisch an.

The high-rise building on Hansaring is without doubt one of Cologne's best-known buildings. After its completion in 1925 it was very briefly Europe's highest house. Today the name of a planet magically attracts music fans.

Le gratte-ciel situé sur le Hansaring est sans aucun doute un des édifices les plus connus de Cologne. Achevé en 1925, il a très brièvement été le bâtiment le plus haut d'Europe ; aujourd'hui, le nom d'une planète attire, comme par magie, les amateurs de musique.

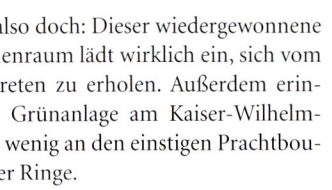

Es geht also doch: Dieser wiedergewonnene Stadtinnenraum lädt wirklich ein, sich vom Pflastertreten zu erholen. Außerdem erinnert die Grünanlage am Kaiser-Wilhelm-Ring ein wenig an den einstigen Prachtboulevard der Ringe.

So it does work: This reclaimed central part of the city really invites you to take a break from treading the pavement. Moreover, the park on Kaiser-Wilhelm-Ring calls to mind the former splendid boulevard of the ring roads to some degree.

Comme quoi c'est possible : cet espace intérieur gagné sur la ville invite vraiment à se reposer après avoir battu le pavé. En outre, cet espace vert le long du Kaiser-Wilhelm-Ring rappelle un peu les somptueux boulevards des périphériques intérieurs.

Und gleich noch eine städtebauliche Tat: Der MediaPark mit dem KölnTurm des Stararchitekten Jean Nouvel. Zwar reiften hier nicht alle Blütenträume der Planer, doch ein Multiplex-Kino darf an einem Ort wie diesem nicht fehlen.

And immediately another urban planing deed: The MediaPark with the KölnTurm of the star architect Jean Nouvel. Not all of the pipe dreams of the planners materialised, but a multiplex cinema should not be lacking in a place like this.

Et encore un acte d'urbanisme : Le Media-Park avec le KölnTurm de l'architecte vedette Jean Nouvel. Les rêves fleuris des concepteurs ne mûrissent pas tous ici mais un cinéma multiplex ne doit pas manquer sur un tel lieu.

148

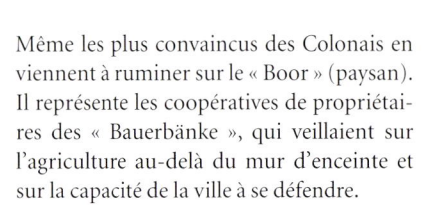

Hall fals do Köllscher Boor

Blieo beim Rich et fall fös av lov

Über den „Boor" kommen selbst einge-
fleischte Kölner ins Grübeln. Er steht für die
Eigentümergenossenschaften der Bauerbänke, die über die Landwirtschaft jenseits der
Mauer wachten, und für die Wehrhaftigkeit
der Stadt.

Even died-in-the-wool inhabitants of Cologne
start brooding about the "Boor" (Farmer).
He represents the Owners' Cooperatives of
the "Bauerbänke", which kept watch over
agriculture on the other side of the wall, as
well as the defensibility of the city.

Même les plus convaincus des Colonais en
viennent à ruminer sur le « Boor » (paysan).
Il représente les coopératives de propriétaires des « Bauerbänke », qui veillaient sur
l'agriculture au-delà du mur d'enceinte et
sur la capacité de la ville à se défendre.

Die Stadtschlüssel am Arm des Bauern passen zur wehrhaften Eigelsteintorburg, in die seine Figur eingelassen wurde. Ums Tor schart sich heute viel (Außen-)Gastronomie, außerdem ist es ein schönes Entree in dieses Viertel.

The keys to the city on the arm of the Farmer match the well-fortified Eigelsteintorburg into which he was set. Today quite a few (outside) eating places are gathered around the gate, and it is also a lovely entrance into this quarter.

Les clés de la ville au bras du Paysan vont avec le solide Eigelsteintorburg auquel il est intégré. Aujourd'hui, une gastronomie de plein air se regroupe autour de cette porte et c'est aussi une belle entrée dans le quartier.

Das Wasser der Anlage am Theodor-Heuss-Ring spiegelt das sechseckige Ringturmhaus – womöglich als Tiefgarage? Übrigens erinnert dieser Wasserspiegel an den Sicherheitshafen des 19. Jahrhunderts, der etwa an dieser Stelle lag.

The water of the park on Theodor-Heuss-Ring reflects the six-sided Ringturmhaus – possibly as an underground car park? By the way, this water reflection calls to mind the safe port of the 19th century which was located just about on this spot.

L'eau du site du Theodor-Heuss-Ring reflète la tour hexagonale Ringturmhaus – éventuellement en tant que garage souterrain ? Au fait, ce miroir d'eau rappelle le havre de sécurité du 19e siècle qui se trouvait à peu près là.

Wolfgang Göddertz versteht seinen Brunnen auf dem Ebertplatz als „Wasserkinetische Plastik" (aufgestellt 1977). Allerdings braucht die sehr originelle Skulptur Wasser, um ihren ganzen Reiz zu entfalten.

Wolfgang Göddertz understands his fountain on Ebertplatz as "water-kinetic sculpture" (erected 1977). But the very original sculpture requires water to display its entire charm.

Wolfgang Göddertz conçoit sa fontaine de la place Ebertplatz (installée en 1977) comme une « sculpture hydrocinétique ». Cette œuvre très originale a toutefois besoin d'eau pour déployer tous ses charmes.

Die Ursulinenkirche reiht sich in die Häuserflucht der Machabäerstraße ein, hält sich so gesehen zurück. Aber ihre noble Zweiturmfassade (1722) verdient volle Aufmerksamkeit und zeugt vom souveränen Können ihres Architekten Matteo Alberti.

The Ursulinenkirche takes its place among the row of houses of Machabäerstrasse. But its noble two-towered façade (1722) deserves one's full attention and testifies to the superior ability of its architect Matteo Alberti.

La Ursulinenkirche s'aligne dans la rangée de maisons de la rue Machabäerstrasse, faisant preuve d'une certaine retenue. Pourtant, sa noble façade à deux tours (1722) mérite une attention particulière et témoigne du suprême savoir-faire de son architecte, Matteo Alberti.

Kölns zweitgrößtes Gotteshaus heißt auch nach Agnes Roeckerath. Dank ihrer Mitgift wurde ihr Gatte ein höchst erfolgreicher Grundstücksspekulant, der als Stifter des Gotteshauses leicht die Schutzherrin Agnes durchsetzen konnte.

Cologne's second-largest church is also named for Agnes Roeckerath. Thanks to her dowry her husband became a highly successful property speculator who, as the donor of the church, could easily push through St. Agnes as the patron for the church.

La deuxième plus grande église de Cologne doit également son nom à Agnes Roeckerath. Grâce à sa dot, son mari devint un riche spéculateur foncier, dont les dons permirent de bâtir l'édifice ; il n'eut donc aucun mal à en imposer la patronne, Sainte Agnès.

Auch in diesen heil'gen Hallen sollte die Rache tabu sein. Jedenfalls gebietet er Respekt, der imposante Treppenaufgang des Oberlandesgerichts am Reichensperger Platz – wenn er nicht manchen Beklagten sogar das Fürchten lehrt.

Also within these sacred halls revenge should be a taboo. In any case, the imposing stairs of the higher regional court on Reichensperger Platz command respect – even putting the fear of God into some defendants.

Dans ces halls sacrés eux aussi, la vengeance est taboue. Cette imposante montée d'escalier du tribunal de grande instance, sur la place Reichensperger Platz, commande en tout cas le respect – et fera peut-être même frissonner certains prévenus.

Auch außen trumpft das Oberlandesgericht auf. Der neobarocke Prachtbau von 1911 orientiert sich hier noch offensichtlicher an der Schlossarchitektur. Und jedenfalls macht die kühn nach innen geschwungene Fassade enormen Effekt.

The higher regional court also comes on strong on the outside. The magnificent neo-Baroque building from 1911 is modelled even more obviously on palace architecture. And in any case the boldly curved-in façade has an immense effect.

Le tribunal triomphe aussi de l'extérieur. Les lignes architecturales de ce magnifique édifice néo-baroque (1911) s'orientent ici plus ostensiblement encore sur celles d'un château. Et l'audacieux arrondi concave de la façade ne peut manquer de produire un puissant effet.

Flora und Zoo sind in Köln dicht benachbart. Das große Blumenparterre vor dem Hauptgebäude der Flora ist den französischen Barockgärten nachempfunden, der neue Elefantenpark im Zoo bietet den Dickhäutern viel Bewegungsfreiheit.

Flora (the botanical gardens) and the zoo are very close to each other in Cologne. The large flower bed in front of the main building of Flora is adapted from French Baroque gardens. The new elephant park in the zoo offers a lot of space to move around in.

A Cologne, la Flora (jardin botanique) et le zoo sont quasiment adjacents. Le parterre de fleurs devant le bâtiment principal de la Flora est inspiré des jardins baroques français. Le nouveau parc à éléphants du zoo offre quant à lui une grande liberté de mouvement.

Pretty Flamingo. Die stelzenbeinigen, meist zartrosa befiederten Vögel lieben es gesellig. Der Kölner Zoo bemüht sich um artgerechte Tierhaltung, dahinter müssen zuweilen Besucherwünsche nach einem freien Blickfeld zurückstehen.

Pretty flamingo. The stilt-legged birds with mostly delicate pink feathers are very social. The Cologne Zoo endeavours to keep animals in ways appropriate to their species. Visitors' wishes to have direct contact with the animals must take second place to this.

Les beaux flamants. Ces oiseaux sur échasses, au plumage rose en général, sont conviviaux. Le zoo de Cologne fait beaucoup d'efforts pour respecter le rythme biologique des animaux auquel le souhait des visiteurs, demandant un contact direct, doit céder la place.

Hier hat der Rhein seinen Bogen etwas weiter als gewöhnlich ausschwingen lassen. Die Bastei Wilhelm Riphahns ist einer der spektakulären Bauten Kölns; sie zählt zu den raren Beispielen expressionistischer Architektur.

Here the Rhine has let itself curve out somewhat farther than usual. The "Bastei" (Bastion) of Wilhelm Riphahn is one of Cologne's spectacular architectural sites and ranks among the rare examples of expressionist architecture.

Ici, le Rhin laisse sa courbe s'évanouir un peu plus loin que d'habitude. La « Bastei » (Bastion) de Wilhelm Riphahn est un des bâtiments les plus spectaculaires de Cologne. Elle fait partie des rares exemples d'architecture expressionniste.

Blick über St. Kunibert den Strom hinauf. Die jüngste der romanischen Kirchen Kölns erfuhr erst 1247 ihre Schlussweihe durch Konrad von Hochstaden. Derselbe Erzbischof legte ein Jahr später den Grundstein zum Dom.

View over St. Kunibert upstream. The youngest of Cologne's Romanesque churches did not receive its final consecration by Konrad von Hochstaden until 1247. The same archbishop laid the foundation stone of the cathedral one year later.

Vue sur St. Kunibert en remontant le courant. La plus jeune des églises romanes de Cologne ne reçut qu'en 1247 sa consécration finale par Konrad von Hochstaden. Un an plus tard, le même archevêque posait la première pierre de la cathédrale.

160

Blick in den Chor von St. Kunibert. Erhalten blieben hier die singulären Glasmalereien der Romanik (um 1230), im zentralen oberen Fenster der Apsis eine souverän komponierte, auch technisch brillante Darstellung der Wurzel Jesse.

View into the choir of St. Kunibert. The unique glass painting of the Romanesque period (around 1230) has been preserved here, in the central upper window of the apse an excellently composed and also technically brilliant representation of the root of Jesse.

Vue dans le chœur de St. Kunibert. Les singuliers vitraux de l'époque romane (vers 1230) ont ici été conservés ; sur le vitrail central en haut de l'abside : une illustration souverainement composée et d'une brillante technique, de l'arbre de Jessé.

Gotische Bildhauerkunst in Vollendung. Um 1440 schuf wohl Dombaumeister Konrad Kuyn die Verkündigungsgruppe in St. Kunibert. Der Engel und nicht anders die Maria bestechen in der Grazie ihres Auftretens wie der Anmut ihrer Gesichter.

Gothic sculpture in perfection. Around 1440 the cathedral master builder Konrad Kuyn probably created the Annunciation group in St. Kunibert. The angel as well as Mary are impressive in the gracefulness of their appearances as well as the beauty of their faces.

La sculpture gothique dans toute sa perfection. Vers 1440, c'est sans doute le bâtisseur de cathédrale Konrad Kuyn, qui créa l'Annonciation de St. Kunibert. L'ange tout comme Marie séduisent par la grâce de leur comportement et le charme de leurs visages.

Am Horizont erscheinen schon die Ausläu-
fer des Bergischen Lands, während die Um-
risse von Gürzenich (vorne rechts im Bild),
Rathaus- und Vierungsturm der Kirche
Groß St. Martin noch vertrautes Altstadtge-
lände bezeichnen.

The foothills of the Bergisches Land already
appear on the horizon, while the contours
of Gürzenich (at the front on the right in the
picture), the city-hall tower and the crossing
tower of Gross St. Martin indicate familiar
old-town terrain.

A l'horizon, les contreforts du Bergisches
Land apparaissent déjà alors que les contours
du Gürzenich (devant à droite), la tour de
l'hôtel de ville et la tour de la croisée de Gross
St. Martin caractérisent encore la vieille ville
familière.

Einen Brückenschlag stromaufwärts bietet die „Schäl Sick" ihr Panorama dar; Lufthansahochhaus und Kölnarena stechen Alt St. Heribert aus. Linksrheinisch kommt der Turm von Klein St. Martin ins Bild, vorne rechts St. Maria im Kapitol.

One bridge crossing upstream also provides the "Schäl Sick" (the wrong side of the Rhine)-panorama. The Lufthansa high-rise and the Kölnarena outstrip Alt St. Heribert. On the left the tower of Klein St. Martin, at the front on the right the church St. Maria im Kapitol.

En remontant le courant, la « Schäl Sick » (la rive droite) présente son panorama ; le gratte-ciel de la Lufthansa et la Kölnarena éclipsent l'église Alt St. Heribert. Sur la rive gauche du Rhin, la tour de Klein St. Martin apparaît sur la photo et devant, St. Maria im Kapitol.

Die neue „koelnmesse" zeigt sich mit dem neuen Eingangsbereich von ihrer besten Seite. Vier Hallen mit 80 000 m² Fläche und ein „Congresscentrum" kamen außerdem hinzu, die gute Anbindung und der Dom in Sichtweite blieben.

The new "koelnmesse" (Cologne exhibition hall) shows itself from its best side with the new entrance area. Four halls with 80,000 m² of space and a congress centre were added as well, but the good traffic links and the view of the cathedral have remained.

La nouvelle « koelnmesse » (foire-exposition), avec son entrée neuve, se présente sous un jour fort avenant. Elle a été agrandie de quatre halls offrant 80 000 m² de surface et d'un centre de congrès ; son accessibilité et la vue sur la cathédrale sont restées inchangées.

Unter Denkmalschutz: Messeturm und Messehallen von Adolf Abels (1928). Der Bahnhof Deutz mit dem Kuppelbau der Eingangshalle (1913), bei dem sich Architekt Hugo Böttcher von französischen Barockschlössern inspirieren ließ.

Under preservation order: exhibition tower and exhibition halls by Adolf Abels (1928). The Deutz train station with the domed building of the entrance hall (1913); the architect Hugo Böttcher let himself be inspired by French Baroque castles.

Classés monuments historiques : la tour et les halls de la foire-exposition d'Adolf Abels (1928). La gare de Deutz avec la coupole du hall d'entrée (1913), pour laquelle l'architecte Hugo Böttcher s'est inspiré des châteaux français de l'époque baroque.

Wenn das Kleine gern groß geredet wird, warum nicht das Große auch einmal klein: „Henkelmännchen" nennen die Kölner ihre Kölnarena. Und möglicherweise hat dieser vordergründig liebenswürdige Neckzettel ja einen kleinen Hintersinn.

If small things are often talked big, why can't something big be talked small now and again: In Cologne, people refer to the Kölnarena using the diminutive "Henkelmännchen". But what may appear to be an affectionate nickname may just have a drop of hidden meaning.

Puisqu'on exagère la taille des petites choses, pourquoi ne pas sous-estimer celle des grandes : « Henkelmännchen », c'est le nom diminutif que les habitants de Cologne donnent à la Kölnarena. Et peut-être même que ce sobriquet a un sens caché.

Auch der Rheinpark ist ein Pfund, mit dem Deutz wie die rechte Rheinseite wuchern können, vom Ausblick einmal ganz abgesehen. Und über dem Tanzbrunnen animiert schon die rasante Zeltdachlandschaft zu rhythmischer Bewegung.

Deutz and the right side of the Rhine have made the most out of the Rheinpark's potential. Just a glance at the dynamic tent roof over the Tanzbrunnen, for example, is enough to get feet moving in time to the rhythm.

Le « Rheinpark » est quelque chose que Deutz et la rive droite du Rhin peuvent faire valoir – sans même parler de la vue dont y jouit. Attirantes, les voiles tendues au-dessus de la Tanzbrunnen (fontaine de la danse) invitent à bouger en cadence.

Alt und neu auf engstem Uferraum. Aus dieser Perspektive reitet der Preußenkönig nicht gen Ostland, sondern nur auf das LVR-Hochhaus zu, während Alt St. Heribert mit den einstigen Abteigebäuden Deutzer Vergangenheit gegenwärtig hält.

Old and new densely packed on a short stretch of riverbank. From this perspective the King of Prussia no longer seems to be riding off towards eastern lands, but only heading towards the LVR high-rise, while the former abbey buildings of Alt St. Heribert keep Deutz history alive.

L'ancien et le neuf étroitement confinés sur la berge. De cette perspective, le roi de Prusse ne cavale pas vers l'Orient mais vers le gratte-ciel de LVR, tandis que l'église Alt St. Heribert, avec ses anciens bâtiments abbatiaux, remémore le passé de Deutz.

170

Ein hoher Basaltsockel entrückt die Rodenkirchener Maternuskapelle den Wassern des
Rheins. Das Kirchlein bezeichnet die Stelle,
wo ein Kahn der Legende nach den Leich-
nam des ersten Kölner Bischofs Maternus
ans Ufer getragen hat.

The Maternuskapelle in Rodenkirchen rises
above the waters of the Rhine on a high bas-
alt base. The small chapel was built on the
spot where, according to legend, a rowing
boat landed bearing the corpse of the first
bishop of Cologne, Maternus.

Un socle élevé en basalte protège la Maternuskapelle de Rodenkirchen contre les eaux
du Rhin. Cette petite église désigne l'endroit
où, selon la légende, une barque aurait amené
sur la rive la dépouille mortelle du premier
évêque de Cologne, Maternus.

Auch das ist auf Kölner Stadtgebiet noch möglich: die alte Landstraße nach Brühl als richtige Allee zu präsentieren. Geradezu dörfliches Ambiente hat die Partie am „Treppchen", dem vielbesuchten Rodenkirchener Ausflugslokal.

The city of Cologne even boasts a proper avenue: The old road to Brühl. Day-trippers can enjoy cosy village atmosphere when they stop off at the "Treppchen", a popular restaurant in Rodenkirchen.

Encore une chose possible à Cologne : la vieille route vers Brühl aménagée comme une véritable allée. La partie au « Treppchen », un établissement de Rodenkirchen très apprécié lors d'excursions, offre une ambiance quasiment villageoise.

Sie gab die Art und Weise der Bebauung vor und dem ganzen Stadtteil ihren Namen: Die Marienburg hat zweifellos Herrenhauscharakter. Das heutige Tagungszentrum kann sich trotz seiner Größe in einem ausgedehnten Park ziemlich mühelos verbergen.

It set the tone for the district's development and gave an entire city district its name: Marienburg palace has all the elements of a manor house. Today, it is used as a conference centre and – despite its size – has no trouble hiding from view in the extensive park that surrounds it.

Il a déterminé l'urbanisation et donné son nom à tout un quartier de la ville : le Marienburg a indiscutablement un caractère domanial. Utilisé aujourd'hui comme centre de congrès, il n'a, malgré sa taille, aucun mal à se dissimuler dans le vaste parc qui l'entoure.

Bismarck, doppelt versteinert. Wahrhaft unverwandt schaut dieser martialische Reichskanzler auf den Rhein. Von welcher Geschmeidigkeit ist dagegen der Panther Fritz Behns im Südpark, wenn er sich aus der Deckung des Buschwerks wagt.

Bismarck, petrified in more than one way. The martial imperial chancellor looks down upon the Rhine with a truly rigid gaze. How lithesome in contrast Fritz Behn's panther pads out from under the cover of bushes in the Südpark.

Bismarck, doublement pétrifié. Ce féroce chancelier de l'empire pose sur le Rhin un regard d'une prodigieuse fixité comparée à la souplesse avec laquelle la panthère de Fritz Behn se risque à sortir de la protection des buissons dans le Südpark.

Albertus Magnus von Gerhard Marcks sitzt in Gelehrtenpose vor dem Haupteingang der Universität.

Albertus Magnus, sculpted by Gerhard Marcks, adopts a thinker pose before the main entrance of the university.

Albertus Magnus, sculpté par Gerhard Marcks, est assis devant l'entrée principale de l'université dans une pose d'érudit.

Die sinnfällige Kombination von Gericht (links im Bild) und Arbeitsagentur findet sich an der Luxemburger, die einleuchtende von Universitätsbibliothek (ebenfalls links) und neuem Hörsaalgebäude an der Inneren Kanalstraße.

The striking mix of courthouse (left in the picture) and employment exchange is located on Luxemburger Strasse, while the plausible one of university library (also left) and new lecture hall is found on the Innere Kanalstrasse.

Tribunal (à gauche) et agence pour l'emploi : une combinaison qui « se tient » sur la Luxemburger Strasse. Autre voisinage : la bibliothèque universitaire (à gauche) et le nouveau bâtiment abritant les amphithéâtres.

Die Äbte von St. Pantaleon bauten das Weißhaus (17. und 18. Jh.) an der Luxemburger Straße zur Sommerresidenz aus. Heute in Privatbesitz, wirkt es wie eine Wasserburg; die neugotische Kapelle (1857) ist von der Straße aus nicht sichtbar.

The abbots of St. Pantaleon converted the Weisshaus (17th and 18th cent.) on the Luxemburger Strasse into a summer residence. The building, which is now in private hands, looks like a water castle. Its neo-Gothic chapel (1857) is not visible from the road.

Les abbés de St. Pantaleon ont construit le Weisshaus (17e et 18e siècles), sur la Luxemburger Strasse, pour s'en servir comme résidence d'été. C'est aujourd'hui une propriété privée qui fait l'effet d'un château fort entouré d'eau.

Zum Aachener Weiher hin öffnet sich die Terrasse des Museums für Ostasiatische Kunst, einer der lauschigsten Plätze Kölns. Die Kirche Christi Auferstehung von Gottfried Böhm zeigt eine architektonische Tendenz, die man behelfsweise Brutalismus genannt hat.

The terrace of the Museum of East Asian Art extends out onto the Aachener Weiher pond, creating one of the cosiest spots in Cologne. Gottfried Böhm's Christi Auferstehung church was designed according to the principles of the "brutalism" movement.

La terrasse du musée de l'art d'Asie Orientale s'ouvre sur l'Aachener Weiher, un des endroits les plus cosy de Cologne. L'église Christi Auferstehung de Gottfried Böhm montre une tendance architecturale nommée brutalisme à défaut de mieux.

Auf der sanften Anhöhe am Aachener Weiher steht diese Plastik (1984) des Ungarn Lajos Barta. Nur wenig weiter westlich erstreckt sich der Lindenthaler Kanal von 1925, ein ehrgeiziges Projekt der hiesigen Stadtplanung.

This statue (1984) by the Hungarian sculptor Lajos Barta stands on a gentle rise at the Aachener Weiher pond. The Lindenthal canal, built in 1925 as part of an ambitious city-planning project, can be found just a bit further to the west.

Cette sculpture (1984) du Hongrois Lajos Barta se trouve sur une légère hauteur de l'Aachener Weiher. Un peu plus à l'ouest vient s'étendre le canal de Lindenthal, ambitieux projet d'urbanisme local datant de 1925.

Noch eine romanische Kirche: Die Baugeschichte von Alt St. Stephan in Köln-Lindenthal, auch „Krieler Dömchen" genannt, lässt sich sogar bis in die Zeit um 900 zurückverfolgen.

Another Romanesque church: Construction of the church of Alt St. Stephan in Cologne-Lindenthal, also called "Krieler Dömchen" (little Cathedral of Kriel), began as far back as around the year 900.

Encore une église romane : l'église Alt St. Stephan à Köln-Lindenthal, portant aussi le surnom « Krieler Dömchen » (petite cathédrale de Kriel). L'histoire de sa construction remonte jusqu'aux alentours de l'an 900.

Die römische Grabkammer in Köln-Weiden (2. und 3. Jh. n. Chr.) gehörte wohl zu einem Gutshof, dessen Eigentümerfamilie hier ihre Toten bestattete. Der reich verzierte Sarkophag war ursprünglich oberirdisch aufgestellt.

The Roman burial chamber in Cologne-Weiden (2nd to 3rd cent. A.D.) was probably part of an estate and used by the owner's family to bury its dead. The richly decorated sarcophagus originally stood above ground.

La chambre funéraire romaine de Köln-Weiden (2me et 3e siècles après J.-C.) a apparemment fait partie d'un domaine où les propriétaires enterraient leurs morts. Le sarcophage aux nombreuses ornementations se trouvait à l'origine à la surface du sol.

Der Zahn der Zeit hat diesem Säulenengel den linken Flügel gestutzt. Er ist einer von den vielen Himmelsboten, die den Melaten-friedhof bevölkern.

The ravages of time have clipped the left wing of the angel standing on the column. It is one of the many celestial messengers that inhabit Melaten cemetery.

L'usure du temps a rogné l'aile gauche de cet ange. C'est un des nombreux messagers des cieux qui peuplent le cimetière « Melaten ».

Auf Melaten, dem 1810 eröffneten Zentral-friedhof Kölns, legte mancher Steinmetz der Dombauhütte Hand an. Es finden sich zahl-reiche Grabstätten mit üppiger Ausstattung und natürlich viele Namen von Bürgern, die Stadtgeschichte geschrieben haben.

The work of a number of stonemasons from the cathedral's stonemasons' lodge can be found in Melaten, Cologne's central ceme-tery, which has naturally become the final resting place for many prominent figures of Cologne's history since it was opened in 1810.

Plus d'un tailleur de pierre de la « Dombau-hütte » a été actif sur le Melaten, le cimetière central de Cologne inauguré en 1810. On y trouve un grand nombre de tombes aména-gées avec opulence et bien sûr, de nombreux noms ayant écrit l'histoire de la ville.

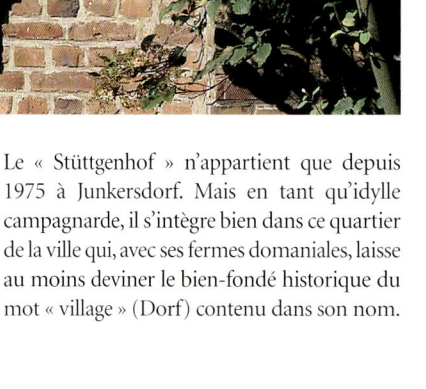

Der Stüttgenhof gehört erst seit 1975 zu Junkersdorf. Aber als ländliche Idylle fügt er sich gut in diesen Stadtteil, der mit seinen Hofgütern die historische Berechtigung des Namensteils „-dorf" wenigstens erahnen lässt.

The Stüttgenhof farm has only been part of Junkersdorf since 1975. However, its pastoral idyll fits in well with the rest of the farming estates found in this part of the city.

Le « Stüttgenhof » n'appartient que depuis 1975 à Junkersdorf. Mais en tant qu'idylle campagnarde, il s'intègre bien dans ce quartier de la ville qui, avec ses fermes domaniales, laisse au moins deviner le bien-fondé historique du mot « village » (Dorf) contenu dans son nom.

„Frisch, fromm, fröhlich, frei": Vor den entlaubten Bäumen wirkt das Jahndenkmal im Stil der Neuen Sachlichkeit fast wie das Hochkreuz eines Friedhofs, im benachbarten neuen RheinEnergieStadion herrscht allein König Fußball.

Surrounded by bare trees, the Friedrich Ludwig Jahn memorial, sculpted in the style of the New Objectivity movement, almost looks like the high cross of a cemetery. Football rules supreme in the neighbouring, newly-built RheinEnergieStadion.

Devant les arbres sans feuilles, le monument à la mémoire de Friedrich Ludwig Jahn, « père » du mouvement gymnastique allemand, dans le style de la Nouvelle Objectivité, rappelle presque la haute croix d'un cimetière ; dans le « RheinEnergieStadion » règne le roi football.

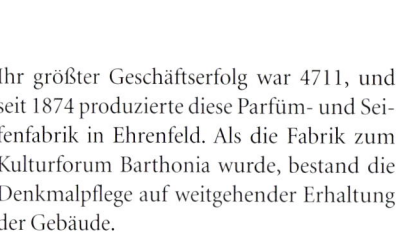

Ihr größter Geschäftserfolg war 4711, und seit 1874 produzierte diese Parfüm- und Seifenfabrik in Ehrenfeld. Als die Fabrik zum Kulturforum Barthonia wurde, bestand die Denkmalpflege auf weitgehender Erhaltung der Gebäude.

Their most successful product was 4711: This perfume and silk factory has been manufacturing in Ehrenfeld since 1874. When the factory building was taken over by the Barthonia cultural forum, the society for the preservation of historic buildings mandated that the buildings had to be largely maintained as originally built.

4711 a été le plus grand succès commercial de cette savonnerie-parfumerie qui produit à Ehrenfeld depuis 1874. Quand l'usine devint le « Barthonia Forum », les spécialistes de la sauvegarde du patrimoine ont tenu à ce que le bâtiment soit conservé.

Das Verwaltungsgebäude der GEW Rhein-Energie AG umgibt sich mit viel Grünfläche, während der „Colonius" genannte Fernmeldeturm am entschiedensten in die dritte Dimension vorstößt. Mit 243 Metern ist er das höchste Kölner Bauwerk.

Extensive green spaces surround the administration building of GEW RheinEnergie AG, while the telecommunications tower known as the "Colonius" outstrips all in its bid to reach the third dimension. At 243 metres, it is the highest construction in Cologne.

Le bâtiment administratif de la GEW Rhein-Energie AG est entouré de beaucoup de verdure, alors que le « Colonius », nom donné à la tour de télécommunication, avance résolument vers la troisième dimension. Avec ses 243 mètres, c'est l'édifice le plus haut de Cologne.

Das Baumaterial Backstein prägt die Lutherkirche in Nippes; die Neogotik des Gotteshauses hat ihre Vorbilder im nördlichen Deutschland. Außerdem besitzt die Kirche eine weitgehend erhaltene, einheitliche Ausstattung aus der Erbauungszeit.

The use of brick greatly influenced the design of the Lutherkirche in Nippes. The neo-Gothic style of the church was modelled on the plans of northern German churches. The church's original uniform interior has largely survived intact.

La brique est le matériau de construction qui caractérise la Lutherkirche de Nippes. Le néogothique de cette maison de Dieu trouve ses modèles dans le nord de l'Allemagne. En outre, la décoration de l'église est en grande majorité d'origine.

Der schönste Platz ist zwar *immer* an der Theke, doch die Gaststätte „Em jolde Kappes" ist zweifellos eine Kölner Institution. Ihr Name erinnert noch an die Zeit, als Nippes hauptsächlich aus Kohlfeldern bestand.

Although the best place to be is *always* at the bar, the pub "Em jolde Kappes" can undoubtedly be referred to as a Cologne institution. Its name recalls a time when Nippes primarily consisted of cabbage fields (cabbage is called "Kappes" in the Cologne dialect).

Certes, la meilleure place est *toujours* au comptoir, mais le restaurant « Em jolde Kappes » est sans aucun doute une institution à Cologne. Son nom rappelle l'époque à laquelle Nippes se composait principalement de champs de choux (de « Kappes », comme on dit à Cologne).

Selbst unter den modernen Sakralbauten zählt die Riehler Kirche St. Engelbert zu den eigenwilligsten. Dominikus Böhm entwarf diesen Zentralbau (1931/32), dem der Volksmund den despektierlichen Namen „Zitronenpresse" gab.

Even among modern ecclesiastical buildings, the Church of St. Engelbert in Riehl can be considered one of the most idiosyncratic. The centralised building was designed by Dominikus Böhm (1931/32) and disrespectfully called "lemon press" by the people.

Même dans la catégorie des édifices sacrés modernes, l'église St. Engelbert de Riehl fait figure de véritable originalité. Dominikus Böhm conçut ce bâtiment central (1931/32) appelé irrespectueusement « presse-citron » dans le langage populaire.

Die ehrwürdige Pferderennbahn in Weiden-pesch (Rennen seit 1897) hat eine denkmal-geschützte Zuschauertribüne, die moderne Architektur des Neven DuMont Hauses an der Amsterdamer Straße ist ersichtlich auf Transparenz angelegt.

The spectators' stand at the venerable horse racetrack in Weidenpesch (racing since 1897) was placed under protection as a historic monument, while transparency was quite obviously on the minds of the architects who designed the modern Neven DuMont house.

Le vénérable hippodrome de Weidenpesch (des courses y ont lieu depuis 1897) a une tribune classée monument historique ; l'ar-chitecture moderne de la maison Neven DuMont, dans la rue Amsterdamer Strasse, est visiblement axée sur la transparence.

An der Römerstraße von Köln nach Neuss liegt Alt St. Katharina, deren romanischer Turm ins 12. Jahrhundert datiert. Der Chor verdankt sein Erscheinungsbild allerdings der Gotik, die auch das Innere des Kirchleins beherrscht.

Alt St. Katharina is situated along the Römerstrasse leading from Cologne to Neuss. Its Romanesque steeple dates back to the 12th century, while its choir shows Gothic influences, an architectural style that also predominates within the small church.

La vieille église St.Katharina, dans la rue Römerstrasse menant de Cologne à Neuss, possède un clocher roman datant du 12e siècle. Le chœur doit toutefois son apparence au style gothique qui domine aussi à l'intérieur de la petite église.

Hochhauskulisse vor Rapsfeld: Auch so lässt sich die „Neue Stadt" Chorweiler überschauen. Der Niehler Hafen trägt nicht unerheblich dazu bei, dass Köln nach Duisburg immer noch der zweitgrößte Binnenhafen Deutschlands ist.

A backdrop of high-rises, in front a rape field: This is one way to view the "new city" of Chorweiler. The port of Niehl plays a significant role in ensuring that Cologne remains Germany's second largest inland port after Duisburg.

Un décor de gratte-ciel devant un champ de colza : une autre façon d'embrasser du regard la « ville nouvelle » de Chorweiler. Le port de Niehl contribue pour une large part au fait que Cologne soit encore le port fluvial le plus important d'Allemagne après Duisburg.

Der Kölner Norden von seinen schönsten Seiten: In Esch liegt dieses Entree zu einem der stimmungsvollsten Kirchhöfe Kölns. Und das sicher schönste Herrenhaus auf Stadtgebiet ist Schloss Arff (1750–1755) in Roggendorf-Thenhoven.

The northern part of Cologne from its most beautiful side: This entrance arch is located in Esch and leads into one of Cologne's most charming churchyards. Arff castle (1750–1755) can surely be described as the most beautiful manor house in the greater Cologne area.

Le nord de Cologne sous son jour le plus avenant : l'entrée d'un des enclos d'église les plus poétiques de Cologne, à Esch ; et à Roggendorf-Thenhoven, le Schloss Arff (1750 –1755), certainement le plus beau manoir de la ville.

Schon weit stromabwärts zieht St. Amandus in Rheinkassel die Blicke auf sich. Der spätromanischen Pfeilerbasilika hinter dem Rheindeich ist landeinwärts ein wuchtiger Westturm vorgesetzt, der ursprünglich ein Geschoss höher war.

St. Amandus in Rheinkassel is an eye-catcher, and that even from far downriver. The late Romanesque pier basilica is located behind the Rhine dyke. A massive west steeple, originally one storey higher, was added later on its inland side.

Bien plus loin en aval, à Rheinkassel, St. Amandus attire le regard. La basilique à piliers de style roman tardif et située derrière la digue du Rhin est flanquée à l'avant d'une tour occidentale massive qui, à l'origine, avait un étage de plus.

Eine endlose Mauer schirmt Schloss Rött-gen, von dem das bekannte Gestüt seinen Namen hat. Das Schloss selbst zeigt ein recht eigenwilliges Erscheinungsbild, das sich wesentlich einem Umbau aus den 1920er Jahren verdankt.

A never-ending wall encloses Röttgen castle, which gave the well-known stud farm its name. The castle itself is rather unconventional in appearance, which is largely due to reconstruction measures carried out in the 1920s.

Un mur interminable protège le château Röttgen auquel le célèbre haras doit son nom. Le château lui-même se présente sous un jour vraiment peu ordinaire, dû principalement aux transformations subies dans les années 1920.

Dass der Flughafen Köln-Bonn in Wahn längst nicht mehr nur auf dem einen Bein des Frachtgeschäfts steht, zeigen nicht zuletzt die vielen PKWs vor der Haustür. Billigflug heißt das Erfolgsrezept seines rasanten Wachstums.

The many cars lined up before its doors are not the only indication that the Cologne-Bonn airport in Wahn has long since ceased to be solely dependent upon the cargo sector. Budget flights are the key to its rapid growth.

Il y a longtemps que l'aéroport de Cologne-Bonn, à Wahn, ne mise plus uniquement sur le fret – ce que confirme notamment la quantité de voitures massées à ses portes. La recette de sa croissance fulgurante : les vols à bas prix.

Die romanische Nikolauskapelle im Stadt-teil Westhoven gehörte einst zu einem Hof, der im Besitz der Abtei Deutz war. Ihre Nä-he zum Strom lässt sich auch am Baumate-rial ablesen: Das Mauerwerk besteht zum guten Teil aus Rheinkieseln.

The Romanesque Nikolauskapelle in Co-logne-Westhoven was once part of an estate that belonged to Deutz abbey. Its proximity to the river is reflected by the choice of building materials: The stonework is mainly made up of Rhine pebbles.

La romane Nikolauskapelle dans le quartier Westhoven faisait autrefois partie d'un do-maine appartenant à l'abbaye de Deutz. Les matériaux de construction utilisés révèlent sa proximité avec le fleuve : la maçonnerie est en grande partie constituée de galets du Rhin.

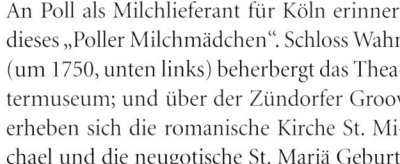

An Poll als Milchlieferant für Köln erinnert dieses „Poller Milchmädchen". Schloss Wahn (um 1750, unten links) beherbergt das Theatermuseum; und über der Zündorfer Groov erheben sich die romanische Kirche St. Michael und die neugotische St. Mariä Geburt.

The "Poller Milchmädchen" recalls a time when the city of Cologne obtained all of its milk from Poll. Wahn castle (ca. 1750, bottom left) houses a theatre museum. Above the Zündorfer Groov, the Romanesque church St. Michael and the neo-Gothic St. Mariä Geburt.

Cette « Poller Milchmädchen » rappelle que la localité approvisionnait Cologne en lait. Le château de Wahn (vers 1750, en bas à gauche) abrite le musée du théâtre ; et au-dessus du Zündorfer Groov, l'église paroissiale romane St. Michael et la néogothique St. Mariä Geburt.

Vertraute Bilder aus Kalk: Das Gebäude der traditionsreichen Kölsch-Brauerei mit kessen Anspielungen auf die Wehrarchitektur und die Kirche St. Marien, daneben die Kalker Kapelle mit der einst hochverehrten Pietà (um 1423).

Familiar images from Kalk: The building of a very traditional Kölsch beer brewery bearing cheeky allusions to martial architecture and the Church of St. Marien, flanked by Kalk chapel with its once highly revered Pietà (ca. 1423).

Des images familières de Kalk : le bâtiment de la brasserie riche en traditions avec des allusions hardies à l'architecture militaire et l'église St. Marien avec, à ses côtés, la chapelle de Kalk et sa pietà autrefois très vénérée (vers 1423).

Ein alter Wasserturm der Industrie als neuer Leuchtturm der Dienstleistungsgesellschaft: Das neue Zentrum Kalks heißt Köln-Arcaden. Diese „Shoppingmall" soll dem gebeutelten Stadtteil wieder mehr Attraktivität verleihen.

An old industrial water tower as the new beacon of a service society: Köln-Arcaden is the name of the new centre of Kalk. The shopping mall was built to upgrade a city district that has taken some hard knocks in the past.

Un ancien château d'eau industriel en tant que nouveau phare d'une société de services : le nouveau centre de Kalk s'appelle « Köln-Arcaden ». Ce « shoppingmall » a pour but de rendre plus attrayant ce quartier défavorisé.

198

Heute ist Merheim von Autobahnen umzingelt, doch setzt eine prächtige Dorflinde samt Wegekreuz einen starken Akzent. Rechts im Bild herrscht schon der „bergische Dreiklang": Schiefer-Grau, Fensterladen-Grün und Sprossenfenster-Weiß.

Today's Merheim is encircled by motorways, yet a magnificent village linden tree and wayside cross create a lovely atmosphere. The first signs of the "Bergian triad" can be seen at the right of the picture: slate-grey, shutters-green, windows with glazing bars-white.

Aujourd'hui, Merheim est cerné d'autoroutes, mais le magnifique tilleul au croisement donne le ton. A droite de la photo, le triple accord de la région du « Bergisches Land » domine déjà : gris ardoise, volets verts et fenêtres blanches à croisillons.

Früh verband diese Telegraphenstation Stammheim mit der großen Welt. Doch älter ist natürlich das imposante Fachwerk-Wohnhaus des Thurner Hofs in Dellbrück und ein ganz heißer Ausflugstipp die restaurierte Isenburg in Holweide.

Thanks to this telegraph station, Stammheim was connected to the outside world. But the imposing half-timbered house of the Thurner Hof estate farm in Dellbrück is some centuries older. A hot tip for a day trip: The renovated Isenburg castle in Holweide.

Stammheim a été de bonne heure relié au reste du monde par sa station de télégraphe. Mais l'impressionnante maison à colombages du Thurner Hof, à Dellbrück, est bien sûr plus ancienne. Et à voir absolument : l'Isenburg, un château restauré à Holweide.

Schon ihre Größe zeigt, dass St. Nikolaus in Dünnwald ursprünglich keine Pfarr-, sondern eine Klosterkirche war. Die Romanik behauptet sich noch in vielen Bauteilen, wenn auch die Langhausnordseite gotisch überprägt ist.

Its size alone indicates that St. Nikolaus in Dünnwald did not start out as a parish church but as a monastery church. Romanesque architectural elements can still be found, even though the northern part of the nave has been reworked to reflect the Gothic style.

La taille de St. Nikolaus à Dünnwald montre bien qu'à l'origine, il ne s'agissait pas d'une église paroissiale mais d'une conventuelle. Le style roman s'impose encore dans de nombreuses parties de l'édifice, même si le côté nord de la nef est éminemment gothique.

Zweimal Wohnen, einmal herrschaftlich im Haupthaus von Gut Mielenforst (1885), einmal „gemeinnützig" in der „Weißen Stadt" (um 1930) in Buchforst. An ihr hat Wilhelm Riphahn, einer der profiliertesten Kölner Architekten, mitgewirkt.

Two kinds of living: One stately in the main house of the Gut Mielenforst estate (1885), the other "publicly" in the "Weisse Stadt" (ca. 1930) of Buchforst. Wilhelm Riphahn, one of Cologne's most prominent architects, was involved in this project.

Deux types d'habitat : princier, dans la maison principale du domaine Mielenforst (1885) ou « social » dans la « Weisse Stadt » de Buchforst (vers 1930). Wilhelm Riphahn, un des architectes les plus reconnus de Cologne, a concouru à sa réalisation.

Die Mülheimer Brücke reicht fast an den Wiener Platz, das Zentrum Mülheims. Der Verkehr wird allerdings um ihn herumgeleitet, wie sich die Planer überhaupt bemüht haben, den einst industriegeprägten Stadtteil aufzuwerten.

The Mülheim bridge almost extends all the way to Wiener Platz, the very heart of Mülheim. Traffic flows around the square, one part of planners' efforts to upgrade what was historically a predominately industrial district.

Le pont de Mülheim atteint presque la Wiener Platz, cœur névralgique de Mülheim. La circulation y est déviée tout autour, les planificateurs ayant fait des efforts pour revaloriser ce quartier autrefois dominé par l'industrie.

Von der wirtschaftlichen Blüte Mülheims zeugt das barocke Wohnhaus, dessen geschweifter Giebel sich ähnlich an der Kirche St. Klemens findet. An die alte Mülheimer Stadtherrlichkeit (auch an die Konkurrenz zu Köln) erinnert der Brunnen.

This baroque residence dates back to the industrial heyday of Mülheim and features the same type of cambered gable as the St. Klemens church. The fountain recalls the former grandeur of the old town of Mülheim (as well as its competition with Cologne).

Cette habitation baroque, dont le pignon échancré se retrouve presque à l'identique sur l'église St. Klemens, témoigne de l'apogée économique de Mülheim. La fontaine rappelle l'ancienne splendeur de Mülheim (et la concurrence avec Cologne).

Abendstimmung am Fluss: Die Statue des hl. Johannes Nepomuk steht auf der Ufermauer vor Mülheims St.-Klemens-Kirche. Nur ein wenig weiter stromaufwärts führt jene Brücke über den Rhein, die 1929 endlich Mülheim und Köln verband.

Twilight at the river: A statue of St. John Nepomuk stands on the wall that runs along the river bank in front of Mülheim's St. Klemens church. Slightly further downriver, the Rhine bridge built in 1929 to finally connect Cologne and Mülheim.

Atmosphère vespérale : la statue de St. Jean Népomucène sur le quai faisant face à l'église St. Klemens. Un tout petit peu plus loin, en remontant le courant, on trouve le pont qui, en 1929, a enfin relié Mülheim et Cologne.

KÖLN

Die Museen

Museum Ludwig

Roy Lichtensteins „Maybe", Andy Warhols „Brillo Boxes" oder George Segals „Restaurant Window", Ikonen der amerikanischen Pop-Art, waren gerade vollendet, als sie 1969 als Leihgabe ins Wallraf-Richartz-Museum einzogen. Die Werke stammen von Peter und Irene Ludwig, die die größte Pop-Art-Sammlung außerhalb der USA zusammengetragen haben.

Durch die Schenkung von rund 350 Werken moderner Kunst des Ehepaars Ludwig wurde 1976 das Museum Ludwig gegründet. Es sollte als erstes Museum in Köln Kunst der Gegenwart ausstellen. Neben der Pop-Art gaben die Ludwigs noch eine umfangreiche Sammlung der russischen Avantgarde aus der Zeit von 1906 bis 1930 sowie ein Konvolut von mehreren hundert Arbeiten Pablo Picassos als Dauerleihgabe in das neue Museum. Die Werke Picassos sind in zwei großzügigen Schenkungen 1994 und 2001 inzwischen in den Besitz des Museums Ludwig übergegangen.

Die moderne Abteilung des Wallraf-Richartz-Museums mit der Expressionisten-Sammlung des Kölner Juristen Joseph Haubrich bildete die Basis für die Sammlung zeitgenössischer Kunst und wurde ebenfalls in das Museum Ludwig integriert.

Das Museum sammelte konsequent weiter zeitgenössische Kunst. Das jüngste Werk war immer erst ein paar Monate alt. So gelangten auch deutsche Kunst der 1970er und 1980er Jahre sowie internationale Tendenzen und Installationen der jüngeren Avantgarde ins Museum Ludwig.

1986 wurde das Gebäude zwischen Dom, Rhein und Hauptbahnhof eröffnet. Es beherbergte das Wallraf-

Richartz-Museum, das Museum Ludwig und die Philharmonie. Im Januar 2001 zog das Wallraf-Richartz-Museum in einen eigenen Bau, und die Kunst des 20. Jahrhunderts und der Gegenwart hat nun ca. 8 000 m² Ausstellungsfläche zur Verfügung. Seit November 2000 ist Kasper König Direktor des Museums Ludwig. Sein Name steht für Großausstellungen wie „Westkunst", „von hier aus" und „skulptur.projekte Münster". Er will das Museum Ludwig international positionieren und einen Dialog zwischen Besuchern und Kunst ermöglichen. „Das Museum soll nicht besucht, sondern benutzt werden, denn es gehört allen und keinem."

Oben/top/en haut
Pablo Picasso: Bildnis eines Mannes mit Hut; 1970
Pablo Picasso: Portrait of a Man with Hat; 1970
Pablo Picasso : Portrait d'un homme à chapeau ; 1970

Rechts oben/top right/en haut à droite
Otto Dix: Bildnis Dr. Hans Koch; 1921
Otto Dix: Portrait Dr. Hans Koch; 1921
Otto Dix : Portrait Dr. Hans Koch ; 1921

Unten/bottom/en bas
Edward Kienholz: Das tragbare Kriegerdenkmal; 1968
Edward Kienholz: The Portable War Memorial; 1968
Edward Kienholz : Le monument portable à la mémoire des guerriers ; 1968

209

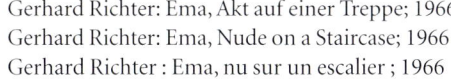

Gerhard Richter: Ema, Akt auf einer Treppe; 1966
Gerhard Richter: Ema, Nude on a Staircase; 1966
Gerhard Richter : Ema, nu sur un escalier ; 1966

Oben/top/en haut
Rosemarie Trockel: Ohne Titel; 1987
Rosemarie Trockel: Untitled; 1987
Rosemarie Trockel : Sans titre ; 1987

Unten/bottom/en bas
Andy Warhol: Roter Rassenaufruhr; 1963
Andy Warhol: Red Race Riot; 1963
Andy Warhol : Émeute raciale rouge ; 1963

Wallraf-Richartz-Museum & Fondation Corboud

Das Wallraf-Richartz-Museum zählt zu den großen deutschen Gemäldegalerien. Ferdinand Franz Wallraf, Kanonikus, Theologieprofessor und letzter Rektor der Kölner Universität vor deren Schließung durch die Franzosen, hat die Sammlung begründet. Sein „Wallrafianum" enthielt Kunstwerke der unterschiedlichsten Art: Altarbilder, Skulpturen, römische Altertümer, wertvolle Bücher, Glas, Münzen, graphische Kostbarkeiten, Objekte der Botanik, der Archäologie und der Kunstgeschichte. Einen Teil des Materials hatte er nach der Säkularisation um 1803 als herrenloses Gut zusammengetragen. Viele Stücke aus Wallrafs Sammlung sind heute auch in anderen Kölner Museen zu sehen.

Nach Wallrafs Tod fiel die Sammlung, wie er es testamentarisch verfügt hatte, an die Stadt Köln. Zum Erbe gehörten 1 616 Gemälde, 3 875 Zeichnungen und 42 419 graphische Blätter. Wallraf war nicht nur ein kundiger, sondern auch ein leidenschaftlicher Sammler gewesen. Jahrzehnte vergingen, bis für die Sammlung sowie weitere der Stadt gehörende Kunstschätze ein angemessenes Gebäude zur Verfügung gestellt wurde. 1854 schenkte der wohlhabende Kaufmann Johann Heinrich Richartz, ein Ledergroßhändler, seiner Vaterstadt Köln 100 000 Taler für den Bau eines Museums. 1855 wurde in Gegenwart des preußischen Königs der Grundstein gelegt. Als sich herausstellte, dass die Summe nicht ausreichte, gab Richartz noch einmal 100 000 Taler her. Das 1861 fertiggestellte

Gebäude wurde im Zweiten Weltkrieg zerstört. Die Kunstschätze, im Lauf der Jahre durch Ankäufe und zahlreiche Stiftungen von Kölner Bürgern ergänzt, waren jedoch sichergestellt worden.

Stephan Lochners „Muttergottes in der Rosenlaube", Dürers „Pfeifer und Trommler", Rubens' mythologisches Gemälde „Juno und Argus", ein spätes Rembrandt-Selbstbildnis, Werke italienischer Meister, französische Barockmalerei oder Murillos

„Der heilige Franziskus in der Portiuncula-Kapelle", Bilder des in Köln geborenen Wilhelm Leibl, von Cézanne, Renoir, Monet, van Gogh und Edvard Munch sind nur einige der Schätze, auf die der Ruf des Wallraf-Richartz-Museums gegründet ist. Bedeutend sind auch die Skulpturensammlung und die graphische Sammlung, in der Zeichnungen unter anderem von Dürer, Raffael und Leonardo da Vinci enthalten sind.

Seit 2001 befindet sich das Museum in einem von dem Architekten Oswald Mathias Ungers konzipierten Neubau neben dem Gürzenich, dem historischen Kölner Festhaus,

und ist nur wenige hundert Meter vom Dom entfernt. Das Museum trägt auch den Namenszusatz „Fondation Corboud". Damit wird der Sammler Gérard J. Corboud geehrt, der dem Museum über 170 Gemälde des Impressionismus und Post-Impressionismus stiftete. Seitdem beherbergt es die umfangreichste Sammlung dieser Stilrichtungen in Deutschland. Werke von Manet, van Gogh, Signac, Seurat, Caillebotte und vielen anderen bereichern die Sammlung. Im Wallraf-Richartz-Museum & Fondation Corboud werden auch regelmäßig Wechselausstellungen veranstaltet. Informieren Sie sich über das aktuelle Programm.

Links oben/top left/en haut à gauche
Albrecht Dürer: Pfeifer u. Trommler; um 1504
Albrecht Dürer: Piper and Drummer; ca. 1504
Albrecht Dürer : Fifre et Tambour ; vers 1504

Links unten/bottom left/en bas à gauche
Rembrandt: Selbstbildnis; um 1668
Rembrandt: Self-portrait; ca. 1668
Rembrandt : Autoportrait ; vers 1668

Rechts unten/bottom right/en bas à droite
Paris Bordone: Bathseba im Bade; um 1545
Paris Bordone: Bathsheba in the Bath; ca. 1545
Paris Bordone : Betsabée au bain ; vers 1545

Rechte Seite oben/right page top/page de droite en haut
Vincent van Gogh: Die Zugbrücke; 1888
Vincent van Gogh: The Drawbridge; 1888
Vincent van Gogh : Le Pont-levis ; 1888

Links unten/bottom left/en bas à gauche
Peter Paul Rubens: Juno und Argus; um 1611
Peter Paul Rubens: Juno and Argus; ca. 1611
Pierre Paul Rubens : Junon et Argus ; vers 1611

Rechts oben/top right/en haut à droite
Auguste Renoir: Ein Paar; um 1868
Auguste Renoir: A couple; ca. 1868
Auguste Renoir : Un couple ; vers 1868

Mitte rechts/right centre/au milieu à droite
Stephan Lochner: Muttergottes in der Rosenlaube;
um 1440
Stephan Lochner: Madonna of the Rose Bower; ca. 1440
Stephan Lochner : La Madone dans la charmille
de roses ; vers 1440

Rechts unten/bottom right/en bas à droite
Flügelaltärchen; kölnisch, um 1300
Winged altarpiece; Cologne, ca. 1300
Petit autel à volets ; Art de Cologne, vers 1300

Museum für Angewandte Kunst

Das Museum für Angewandte Kunst, im Jahre 1888 auf Initiative der im Kölnischen Kunstgewerbe-Verein zusammengeschlossenen Bürger gegründet, gehört zu jenen Institutionen, die in der zweiten Hälfte des 19. Jahrhunderts errichtet wurden, um Handwerker, Entwerfer und ihre Auftraggeber mit den besten Leistungen des Kunsthandwerks bekannt zu machen. Goldschmiedekunst und Möbel, Glas, Keramik und die textilen Künste sollten in ihren historischen Entwicklungen wie in ihren technologischen Eigenarten vorgestellt werden.

Im Laufe der Jahre veränderte sich das Programm, erweiterten sich die Bestände des Museums. Seit 1963 werden die Sammlungen bis in die unmittelbare Gegenwart ausgebaut: Neben das kunsthandwerklich hergestellte Unikat ist das für die Serienproduktion konzipierte Industrie-Design getreten. Werke der bildenden Kunst erlauben Brückenschläge zu den wichtigen Strömungen der jeweiligen Epoche. Alle Gebiete und Themen der Angewandten Kunst, aber auch Architektur, Graphik und Photographie sind immer wieder Gegenstand von Sonderausstellungen.

Die Geschichte des Museum ist, wie die der Stadt, bewegt. Während das 1900 eröffnete, im Neorenaissancestil erbaute, prächtige Museumsgebäude am Hansaring in den Bombennächten des Zweiten Weltkriegs unterging, blieben die Bestände des bis 1939 populärsten Kölner Museums durch rechtzeitige Auslagerung weitgehend erhalten. Im romanischen „Overstolzenhaus" als provisorischem Quartier hielten ab 1961

Sonderausstellungen und wissenschaftliche Bestandskataloge die Erinnerung an die reichen Sammlungen wach. Erst 1989 erhielt das Museum mit dem Gebäude An der Rechtschule, das 1957 von Rudolf Schwarz für das Wallraf-Richartz-Museum konzipiert worden war, wieder ein eigenes Haus. Konstant aber blieb: Bis heute haben Kölner Bürger diesem Museum Sammlungen und Einzelobjekte als Schenkung oder Erbschaft übereignet, es ideell und finanziell unterstützt. Sie haben dazu beigetragen, es zu dem zu machen, was es heute ist: ein Forum für historische und aktuelle Gestaltung, ein Ort der Diskussion künstlerischer und ästhetischer Fragen, ein Labor für Kunsthandwerk, Design und innovative Produktgestaltung von morgen.

Links/left/à gauche
Anhänger; Süddeutschland, um 1570
Pendant; southern Germany, ca. 1570
Pendentif ; Allemagne du Sud, vers 1570

Rechts/right/à droite
Pierre Philippe Thomire: Tischleuchter; Paris, um 1810
Pierre Philippe Thomire: Table candelabra; Paris, ca. 1810
Pierre Philippe Thomire : chandelier; Paris, vers 1810

Links oben/top left/en haut à gauche
Schreibschrank; Neuwied, um 1775
Writing cabinet; Neuwied, ca. 1775
Secrétaire ; Neuwied, vers 1775

Rechts oben/top right/en haut à droite
Nikolaus Lanz: Tischuhr; Innsbruck, 1551
Nikolaus Lanz: Table clock; Innsbruck, 1551
Nikolaus Lanz : Horloge ; Innsbruck, 1551

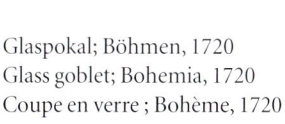

Terrine mit Apoll und Unterplatte mit
Gotzkowsky-Reliefdekor; Meißen, um 1745
Tureen depicting Apollo with underdish
bearing an ornamental Gotzkowsky relief;
Meissen, ca. 1745
Terrine avec Apollon et soucoupe avec un dé-
cor à relief Gotzkowsky ; Meissen, vers 1745

Jan Eisenlöffel: Teekanne mit Rechaud;
Niederlande, 1900–1902
Jan Eisenlöffel: Teapot with warmer;
Netherlands, 1900–1902
Jan Eisenlöffel : Théière avec réchaud ;
Pays-Bas, 1900-1902

Glaspokal; Böhmen, 1720
Glass goblet; Bohemia, 1720
Coupe en verre ; Bohème, 1720

Verner Panton: Stapelbarer Kunststoffstuhl;
Weil am Rhein, 1960
Verner Panton: Stackable plastic chair;
Weil am Rhein, 1960
Verner Panton : Chaise plastique empilable ;
Weil am Rhein, 1960

Römisch-Germanisches Museum

Auf den Mauern einer römischen Stadtvilla mit dem weltberühmten Dionysos-Mosaik steht das Römisch-Germanische Museum. Als das Haus 1974 eröffnet wurde, erregte es weit über Köln hinaus Aufsehen und außergewöhnliches Publikumsinteresse. In mehr als dreißig Jahren wurden an die zwanzig Millionen Besucher gezählt. Zu diesem Erfolg hat zweifellos die ungewöhnliche Präsentation beigetragen. Eine große Fensterfront gibt Tag und Nacht den Blick vom Roncalliplatz auf das Dionysos-Mosaik und das große Grabmal des römischen Legionärs Poblicius frei. Um den Museumsbau sind römische Funde postiert. Die Innenräume sind so gestaltet, dass sie zu einem unbeschwerten Spaziergang durch die Geschichte einladen. Wer mag, kann sich über einzelne Aspekte umfassend informieren. Ein ausgeklügeltes didaktisches Informationssystem leitet dazu an.
Archäologische Kostbarkeiten und Dinge des täglichen Lebens vermitteln ein lebhaftes Bild der Römerzeit und der Frühgeschichte im Kölner Raum. Das Museum, das zugleich Forschungsstätte und Archiv des archäologischen Erbes ist, enthält auch zahlreiche Funde aus der Urzeit der Menschheit. In dem Kölner Haus ist die umfangreichste Sammlung römischer Glasgefäße zu sehen, dazu gehört ein kostbares Diatretglas. Ein besonders schönes Stück ist auch ein miniaturhaft kleiner Kopf des Kaisers Augustus. In der Schatzkammer wird Schmuck aus frühen Epochen und der Zeit der Völkerwanderung gezeigt. Kein anderes Museum in Westeuropa besitzt eine ähnlich umfangreiche Sammlung reiternomadischen Schmucks.
Eine für das Konzept dieses Museums charakteristische Abteilung gewährt Einblick in den Alltag einer römischen Stadt. Etwa in eine Küche oder einen Speiseraum, wo Funde so untergebracht sind, wie sie einst in Benutzung waren.

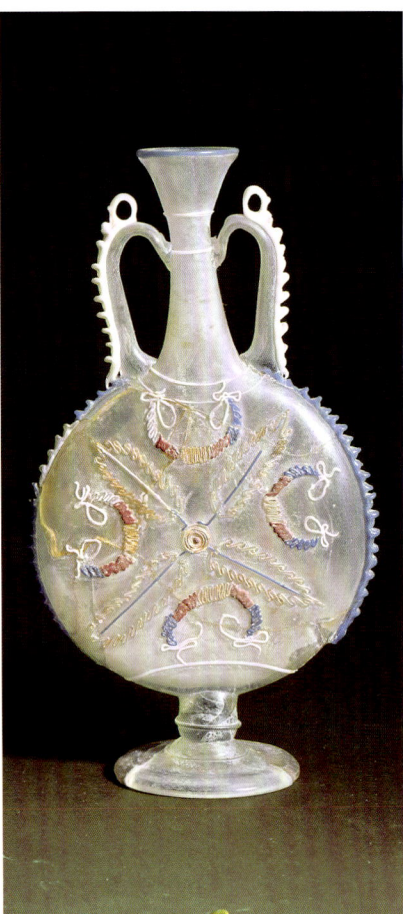

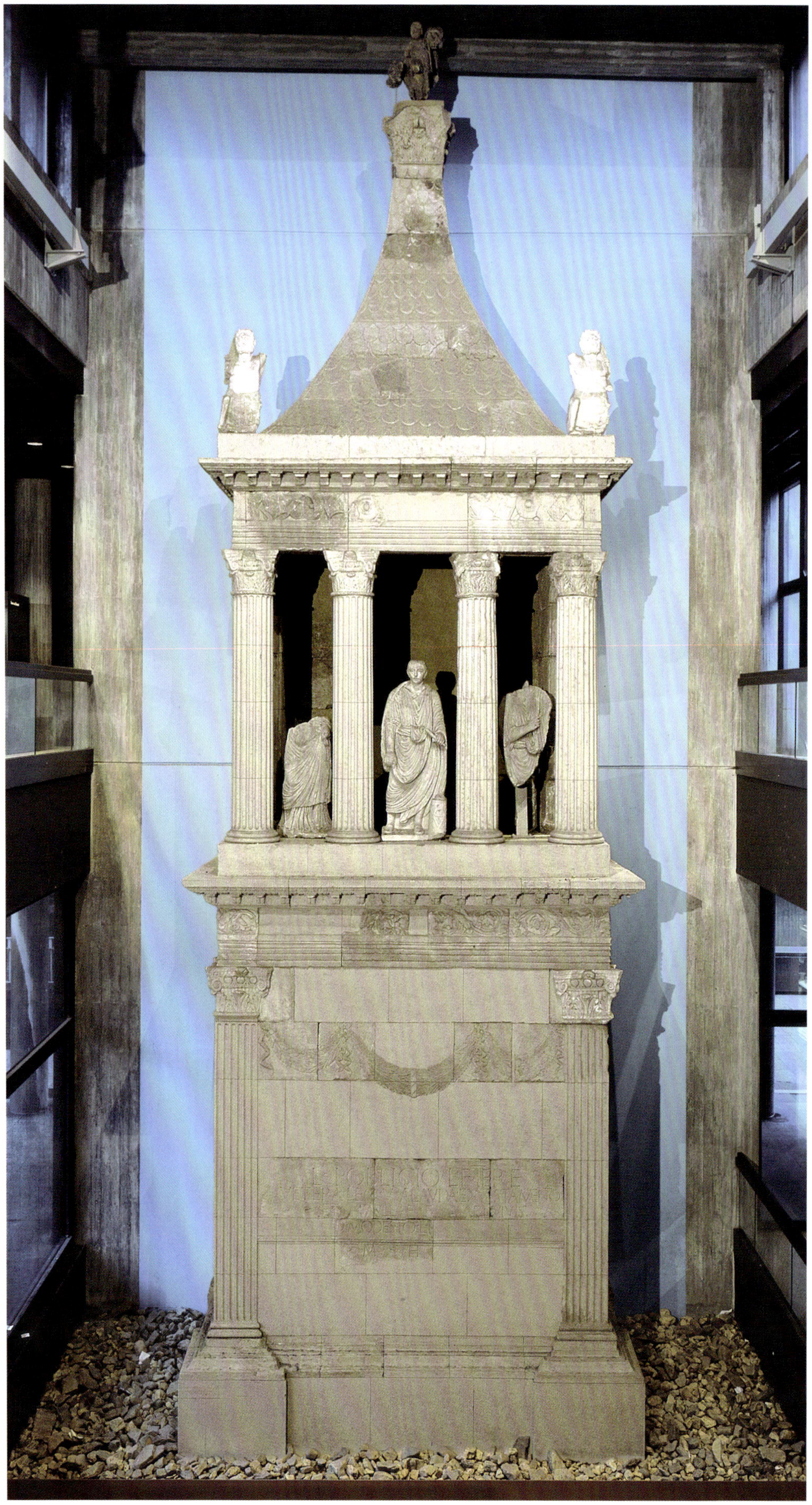

Links/left/à gauche
Meisterstück der Kölner Schlangenfadenwerkstatt; vor 300 n. Chr.
Masterpiece of Cologne's glass workshop; before 300 A.D.
Chef-d'œuvre de l'atelier de verrerie de Cologne; 300 ans ap. J.-C.

Rechts/right/à droite
Grabmonument des Legionsveteranen Lucius Poblicius; Köln, 30-40 n. Chr.
Tomb monument of legionary veteran Lucius Poblicius; Cologne, 30–40 A.D.
Monument funéraire du vétéran de la légion Lucius Poblicius ; Cologne, 30-40 après J.-C.

Oben/top/en haut
Armreif mit durchbrochenen Flächen, Gold mit Smaragden; römisch, 2. Hälfte 3. Jh. n. Chr.
Openwork bracelet, gold with emeralds; Roman, 2nd half of the 3rd cent. A.D.
Bracelet à perforations, or et émeraudes ; romain, 2me moitié du 3e siècle après J.-C.

Mitte/centre/au milieu
Rekonstruktion eines römischen Reisewagens; um 200 n. Chr.
Reconstruction of a Roman carriage; ca. 200 A.D.
Reconstruction d'une voiture romaine de voyage ; vers 200 après J.-C.

Oben/top/en haut
Dionysos-Mosaik, 220–230 n. Chr. (Detail)
Dionysus mosaic, 220–230 A.D. (detail)
Mosaïque de Dionysos, 220–230 après J.-C. (détail)

Unten/bottom/en bas
Römische Keramik
Roman ceramic
Céramique romaine

Grabstele des Titus Flavius Bassus, Kalkstein
Tomb stele of Titus Flavius Bassus, limestone
Stèle funéraire de Titus Flavius Bassus, calcaire

Museum für Ostasiatische Kunst

Ein paar hundert Meter außerhalb der Innenstadt, im Inneren Grüngürtel, erschließt sich dem Besucher eine fremdartige Welt. Vor grünen Hügeln liegt unmittelbar am Aachener Weiher das Museum für Ostasiatische Kunst, 1966 von Kunio Mayekawa, einem der bekanntesten Architekten Japans, geplant und 1977 eröffnet. Der niedrige, mit in Japan gebrannten Ziegeln verkleidete Bau schmiegt sich in die Landschaft ein, große Fenster geben den Blick über den Weiher auf die Silhouette der Stadt oder in einen hübschen japanischen Garten frei. Schon 1913 war in Köln ein ostasiatisches Museum eröffnet worden, das erste in Europa. Der Sammler Professor Adolf Fischer und seine Frau Frieda hatten die Stadt zu dieser Einrichtung bewogen, nachdem entsprechende Bemühungen in Berlin und Kiel fehlgeschlagen waren. Zu jener Zeit wurden chinesische, japanische und koreanische Kunstwerke meist in Kunstgewerbe- oder Völkerkundemuseen gezeigt.

Das Museum beherbergt unter anderem eine einzigartige Sammlung buddhistischer Holzplastiken, herrliche Keramik, Lackarbeiten, Textilien, frühgeschichtliche chinesische Sakralbronzen und ausgewählte Graphiken. Es verfügt zudem über eine hervorragende Fachbibliothek zur Archäologie und Kunstgeschichte Ostasiens.

Becken; Ming-Dynastie, Wanli-Marke und -Periode (1573–1619)
Basin; Ming dynasty, Wanli mark and period (1573–1619)
Bassin ; dynastie Ming, marque et période Wanli (1573–1619)

Mitte oben/top centre/en haut au milieu
Schulterflasche vom Typ Maebyŏng; Goryeo-Periode 12. Jh.
Shoulder flask, type Maebyŏng; Goryeo period 12th cent.
Bouteille de type Maebyŏng; période Goryeo 12e siècle

Mitte unten/bottom centre/en bas au milieu
Laojun; Tang-Dynastie, spätes 7. bis frühes 8. Jh.
Laojun; Tang dynasty, late 7th to early 8th cent.
Laojun ; dynastie Tang, fin du 7e jusqu'au début du 8e siècle

Rechts/right/à droite
Landschaft; Ming-Dynastie, frühes 16. Jh.
Landscape; Ming dynasty, early 16th cent.
Paysage ; dynastie Ming, début du 16e siècle

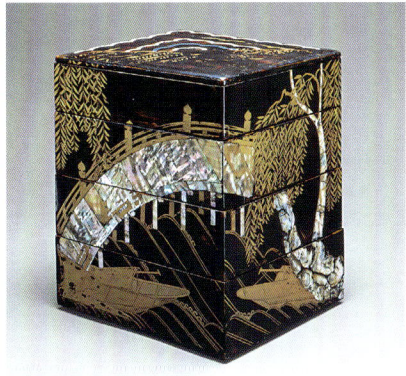

Links/left/à gauche
Staatsrobe (Chaopao) einer kaiserlichen
Konkubine oder Prinzessin; Qing-Zeit,
Jiaqing-Periode, 1796–1820, frühes 19. Jh.
Court robe (Chaopao) of an imperial con-
cubine or princess; Qing dynasty, Jiaqing
period, 1796–1820, early 19th cent.
Robe d'État (Chaopao) d'une concubine
impériale ou d'une princesse ; époque
Qing, période Jiaqing, 1796–1820, début du
19e siècle

Links oben/top left/en haut à gauche
Scheffel; mittlere Ming-Dynastie,
Jiajing-Ära, 1522–1566
Bushel; middle Ming dynasty, Jiajing era,
1522–1566
Boisseau ; milieu de la dynastie Ming, ère
Jiajing, 1522–1566

Mitte/centre/au milieu
Vierteiliger Speisekasten; frühe Edo-Zeit,
um 1650
Four-part food container; early Edo period,
ca. 1650
Coffret à aliments, à quatre compartiments ;
début de l'époque Edo, vers 1650

Rechts oben/top right/en haut à droite
Buddha; mittlere Heian-Zeit, 10. Jh.
Buddha; middle Heian period, 10th cent.
Bouddha ; Milieu de l'époque Heian,
10e siècle

Rechts unten/bottom right/en bas à droite
Śakayamuni, aus den Bergen herab-
kommend; Muromachi-Zeit, 15. Jh.
Śakayamuni, descending the mountains;
Muromachi period, 15th cent.
Śakayamuni, descendant des montagnes ;
époque Muromachi, 15e siècle

Museum Schnütgen

Dies ist sicher das stimmungsvollste unter den Kölner Museen und eines der wenigen Museen in Europa und den USA, die ganz der Kunst des Mittelalters gewidmet sind. Untergebracht ist die herausragende Sammlung mittelalterlicher Skulpturen, Goldschmiedearbeiten, Elfenbeinarbeiten, Glasmalereien und kostbarer Textilien an einem einzigartigen Ort, in der romanischen Cäcilienkirche. Seit karolingischer Zeit ist St. Cäcilia als eines der ältesten adligen Damenstifte im Rheinland bezeugt; 1475 wurde es in ein Augustinerinnenkloster umgewandelt. Von 1803 bis 1945 hat die Kirche als Spitalskapelle des ersten öffentlichen Krankenhauses der Stadt, des Bürgerspitals, gedient. Nach der teilweisen Kriegszerstörung wurde sie durch den Architekten Karl Band für die Sammlungen des Museum Schnütgen wiederhergestellt. Mit zusätzlichen Ausstellungsflächen ab 2009 bleibt der mittelalterliche Bau der historische Fokus nicht nur für die christliche Kunst Europas, sondern auch für die weitgehend kultisch geprägte Kunst der ganzen Welt im benachbarten Neubau des Rautenstrauch-Joest-Museums.

Das Museum Schnütgen geht auf die Stiftung des Kölner Domkapitulars Wilhelm Alexander Schnütgen (1843–1918) zurück. Durch seinen geistlichen Beruf hatte er sich zum großen Kenner und Retter alter Kirchenkunst entwickelt in einer Zeit, in der alte Kunst aus Kirchenbesitz und auch aus fürstlichen Sammlungen verschleudert und verkauft und in neuen Sammlungen zusammengetragen wurde. Schnütgen war nicht nur ein großer Kunst-

kenner, dessen verschmitzte Erwerbungstaktiken Stoff für viele Anekdoten boten, sondern auch ein wichtiger Kulturmanager, der riesige Ausstellungen organisiert hat. 1906 stiftete er seine Schätze der Stadt Köln mit der Auflage, dafür einen Museumsbau zu errichten. Seitdem ist die Sammlung durch die Sachkunde der Leiter und die Großzügigkeit von Mäzenen und Sponsoren weiter gewachsen, und das Museum hat sich zu einem international anerkannten Zentrum für Ausstellungen zur mittelalterlichen Kunst und für deren Erforschung entwickelt. Seit 2003 kann man die neu präsentierte Sammlung im lichten romanischen Raum unter verschiedenen Gesichtspunkten erleben. So erfährt man durch die Meisterwerke der Skulptur, der Glasmalerei und Elfenbeinschnitzerei vieles über den Platz von Engeln und Heiligen im Weltbild des Mittelalters. Die phantasievoll geform-

ten Reliquiare, kostbaren Altargeräte aus Gold und Silber und Gewänder aus edlen Stoffen zeigen, wie wichtig die Kunst für das lebendige Erlebnis kultischer Handlungen ist und war. In der Abfolge von Madonnenstatuen aus acht Jahrhunderten kann man die Entwicklung des Menschenbildes in der Kunst von königlicher Strenge zu mädchenhafter Lieblichkeit verfolgen, und die großartigen Bildwerke von der Passion Christi zeigen, dass auch Martyrium und Leiden für die Künstler jeder Zeit ein herausforderndes Thema gewesen sind.

Oben/top/en haut
Cäcilientympanon; Köln, um 1170
Tympanum of St. Cecilia; Cologne, ca. 1170
Tympan de Ste-Cécile, Cologne; vers 1170

Unten links/bottom left/en bas à gauche
Madonna mit dem Bergkristall; Köln, um 1220–1230
Madonna with rock crystal; Cologne, ca. 1220–1230
Vierge à l'enfant assise; Cologne, vers 1220–1230

Unten rechts/bottom right/en bas à droite
Kamm des Heiligen Heribert; Metz, zweite Hälfte des 9. Jh.s
Comb of St. Heribert; Metz, 2nd half of the 9th cent.
Peigne de St-Héribert; Metz, 2me moitié du 9e siècle

Marientod; um 1200
Death of the Virgin; ca. 1200
Mort de la Vierge; vers 1200

Oben/top/en haut
Siegburger Madonna; Mitte 12. Jh.
Madonna from Siegburg; mid-12th cent.
Madone de Siegburg; milieu du 12e siècle

Unten/bottom/en bas
Weibliche Büste mit dem Parler-Zeichen;
Köln, um 1390
Female bust with the Parler coat of arms;
Cologne, ca. 1390
Buste féminin avec le signe de Parler ;
Cologne, vers 1390

Kölnisches Stadtmuseum

Das Kölnische Stadtmuseum zeigt, sammelt und bewahrt Sachgüter und Kunstwerke zur Geschichte Kölns vom 8. Jahrhundert bis in die Gegenwart.

Es wurde 1888 als Historisches Museum der Stadt Köln gegründet. Seit 1958 beherbergt das um 1600 errichtete Zeughaus die Sammlungen des Museums. In der benachbarten Alten Wache, einem klassizistischen Bau aus der Preußenzeit, werden Sonderausstellungen präsentiert.

Die lebendige Dauerausstellung gibt Einblick in Geschichte, Geistesleben, Wirtschaft und Alltagsleben Kölns, seiner Bewohner und Bewohnerinnen. Im Erdgeschoss steht die politische Geschichte vom Mittelalter bis in die Nachkriegszeit im Mittelpunkt, nachdem die Besucher sich mit den für Köln typischen Phänomenen wie Klüngel, Kölsch und Karneval, Hänneschen-Theater, Kölnisch Wasser, Otto-Motor und Ford vertraut machen konnten. Am großen Stadtmodell kann man sich ein Bild vom Zustand der Stadt im Jahre 1571 machen. Zentral ist eine Vitrinengruppe zum Verbundbrief, der

seit 1396 geltenden zunftdemokratischen Stadtverfassung. Hier wird auch das große Stadtsiegel von 1268/69 gezeigt, das 500 Jahre lang in Gebrauch war.

Die Ausstellung im Obergeschoss bietet Themen wie Volksfrömmigkeit (darunter die bedeutende Judaica-Sammlung), Geistesleben und Wissenschaft, Kölner Bürgertum, Wohnkultur, Wirtschaft und Verkehr. Dabei stehen zwei zentrale Epochen der Kölner Geschichte im Vordergrund – die Zeit um 1600 und die Zeit um 1900.

Einzigartig sind zudem die Sammlung physikalischer Geräte und früher Globen, meist aus dem alten Gymnasium Tricoronatum bzw. späteren Dreikönigengymnasium, und die beiden Vopelius-Globen aus dem Besitz von Ferdinand Franz Wallraf.

Typar des großen Siegels der Stadt Köln, Messing; 1268/69
Stamp of the great seal of the city of Cologne, brass; 1268/69
Type du grand sceau de la ville de Cologne, laiton ; 1268/69

Kokosnusspokal; Köln, um 1580
Coconut goblet; Cologne, ca. 1580
Coupe en noix de coco ; Cologne, vers 1580

Carl Hasenpflug: Der Kölner Dom in antizipierter Vollendung; 1834–1836
Carl Hasenpflug: Prospective View of the Completed Cologne Cathedral; 1834–1836
Carl Hasenpflug : La cathédrale de Cologne, achèvement anticipé ; 1834–1836

Oben links/top left/en haut à gauche
Simon Meister zug.: Der Kölner Rosenmontagszug des
Jahres 1836; 1836
Attributed to Simon Meister: Cologne's Shrove Monday
Parade, 1836; 1836
Attribué à Simon Meister : Le défilé de Cologne du lundi
gras de 1836 ; 1836

Unten links/bottom left/en bas à gauche
Benedikt Beckenkamp: Die Familie Heinrigs; 1824
Benedikt Beckenkamp: The Heinrigs Family; 1824
Benedikt Beckenkamp : La famille Heinrigs ;1824

Unten rechts/bottom right/en bas à droite
Heinrich Hoerle: Kölner Zeitgenossen; 1932
Heinrich Hoerle: Cologne Contemporaries;
1932
Heinrich Hoerle : Citoyens de Cologne ;
1932

Oben rechts/top right/en haut à droite
Die Schlacht an der Ulrepforte, Relief aus
der Stadtmauer am Sachsenring; vor 1378
The Battle at the Ulrepforte Gate, relief on
the city wall on Sachsenring; before 1378
La bataille de la porte Ulrepforte, relief du
mur d'enceinte ; avant 1378

Mitte rechts/right centre/au milieu à droite
Tünnes und Schäl bestaunen den Ford 17 M
Tünnes and Schäl [legendary figures of Co-
logne's traditional Hänneschen theatre]
marvel at the Ford 17 M
Tünnes et Schäl admirant la Ford 17 M

Rautenstrauch-Joest-Museum

Mit 65 000 ethnographischen Objekten und 100 000 historischen Photographien gehört das RJM zu den großen Völkerkundemuseen in Deutschland. Es ist das einzige seiner Art in Nordrhein-Westfalen.

Seine Entstehung vor mehr als 100 Jahren verdankt es dem weltreisenden Geografen, Völkerkundler und Journalisten Professor Wilhelm Joest und dem Ehepaar Adele und Eugen Rautenstrauch, das nicht nur seine eigenen und die von dem auf einer Expedition 1897 in der Südsee verstorbenen Wilhelm Joest geerbten Sammlungen stiftete, sondern um die Jahrhundertwende auch das Geld zur Errichtung eines Museumsgebäudes zur Verfügung stellte.

2008 wird der seit langem geplante und Mitte 2005 mit der Grundsteinlegung nun tatsächlich begonnene Neubau am Josef-Haubrich-Hof im Herzen der Stadt voraussichtlich fertiggestellt sein; die Eröffnung der 3 600 m² großen neuen Dauerausstellung ist im darauffolgenden Jahr vorgesehen. Die Besucher und Besucherinnen erwartet dort eine innovative Ausstellungskonzeption, die sich nicht länger an geographischen Großräumen orientiert, sondern Themen wissenschaftlich fundiert und spannend aufbereitet, die die Menschen überall auf der Welt bewegen, denen sie jedoch nach kultureller Prägung auf unterschiedliche Weise begegnen.

Wahrzeichen des neuen Hauses wird das größte Exponat des Rautenstrauch-Joest-Museums, das im großzügigen Foyer Aufstellung findet: ein elf Meter langer, fünf Meter breiter und über sieben Meter ho-

her Reisspeicher von der Insel Sulawesi, Indonesien – eindruckvolles Zeugnis traditioneller Architektur und Spiegel der Kosmosvorstellungen seiner einstigen Besitzer.

Ein 400 m² großer Raum steht für Sonderausstellungen zur Verfügung. Spannende Dialoge – etwa mit dem benachbarten Museum Schnütgen – sind im Hinblick auf gemeinsame Ausstellungsprojekte angedacht. Das ‚Juniormuseum' des Museumsdienstes wird die jungen Besucherinnen und Besucher in die komplexe Thematik des Völkerkundemuseums einführen. Und auch der große Veranstaltungssaal der VHS wird das Museum als lebendigen Ort der Begegnung und des Austausches erfahrbar machen.

Elfköpfiger Bodhisattva Avalokiteshvara; Südtibet, 15./16. Jh.
Eleven-headed Bodhisattva Avalokiteshvara; southern Tibet, 15th/16th cent.
Bodhisattva Avalokiteshvara à onze têtes; sud du Tibet, 15/16e siècle

Figurengruppe; Yoruba, Nigeria, Anfang 20. Jh., bemaltes Holz
Group of figures; Yoruba, Nigeria, beginning of 20th cent., painted wood
Groupe de personnages ; Yoruba, Nigeria, début du 20e siècle, bois peint

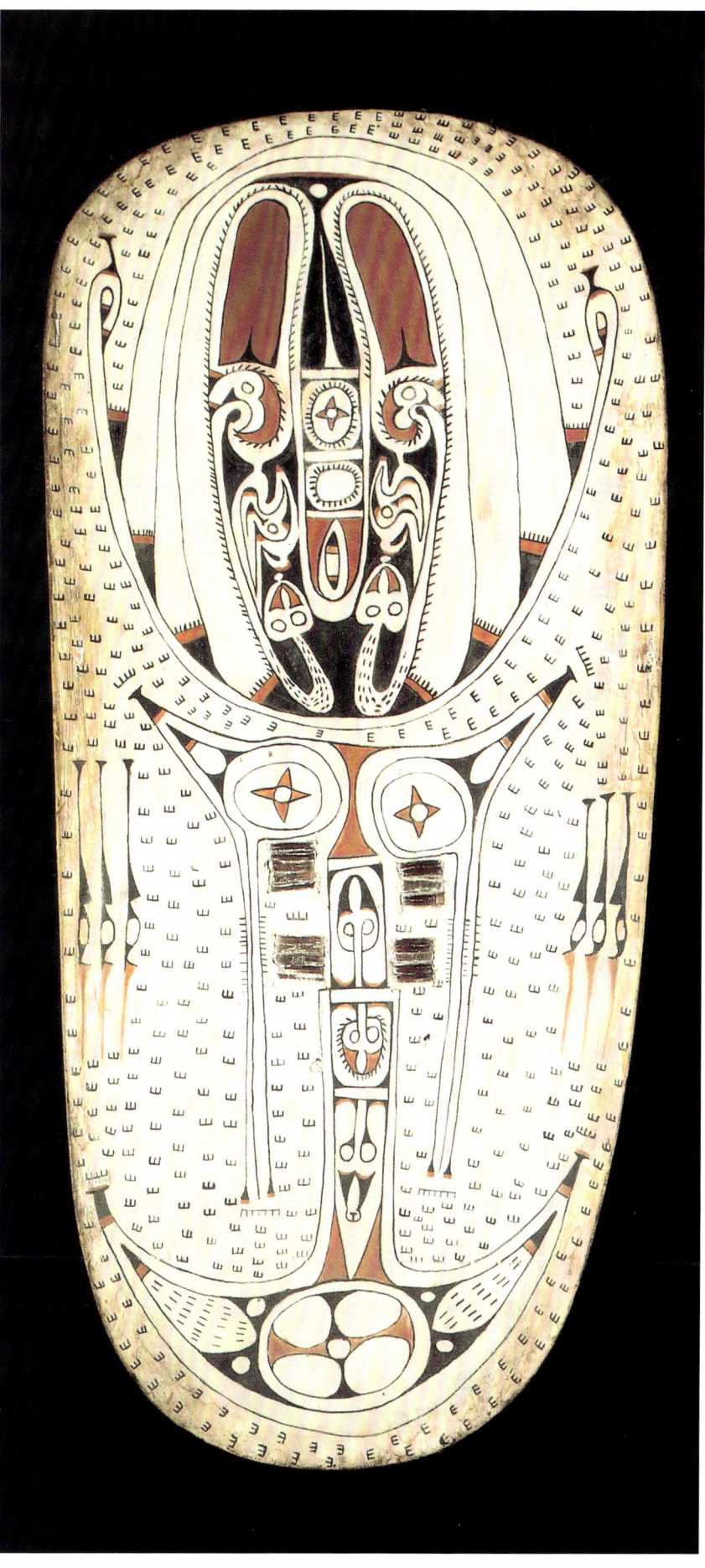

Oben links/top left/en haut à gauche
Tanzaufsatz; Yoruba, Nigeria, vor 1898
Dance headdress; Yoruba, Nigeria,
before 1898
Couvre-chef de danse ; Yoruba, Niger,
avant 1898

Mitte links/left centre/au milieu à gauche
Zeremonialtuch; Sumatra, Indonesien
Ceremonial cloth; Sumatra, Indonesia
Foulard de cérémonie ; Sumatra, Indonésie

Unten links/bottom left/
en bas à gauche
Gewand eines Sufi; Afghanistan
Sufi robe; Afghanistan
Robe d'un Sufi; Afghanistan

Rechts/right/à droite
Kampfschild; Trobriandinseln, Neuguinea, vor 1886
Battle shield; Trobriand Islands, Papua New Guinea,
before 1886
Bouclier ; îles Trobriand, Nouvelle-Guinée, avant 1886

Kölner Karnevalsmuseum

Der Kölner Karneval wird von Einheimischen wie von Auswärtigen als prägendes Element der Kölner Stadtkultur wahrgenommen. Durch Fernsehübertragungen kann ein Millionenpublikum die bunte, äußere Seite der Großereignisse zu Hause am Bildschirm sehen. Die Vielfalt des Festes, seine Hintergründe und seine geschichtliche Herkunft sind den meisten aber nicht bewusst. So haben sich oftmals Klischees und Vorurteile gegenüber dem Karneval verfestigt, sowohl in positiver als auch in negativer Hinsicht.

Das Kölner Karnevalsmuseum möchte hier allen am Kölner Karneval Interessierten einen neuen, unvoreingenommenen Zugang zum Thema bieten. Betrieben wird das Museum von der „Gemeinnützigen Gesellschaft des Kölner Karnevals mbH", einer Tochtergesellschaft des Festkomitees des Kölner Karnevals. Maßgeblich unterstützt der „Große Senat" des Kölner Karnevals, eine Vereinigung von Mäzenen, seit Jahrzehnten das Museum. Auf dem Gelände des Festkomitees des Kölner Karnevals entstand auf 1400 m² eine Ausstellung zur Geschichte des Karnevals, die nach modernsten musealen Erkenntnissen architektonisch gestaltet wurde.

Legende und geschichtliche Wahrheit werden dabei sorgsam auseinander gehalten. So beleuchtet die Ausstellung sowohl die vermeintlich antiken Wurzeln des Festes in römischer Zeit, die historisch unbewiesen sind, als auch die tatsächlich belegbaren Anfänge des Karnevals im europäischen Hochmittelalter. In Köln wird der Karneval erstmals im Jahr 1341 erwähnt. Von Anbe-

ginn steht der Karneval in Zusammenhang mit dem Osterfest, vor dem eine vierzigtägige Fastenzeit eingehalten wurde. Die Nacht vor Beginn der vorösterlichen Fastenzeit ist eben die „Fastnacht". Im Laufe der Neuzeit kamen neue Elemente hinzu. Besonders der italienische Karneval prägte mit seinen prunkvollen Kostümen, die aus der Welt des Theaters, genauer der Commedia dell'Arte, einer Art Stegreifkomödie, stammen, die Formen des Festes.

Nach der Französischen Revolution ging die Organisation des Karnevals in bürgerliche Hände über. Köln übernahm dabei in Deutschland eine Vorreiterrolle. 1823 gründete sich das Festkomitee des Kölner Karnevals, welches seither den Karneval organisiert. Seitdem gibt es in Köln Rosenmontagszüge und einen Prinzen Karneval als Mittelpunkt des Festes. Die vielfältigen Formen des modernen Kölner Karnevals werden nicht nur durch aussagekräftige Ausstellungsstücke erklärt, sondern auch durch Multimediastationen verdeutlicht. So kann man an Kopfhörerstationen in ausgewählte Karnevalslieder hineinhören. Videostationen zeigen seltene historische Filmaufnahmen vom Karneval vor dem Zweiten Weltkrieg.

Oben/top/en haut
„Mer welle Fastelovend hann". Notenblatt mit dem Lied von H. Frantzen (Musik) und W. Comans (Text) zum Hundert-Jahr-Jubiläum (1923) der Gründung des Festkomitees des Kölner Karnevals.

"Mer welle Fastelovend hann" (We wish it were Carnival). Sheet music for a song written to commemorate the hundredth anniversary (1923) of the foundation of the Festive Committee of the Cologne Carnival.

« Mer welle Fastelovend hann » (Nous voulons le carnaval). Partition de la chanson à l'occasion du centenaire (1923) de la fondation du comité des fêtes du carnaval de Cologne.

Rechts/right/à droite
Der „Lappenclown", eines der beliebtesten Kostüme im Kölner Karneval; Meissener Porzellan
The "rag clown", one of the most popular costumes of the Cologne Carnival; Meissen porcelain
Le « Lappenclown », un costume de clown très apprécié; porcelaine de Meissen

Von Königsfeld,
Commandant der Cölner Funken.

Markelenderinnen
der Cölnischen Funken.

Mancher, stieg er empor, vergaß die stützende Leiter
Undankbar zurück wirft sie der trotzende Fuß —
Nicht so der Commandant der tapfern Funken, er denket,
Was mir half zu der Höh, hilft mir auch wieder herab.

Wundert euch nicht, daß wir reden,
Obgleich wir mit Federn bedeckt sind,
Schwatzt doch mit ernstem Gesicht
Manches zweibeinige Thier.

Festzeitung zum Kölner Rosenmontagszug
1927, dem ersten nach Erstem Weltkrieg
und Rheinlandbesetzung
Special newspaper for the 1927 Cologne
Shrove Monday parade, the first to be held
after World War I and the occupation of the
Rhineland
Journal des fêtes paru à l'occasion du défilé
du lundi gras de Cologne en 1927, le premier
défilé ayant eu lieu après la Première Guerre
mondiale et l'occupation de la Rhénanie

Links/left/à gauche
Gedenkblatt zum fünfzigjährigen Jubiläum
der Gründung des Festkomitees des Kölner
Karnevals
Commemorative leaflet published in honour
of the fiftieth anniversary of the foundation
of the Festive Committee of the Cologne
Carnival
Feuille commémorative du cinquantenaire
de la fondation du comité des fêtes du carnaval de Cologne

Links oben und unten/top and bottom left/en haut et en bas à gauche
Johann Joachim Kändler: „Harlekin" und „Columbine"; Meissener Porzellan, Mitte des
18. Jh.s
Johann Joachim Kändler: "Harlequin" and "Columbine"; Meissen porcelain,
mid-18th century
Johann Joachim Kändler: « Harlequin » et « Colombine »; porcelaine de Meissen,
milieu du 18e siècle

Rechts oben/top right/en haut à droite
Lithographie mit Darstellung von Figuren
aus dem Rosenmontagszug 1824
Lithograph depicting figures from the
Shrove Monday Parade of 1824
Lithographie représentant des personnages
du défilé du lundi gras 1824

Die Kölner Kollwitz-Sammlung

Das Käthe Kollwitz Museum Köln wurde 1985 von der Kreissparkasse Köln als erstes Kollwitz-Museum überhaupt gegründet. Seit 1989 besitzt es im Obergeschoss der Neumarkt-Passage ein neu errichtetes Domizil mit 1000 m² Ausstellungsfläche und einem Forum für Veranstaltungen.

Die kontinuierlich und systematisch erweiterte Sammlung gilt inzwischen als international größter Bestand an Werken dieser herausragenden Künstlerin des 20. Jahrhunderts. Einen Schwerpunkt bilden dabei die Zeichnungen aus allen Schaffensperioden, u. a. frühe Pastelle und Kohlezeichnungen für die satirische Zeitschrift „Simplicissimus", Studien zu wichtigen druckgraphischen Werken, die den Schaffensprozess nachvollziehbar machen, sowie einige der schönsten und ausdrucksstärksten Blätter aus der späten Zeit, als Käthe Kollwitz sich vor allem mit dem Thema Tod befasste. Im Bereich der Druckgraphik sind alle großen Folgen vorhanden: die frühen Zyklen „Ein Weberaufstand" (1893–1898) und „Bauernkrieg" (1902–1908), die Holzschnittzyklen „Krieg" (1921–1923) und „Proletariat" (1925) sowie die späte lithographierte Folge „Tod" (1934–1938). Hinzu kommen wichtige, zum Teil rare Einzelblätter – zum Beispiel die in mehreren Farben gedruckten Lithographien, die in den ersten Jahren des 20. Jahrhunderts entstanden sind, oder die letzte Lithographie „Saatfrüchte sollen nicht vermahlen werden" aus dem Jahr 1942, das Vermächtnis der Künstlerin gegen Soldatentod und Krieg. Außerdem verfügt die Sammlung über alle bekannten und höchst sel-

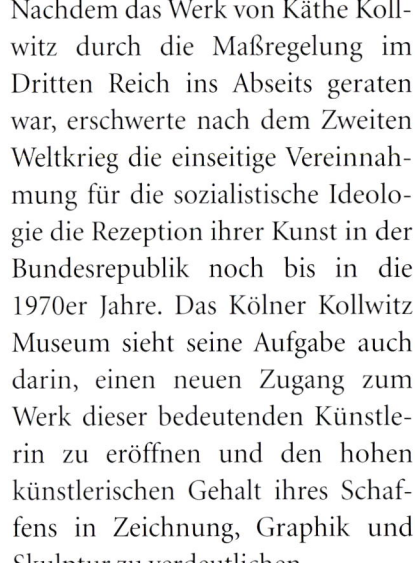

tenen Plakate, die Käthe Kollwitz getreu ihrer Devise „Ich will wirken in dieser Zeit" vornehmlich in den 1920er Jahren gegen den Krieg und für soziale Gerechtigkeit, Humanität und Frieden geschaffen hat.

Das plastische Werk von Käthe Kollwitz ist, soweit museal greifbar, komplett im Kölner Museum zu sehen: fünfzehn Bronzeskulpturen, überwiegend in besonders schönen, frühen Güssen. Zusammen mit der Kopie des trauernden Elternpaares in der Kirchenruine St. Alban und dem Grabrelief Levy auf dem jüdischen Friedhof in Bocklemünd bietet sich so in Köln die einzigartige Möglichkeit, das bildhauerische Gesamtwerk der Künstlerin zu überblicken.

Nachdem das Werk von Käthe Kollwitz durch die Maßregelung im Dritten Reich ins Abseits geraten war, erschwerte nach dem Zweiten Weltkrieg die einseitige Vereinnahmung für die sozialistische Ideologie die Rezeption ihrer Kunst in der Bundesrepublik noch bis in die 1970er Jahre. Das Kölner Kollwitz Museum sieht seine Aufgabe auch darin, einen neuen Zugang zum Werk dieser bedeutenden Künstlerin zu eröffnen und den hohen künstlerischen Gehalt ihres Schaffens in Zeichnung, Graphik und Skulptur zu verdeutlichen.

Innerhalb der ständigen Ausstellung eigener Bestände wird in unregelmäßigen Abständen die Ausstellungsreihe „Einblicke" gezeigt, die sich mit Einzelaspekten des Kollwitz-Werkes befasst. Außerdem bietet das Museum monographische Sonderausstellungen, die in Zusammenhang mit dem Werk von Käthe Kollwitz stehen. So wurden in den letzten Jahren u. a. William Hogarth, Goya, Ewald Mataré, Paula Modersohn-Becker, Ernst Barlach, Otto Dix, Henry Moore, Picasso, Toulouse-Lautrec, Horst Janssen aber auch zeitgenössische Künstler gezeigt. Weitere Ausstellungen stehen in thematischem oder historischem

Bezug oder stellen künstlerische Techniken in den Mittelpunkt („Selbstbildnisse der 20er Jahre", „Imago Mortis – Das Bild des Todes", „Die Geschichte der Lithographie"). Ein Höhepunkt war 1995 „Käthe Kollwitz. Meisterwerke der Zeichnung" anlässlich des 50. Todestages der Künstlerin mit 130 der bedeutendsten Zeichnungen aus deutschen und internationalen Museen sowie Privatsammlungen.

Natürlich werden auch Kollwitz-Werke an auswärtige Museen und andere Ausstellungsveranstalter in aller Welt ausgeliehen. Außerdem bietet das Käthe Kollwitz Museum Köln Vorträge, Lesungen, Konzerte sowie museumspädagogische Aktivitäten und Führungen an.

Oben links/top left/en haut à gauche
Selbstbildnis mit aufgestütztem Kopf; 1889–91, Feder und Pinsel in Schwarzbraun auf Bütten
Self-Portrait with Chin Propped on Hand; 1889–91, pen and brush in blackish-brown on laid paper
Autoportrait avec tête en appui 1889-91, plume et pinceau, en noir-marron sur papier à la cuve

Unten/bottom/en bas
Biergarten in München; um 1898, Ölgemälde
Beer Garden in Munich; ca. 1898, oil painting
Brasserie en plein air à Munich ; vers 1898, peinture à l'huile

Oben rechts/top right/en haut à droite
Frauenschicksal (Martyrium der Frau); um 1889, lavierte Tuschfeder und Pinselzeichnung auf Bütten
A Woman's Fate (Martyrdom of Women); ca. 1889, pen and ink wash and brush drawing on laid paper
Destin de femme (Martyre de la femme) ; vers 1889, lavis sur papier

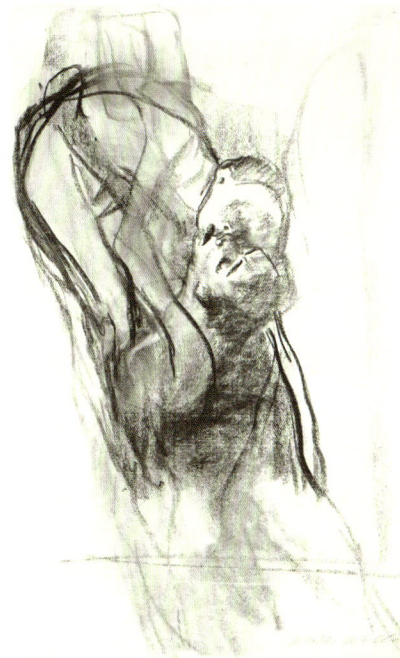

Links/left/à gauche
„Ruht im Frieden seiner Hände"; 1935/36,
Bronze
"Rest in the Peace of his Hands"; 1935/36,
bronze
« Reposez dans la paix de ses mains » ;
1935/36, bronze

Rechts/right/à droite
Abschied; 1910, Kohle
Farewell; 1910, charcoal
Adieux ; 1910, fusain

Brustbild einer Arbeiterfrau mit blauem
Tuch; 1903, Kreide- und Pinsellithographie
Working Woman with Blue Shawl; 1903,
two-colour chalk and brush lithograph
Portrait d'une femme ouvrière au foulard
bleu ; 1903, lithographie bicolore

Liebesszene I; um 1909/10, Schwarze Kreide
auf Ingres-Bütten
Love Scene I; ca. 1909/10, black chalk on
laid Ingres paper
Scène d'amour I ; vers 1909/10, craie noire
sur papier à la cuve Ingres

Nie wieder Krieg! 1924, Kreide- und Pinsellithographie
Never Again War!; 1924, chalk and brush
lithography
Plus jamais de guerre ! 1924, lithographie à
la craie et au pinceau

Kolumba

Kolumba wurde als erzbischöfliches Diözesanmuseum 1853 gegründet und ist damit nach dem Wallraf-Richartz-Museum das älteste Museum Kölns. Träger war der Christliche Kunstverein für das Erzbisthum Köln, der dem Gedankengut der Neugotik verpflichtet war. Erst in den 1920er Jahren wandte man sich der zeitgenössischen Formensprache zu. Nach der Zerstörung im Krieg wurde das Museumsgebäude an alter Stelle neu errichtet. Seit 1989 ist das Erzbistum Köln der Eigentümer der Sammlung. Ein Neubau über den Ruinen der im Krieg zerstörten Kirche St. Kolumba durch den Schweizer Architekten Peter Zumthor wird nach seiner Eröffnung im Jahr 2007 dem umfangreichen Bestand ein eindrucksvolles Domizil bieten, das auch die Ausgrabungen der bis in die Antike zurückreichenden Vorgängerbauten einschließt.

Die Sammlung umfasst ein breites Spektrum von der Spätantike bis in die Gegenwart, vom koptischen Textil über mittelalterliche Goldschmiedekunst, Skulptur und Malerei, barocke Klosterarbeiten, Zeichnungen der Düsseldorfer Spätnazarener und Werke der klassischen Moderne bis hin zu zeitgenössischer und angewandter Kunst. In ständig wechselnder Auswahl werden die Bestände in immer neuen Zusammenstellungen präsentiert. Chronologische Kriterien spielen dabei weniger eine Rolle als inhaltliche (z. B. „Über die Wirklichkeit", „Über die Ambivalenz"). Hinzu kommen monographische Präsentationen und Ausstellungen zur mittelalterlichen Buchmalerei. Die Aktivitäten an Kolumba sind in mehreren Schriftenreihen, Werkund Katalogbüchern dokumentiert.

Links oben/top left/en haut à gauche
Paul Thek: Fishman in Excelsis Table (Detail); 1970/71
Paul Thek: Fishman in Excelsis Table (detail); 1970/71
Paul Thek : Fishman in Excelsis Table (détail) ; 1970/71

Links unten/bottom left/en bas à gauche
Jannis Kounellis: Tragedia civile; 1975, Blattgold, Öllampe, Garderobenständer aus Holz
Jannis Kounellis: Tragedia civile; 1975, gold leaf, oil lamp, wooden coat rack
Jannis Kounellis : Tragedia civile ; 1975, feuille d'or, lampe à huile, portemanteaux en bois

Rechts/right/à droite
Herimann-Kreuz; Köln oder Werden, 2. Viertel 11. Jh.; Corpus: Bronze, gegossen und vergoldet, mit einem antiken Frauenkopf aus Lapislazuli (1. Jh. n. Chr.);
Kreuz: Kupfer über Holzkern, vergoldet; Filigran des Kreuzes: Köln, 1. Hälfte 13. Jh.;
Knauf und Kartusche: barock, Kupfer, vergoldet
Herimann cross; Cologne or Werden, 2nd quarter of the 11th cent.
Croix Herimann ; Cologne ou Werden, 2me quart du 11e siècle

Links oben/top left/en haut à gauche
Hausaltärchen (Verkündigung);
Mittelrhein, um 1440, Holzschrein und
Tonfiguren mit alter Fassung
Small domestic altar (Annunciation);
Central Rhine, ca. 1440, wooden shrine and
clay figures in original paint
Autel miniature représentant l'Annonciati-
on ; Rhin central, vers 1440, coffre en bois et
silhouettes en terre cuite avec ancienne
monture

Rechts oben/top right/en haut à droite
Heinrich Campendonk: Landschaft mit
zwei Tieren; 1914, Öl auf Leinwand
Heinrich Campendonk: Landscape with
Two Animals; 1914, oil on canvas
Heinrich Campendonk : Paysage avec deux
animaux ; 1914, huile sur toile

Links unten/bottom left/en bas à gauche
Stephan Lochner: Madonna mit dem
Veilchen; Köln, Mitte 15. Jh., Mischtechnik
auf Holz
(Leihgabe des Priesterseminars, Köln)
Stephan Lochner: Madonna with the Violet;
Cologne, mid-15th cent., mixed technique
on wood (on loan from Cologne seminary)
Stephan Lochner : Madone à la violette ;
Cologne, milieu du 15e siècle, technique
mixte sur bois (prêt du séminaire, Cologne)

Mitte links/left centre/au milieu à gauche
Richard Serra: The Drowned and the Saved;
1992, Stahl
Richard Serra: The Drowned and the Saved;
1992, steel
Richard Serra : The Drowned and the Saved ;
1992, acier

NS-Dokumentationszentrum

Das NS-Dokumentationszentrum ist eine Einrichtung der Stadt Köln. Der Rat der Stadt Köln beschloss 1987 seine Gründung; seit 1988 hat es seinen Sitz im EL-DE-Haus. Dort befand sich von Dezember 1935 bis März 1945 die Zentrale der Kölner Gestapo (Geheime Staatspolizei). Der Name (gesprochen L-D-Haus) geht zurück auf die Initialen seines Bauherrn, des Kaufmanns Leopold Dahmen, der das Haus bereits im Rohbau an die Gestapo vermietete, die es für ihre Zwecke umbaute. Vor allem ließ sie im Keller zehn Gefängniszellen einbauen, auf deren Wänden noch heute eindrucksvolle und erschütternde Zeugnisse für Folter, Qualen und Todesängste, aber auch für den Kampfgeist der Gefangenen erhalten sind. In den letzten Monaten des Krieges wurden im Innenhof des EL-DE-Hauses mehrere hundert Menschen, vor allem ausländische Zwangsarbeiterinnen und Zwangsarbeiter, hingerichtet.

Im Dezember 1981 wurde die Gedenkstätte Gestapogefängnis eröffnet. Seit Juni 1997 befindet sich in dem Haus die Dauerausstellung „Köln im Nationalsozialismus" mit Themen, die das gesamte politische, gesellschaftliche und soziale Leben Kölns in der NS-Zeit behandeln: Aufstieg und Machtergreifung, Gleichschaltung, Machtapparat, Inszenierte Volksgemeinschaft, Jugend, Zwischen Alltag und großer Politik, Religion, Rassenideologie, die Verfolgung von „vergessenen Opfern" wie Zwangssterilisierten und „Euthanasie"-Opfern sowie „Asozialen" und Homosexuellen, Sinti und Roma, Jüdisches Schicksal, Widerstand, Krieg, Zwangsar-

beit, Kriegsende. Darüber hinaus werden Sonderausstellungen gezeigt, Veranstaltungen durchgeführt, pädagogische Angebote entwickelt, eine öffentliche Fachbibliothek unterhalten, Quellen und Materialien gesammelt, umfangreiche Datenbanken gepflegt und Publikationen veröffentlicht.

Das NS-Dokumentationszentrum widmet sich mithin als Gedenk-, Lern- und Forschungsort in einem dem Gedenken, Erforschen und Vermitteln der Geschichte Kölns im Nationalsozialismus. Es ist das „etwas andere" Museum Kölns, das an die dunkelste Zeit der Geschichte der Stadt erinnert.

Oben/top/en haut
Eingang zum EL-DE-Haus, Appellhofplatz 23–25
Entrance to the EL-DE building, Appellhofplatz 23–25
Entrée de la maison EL-DE, Appellhofplatz 23–25

Stigmatisierung, Ausplünderung, Vertreibung, Deportation und Ermordung der Kölner Jüdinnen und Juden werden in drei Räumen dargestellt.
Exhibits portraying the stigmatisation, plundering, expulsion, deportation and assassination of Cologne's Jews can be found in three rooms.
La stigmatisation, le pillage, l'expulsion, la déportation et l'assassinat des juives et des juifs de Cologne représentés dans trois pièces.

230

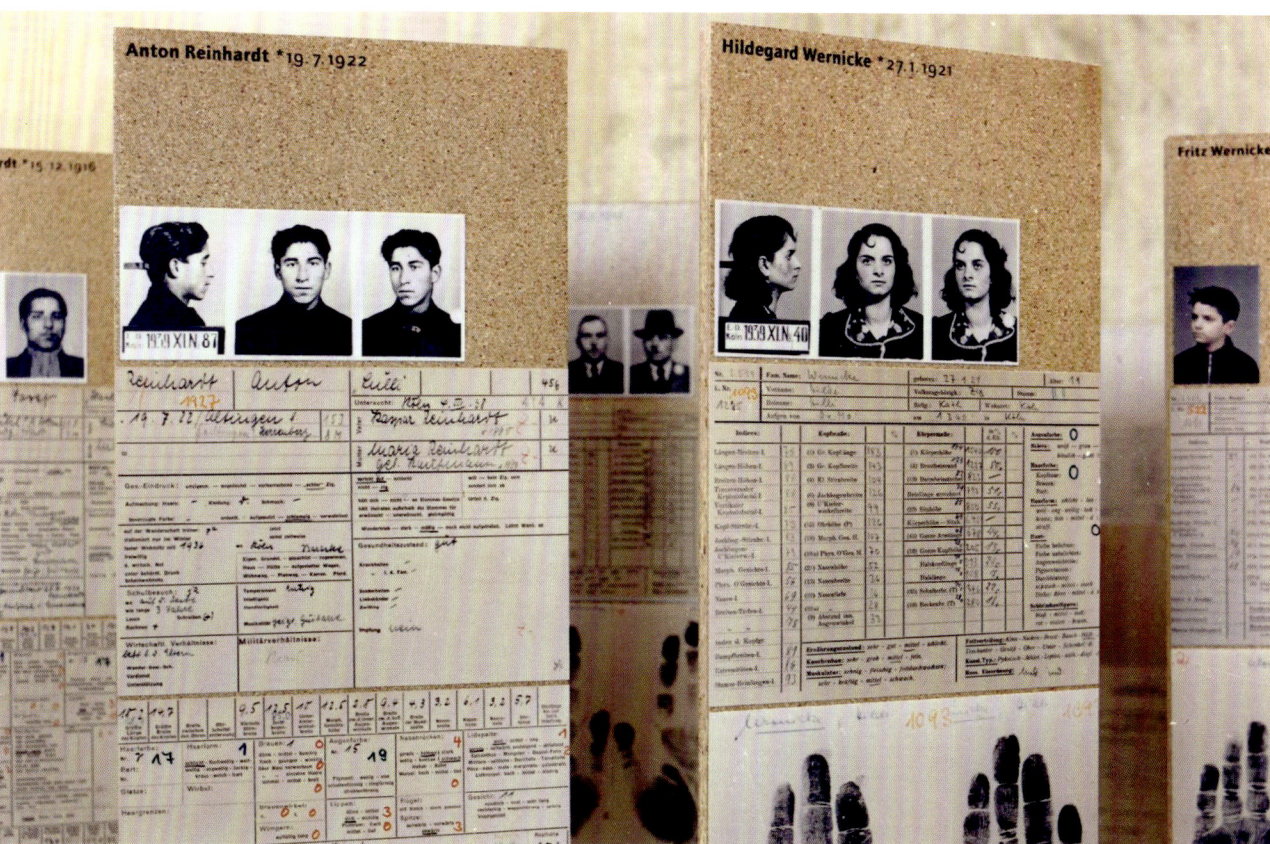

Anton Reinhardt *19.7.1922

Hildegard Wernicke *27.1.1921

Fritz Wernicke

Wandinschriften, erhalten aus der Zeit von 1943 bis 1945, zeugen vom Leid, aber auch vom Widerstandswillen der überwiegend ausländischen Gefangenen.
Wall inscriptions in the cells dating from 1943 to 1945 not only bear witness to the suffering of what were primarily foreign nationals, but also to their strong will to resist.
Ecrits conservés sur les murs, datant de 1943 à 1945, témoignant de la souffrance mais aussi de la volonté de résister des prisonniers, étrangers pour la plupart.

Einer der wenigen originalen Überreste aus dem EL-DE-Haus: Der „Desinfektionshand-apparat" der Kölner Gestapo
The "disinfecting device" used by Cologne's Gestapo
L' « appareil de désinfection » utilisé par la Gestapo de Cologne

Oben links/top left/en haut à gauche
Zellentrakt im Hausgefängnis
The cells of the in-house prison
Cellules de la prison de la maison

Oben rechts/top right/en haut à droite
Den Kölner Sinti und Roma, die Opfer des Völkermordes wurden, ist ein eigener Raum gewidmet.
A separate room is dedicated to Cologne's Sinti and Romani, who were the victims of genocide.
Toute une pièce est consacrée aux Sinti et Roma de Cologne, victimes du génocide.

Mitte rechts/right centre/au milie à droite
Wechselnde Sonderausstellungen werden als zusätzliche Vertiefung angeboten.
Alternating special exhibitions provide more detailed information.
Des expositions spéciales alternantes sont aussi proposées pour approfondir le sujet.

Die Schatzkammer des Kölner Doms

Schon seit dem 9. Jahrhundert ist für den Kölner Dom ein kostbarer Kirchenschatz bezeugt. Zunächst in der bereits 1212 erwähnten „Goldenen Kammer" aufbewahrt und zeitweilig öffentlich gezeigt, wurde der Domschatz Mitte des 19. Jahrhunderts in Räumen des nördlichen Querhauses erstmals museal ausgestellt.

Seit Herbst 2000 wird er in den ausgebauten historischen Kellergewölben des 13. Jahrhunderts an der Nordseite des Domes neu präsentiert.

Auf einer Ausstellungsfläche von ca. 500 m² sind kostbare Reliquiare, liturgische Geräte und Gewänder sowie Insignien der Erzbischöfe und Domgeistlichen vom 4. bis zum 20. Jahrhundert, mittelalterliche Skulpturen und fränkische Grabfunde zu sehen. Handschriften werden aus konservatorischen Gründen nur zeitweilig und in kleineren Sonderausstellungen präsentiert.

Zu den bedeutendsten Stücken des Domschatzes zählen der Petrusstab und die Petrusketten. Bis zur Übertragung der Gebeine der Heiligen Drei Könige nach Köln im Jahr 1164 waren sie die Hauptreliquien des Doms. Aus dem Reliquienschatz sind ebenso die beiden Triptychen mit Reliquien vom Kreuz Christi, zwei Büstenreliquiare des 15. und 19. Jahrhunderts und der barocke Schrein des hl. Engelbert (1633) hervorzuheben. Der vermutlich zur Weihe des Domchors geschaffene gotische Bischofsstab und das spätgotische Kurschwert um 1480/90 sind Insignien (Abzeichen) der geistlichen und weltlichen Macht der Kölner Erzbischöfe.

Aus der umfangreichen Sammlung barocker Altargeräte und Messge-

wänder ragt der kostbare Ornat des Kölner Erzbischofs Clemens August von Wittelsbach hervor, den er zur Kaiserkrönung seines Bruders Karl VII. 1742 in Paris in Auftrag gab.

Die historischen Gewölberäume mit Resten der römischen Stadtmauer, Säulen vom Vorgängerbau des Doms, die moderne Architektur und die neuartige Präsentation des Domschatzes lassen den Besucher die wechselvolle Geschichte der Kölner Kathedrale in eindrucksvoller Weise erleben.

Links oben/top left/en haut à gauche
Rosettenfibel aus dem fränkischen Frauengrab; um 537 n. Chr.
Rosette brooch from the grave of a Frankish woman; ca. 537 A.D.
Fibule à rosettes provenant de la tombe d'une femme franque, vers 537 après J.-C.

Rechts oben/top right/en haut à droite
Vorsängerstab; Köln 1178 / um 1240 / um 1350/60 (Detail: Anbetung)
Precentor's staff; Cologne 1178 / ca. 1240 / ca. 1350/60 (detail: Adoration)
Crosse de pré-chantre, Cologne 1178 / vers 1240 / vers 1350/60 (détail : l'Adoration)

Rechts unten/bottom right/en bas à droite
Kreuzreliquiar; Köln, 2. Hälfte 11. Jh. – Elisabeth Treskow; Köln, 1958
Cross reliquary; Cologne, 2nd half of the 11th cent. – Elisabeth Treskow; Cologne, 1958
Croix-reliquaire, Cologne, 2me moitié du 11e siècle – Elisabeth Treskow, Cologne, 1958

Oben/top/en haut
Kelchvelum; Peter Hecker, Köln (Gewebe-
entwurf), 1922 – Erika Freund, Köln
(Stickerei), 1927
Chalice veil; Peter Hecker, Cologne (weave
design), 1922 – Erika Freund, Cologne
(embroidery), 1927
Voile de calice ; Peter Hecker, Cologne
(design textile), 1922 – Erika Freund,
Cologne (broderie) ; 1927

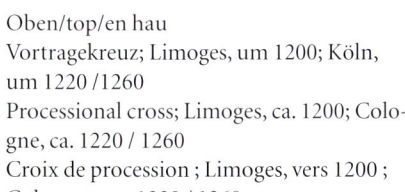

Oben/top/en hau
Vortragekreuz; Limoges, um 1200; Köln,
um 1220 /1260
Processional cross; Limoges, ca. 1200; Colo-
gne, ca. 1220 / 1260
Croix de procession ; Limoges, vers 1200 ;
Cologne, vers 1220 / 1260

Unten/bottom/en bas
Schrein des hl. Engelbert (Detail); Köln,
1633
Shrine of St. Engelbert (detail); Cologne,
1633
Reliquaire de St Engelbert (détail) ; Cologne,
1633

Brustkreuz; Wien, um 1740
Pectoral cross; Vienna, ca. 1740
Croix pectorale ; Vienne, vers 1740

Unten/bottom/en bas
Gotischer Bischofsstab; Köln, um 1322
Gothic bishop's crosier; Cologne, ca. 1322
Crosse gothique d'évêque ; Cologne, vers
1322

Schokoladen-museum

Das Schokoladenmuseum wurde von Konsul Dr. Hans Imhoff, vormals Aufsichtsratsvorsitzender der Schokoladenfirma Stollwerck, gegründet und am 31. Oktober 1993 eröffnet. Imhoff überführte den historischen Fundus der Firma Stollwerck anlässlich von deren Umzug nach Porz in eine ihm angemessene Umgebung und erlöste die wertvollen Objekte vom Dasein in der Abstellkammer. Die heutigen Exponate wurden in einen größeren historischen Rahmen gestellt – immerhin ist die Schokolade ein jahrtausendealtes Kulturgut – sowie um ein Tropenhaus, eine Produktionsanlage und den ebenso berühmten wie gerühmten Schokobrunnen ergänzt. Das Schokoladenmuseum gehört mittlerweile zu den erfolgreichsten Privatmuseen der Welt. Es finanziert sich ausschließlich selbst und erwirtschaftet einen Gewinn. Innerhalb weniger Jahre ist es zu einem Kölner Publikumsmagneten geworden. Mit jährlich mehr als 600 000 Besuchern gehört es zu den Top Ten der deutschen Museen mit den höchsten Besucherzahlen.

Seit 1993 wurden die drei Ausstellungsebenen des Museums komplett neugestaltet. Der Erlebnischarakter wurde durch eine außergewöhnliche Raum-Inszenierung noch mehr in den Vordergrund gerückt: Wände in stimmungsvollen Farben, verdunkelte Ausstellungsräume mit gezielt beleuchteten Objekten sowie Elemente, die mit der Neugier der Gäste spielen, betonen die sinnlichen Aspekte des Ausstellungsthemas. Weitere Erlebnis-Elemente sind das begehbare Tropenhaus, die Produktion sowie das Schoko-Kino. Darüber hinaus wurden aktuelle Themen, wie z. B. die

Spekulationen über die physischen und psychischen Wirkungen der Schokolade und der faire Handel, mit einbezogen.

Emailleschild „Trumpf Schokolade";
Entwurf: ZEHBE, um 1920
Enamel sign "Trumpf Schokolade"; design by ZEHBE, ca. 1920
Panneau en émail « Trumpf Schokolade » ;
création : ZEHBE, vers 1920

Schokoladenkanne; Manufaktur Meißen, um 1745
Chocolate pot; Manufactory Meissen, ca. 1745
Chocolatière ; manufacture de porcelaine de Meissen, vers 1745

Linke Seite oben/left page/page de gauche
Tonkrug (mixtekisch-aztekisch, Mexiko, 1250–1521 n. Chr.); Dreifußgefäß (Azteken-kultur, Mexiko, um 1400 n. Chr.); Metate zum Zerreiben von Mais oder Kakao (Vera-Cruz-Kultur, Mexiko, um 200 n. Chr.); Kakaofrucht aus Stein (Aztekenkultur, Mexiko, 1250–1521 n. Chr.); Gefäß mit Darstellung von Affen, die Kakaofrüchte halten (Mayakultur, Mexiko, um 800 n. Chr.)
Clay jug (Mixtec-Aztec, Mexico, 1250–1521 A.D.); three-legged vessel (Aztec culture, Mexico, ca. 1400 A.D.); metate for grinding of maize or cocoa (Vera Cruz culture, Mexico, ca. 200 A.D.); cocoa fruit sculpted in stone (Aztec culture, Mexico, 1250–1521 A.D.); vessel depicting monkeys holding cocoa fruits (Maya culture, Mexico, ca. 800 A.D.)
Cruche en terre cuite (mixtèque-aztèque, Mexique, 1250–1521 après J.-C.); récipient à trois pieds (civilisation mixtèque, Mexique, vers 1400 après J.-C.); metate pour broyer le maïs ou le cacao (culture de Veracruz, Mexique, vers 200 après J.-C.); cabosse en pierre (civilisation aztèque, Mexique, 1250–1521 après J.-C.); récipient avec singes peints tenant des cabosses (civilisation maya, Mexique, vers 800 après J.-C.)

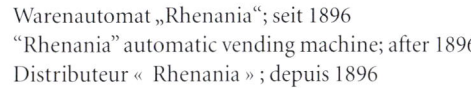

Oben/top/en haut
Schokoladenbecher mit Untertasse „en trembleuse"; Manufaktur DuPaquier, Wien, um 1735
Chocolate beaker with saucer "en trem-bleuse"; Manufactory DuPaquier, Vienna, ca. 1735
Tasse à chocolat « en trembleuse » avec soucoupe ; manufacture DuPaquier, Vienne, vers 1735

Unten /bottom/en bas
Plakat „Cacao Poulain"; Entwurf Leonnetto Capiello, um 1920
Poster "Cacao Poulain"; design by Leonnetto Capiello, ca. 1920
Affiche « Cacao Poulain » ; création Leonnetto Capiello, vers 1920

Chinese mit Schokoladentasse; Manufaktur Meißen, um 1743
Chinese figure with chocolate cup; Manufactory Meissen, ca. 1743
Chinois avec une tasse de chocolat ; manufacture de porcelaine de Meissen, vers 1743

Warenautomat „Rhenania"; seit 1896
"Rhenania" automatic vending machine; after 1896
Distributeur « Rhenania » ; depuis 1896

Deutsches Sport & Olympia Museum Köln

Im Zentrum von Köln, direkt am Rhein liegt das Deutsche Sport & Olympia Museum.

Seine außergewöhnliche Gesamtkonzeption sprengt bewusst die engen Grenzen einer rein historisch orientierten Ausstellung. Dies gelingt durch eine Vielzahl von Angeboten an die Besucher, selber sportlich aktiv zu werden. Die faszinierende Geschichte des Sports erleben und dabei selber den Größen des Sports nacheifern zu können, das macht den besonderen Reiz dieses Museums aus. Als Kulturphänomen kann der Sport auf eine lange Geschichte zurückblicken, deren historische Vorbilder die Ausstellung zur Sportgeschichte wieder in unser Gedächtnis ruft. Da ist zum einen die antike Tradition der Olympischen Spiele, die der Besucher auf seinem Rundgang als erstes kennen lernt. Die Kolossalstatue von Herakles, dem griechischen Athleten par excellence und mythenhaften Begründer der Olympischen Spiele, vermittelt die beeindruckende Stärke antiker Wettkämpfer, deren Leistungen auch heute noch in Erstaunen versetzen.

Als weiterer Orientierungspunkt des modernen Sports gilt das Turnen, das besonders in Deutschland praktiziert wurde. In einem Zeitsprung gelangt man von der Antike in die Welt des 19. Jahrhunderts und erlebt in einer nachempfundenen Turnhalle unter den strengen Blicken von „Turnvater" Jahn die Atmosphäre eines zeitgenössischen Turnerverbandes mit seinen straff geordneten Formen.

Der moderne Sport, so wie er heute praktiziert wird, erhielt jedoch die entscheidenden Impulse aus England. Ein liebevoll hergerichtetes englisches Wettbüro lenkt den Blick auf die Frage nach Sieger und Verlierer, ein Hauptmerkmal des modernen Sports, das dem Turnen noch weitgehend fremd war.

Nachdem man die Wurzeln für den heutigen Sportbetrieb kennen gelernt hat, folgt mit der „Timeline", die entlang einer Laufbahn führt, das Herzstück des Museums. 200 Jahre Sportgeschichte sind hier auf insgesamt gut 750 Sportereignisse komprimiert worden. Einzigartige Exponate in großer Zahl begleiten den historischen Abriss.

Neben der chronologischen Ordnung finden sich auch weitere thematische Blöcke. Zwei eigene Räume sind den Olympischen Spielen von Berlin im Jahr 1936 und München 1972 gewidmet.

Seinen Besuchern bietet das Deutsche Sport & Olympia Museum eine Vielzahl von Angeboten. Die „Olympischen Museumsspiele" etwa umfassen eine spannende Führung mit sportlichen Aktivitäten durch das gesamte Museum, Spielen auf dem Museumsdach und einer olympischen Museumsrallye. Für Führungen und Programme, die sich an alle Altersklassen richten, aber auch für Mannschaftsausflüge, Vereinsfeste u.v.a. steht den Besuchern ein kompetentes Team zur Verfügung.

Imposant: Herakles, einer der sagenhaften Gründer der antiken Olympischen Spiele.
Imposing: Herakles, one of the legendary founders of the ancient Olympic Games.
Imposant : Héraclès, l'un des fondateurs mythiques des Jeux olympiques de l'Antiquité.

Viele der heute populären Sportarten haben ihren Ursprung in England, so auch der Fußball.
Many of today's most popular sports have their origins in England, including football.
De nombreux sports aujourd'hui très populaires ont leurs racines en Angleterre, notamment le football.

Im Boxring können Sie Sandsäcke „bearbeiten" oder sogar gegeneinander antreten. Boxhandschuhe können ausgeliehen werden.
In the boxing ring you can "work out" with punch bags or even fight each other. Boxing gloves are available for hire.
Dans le ring, vous pourrez vous essayer aux sacs de frappe ou même boxer contre un adversaire. Location de gants de boxe.

Einer der Anziehungspunkte im Museum: der Benetton-Renault von Michael Schumacher aus dem Jahr 1995.
One of the main attractions of the museum: the Benetton-Renault of Michael Schumacher from the year 1995.
L'une des grandes attractions du musée : la Benetton-Renault pilotée en 1995 par Michael Schumacher lors du championnat du Monde de F1.

Im Windkanal können Sie sich mit den Größen der Tour de France messen.
In the wind tunnel you can measure your performance with the greats of the Tour de France.
Dans la soufflerie, vous pourrez vous mesurer aux performances des champions du Tour de France.

KÖLN

Historische Daten

19/18 v. Chr.

Agrippa siedelt die Ubier auf dem linken Rheinufer an. Um die Zeitenwende entsteht das „oppidum ubiorum" als Vorläufer der CCAA.

50 n. Chr.

Agrippina, Tochter des Feldherrn Germanicus und gebürtige „Kölnerin", erwirkt von ihrem Gatten Kaiser Claudius die Erhebung des oppidums zur colonia, also zur vollgültigen Stadt im römischen Rechtssinn. Der Name des Gemeinwesens lautet Colonia Claudia Ara Agrippinensium (CCAA). In der Folge entsteht die Umwehrung mit 21 Türmen und 9 Toren, die Colonia hat eine Größe von ungefähr 1 km².

Um 310

Zur Stärkung der Rheingrenze errichtet Kaiser Konstantin der Große das Lager Divitia (Deutz) auf der anderen Rheinseite. Als Verbindung zur Colonia entsteht die erste feste Rheinbrücke.

313

In einem Dokument Konstantins des Großen wird mit Maternus der erste Bischof „aus Köln" erwähnt.

355

Köln wird erstmals von den Franken erobert.

Um 460

Köln fällt endgültig an die Franken. Bis etwa 510 ist die Stadt Sitz ihrer ripuarischen Könige.

Um 800

Karl der Große ernennt seinen engen Berater Hildebold zum ersten Erzbischof Kölns. Später wird Hildebold als Erzkaplan höchster Geistlicher im Frankenreich.

870

Überlieferte Weihe des karolingischen Doms.

881

Der Einfall der Normannen fügt Köln schweren Schaden zu.

953–965

Bruno, Bruder Kaiser Ottos I., ist Erzbischof und zugleich als weltlicher Herrscher auch Stadtherr von Köln. Seine Initiativen (Gründung von Groß St. Martin, Pantaleonskloster und Andreasstift) werten das Stadtbild bedeutend auf. Während seiner Regierungszeit wird auch die Rheinvorstadt in die Umwehrung einbezogen.

1003

Erzbischof Heribert, Kanzler Kaiser Ottos III., gründet im Deutzer Kastell eine Benediktinerabtei.

1056

Mit Anno II. gelangt eine der bedeutensten, aber auch eine der umstrittensten Persönlichkeiten auf den Kölner Bischofsstuhl.

1074

Anno II. schlägt einen Bürgeraufstand gegen seine Stadtherrschaft nieder.

1096

Das Judenviertel wird niedergebrannt.

1106

Durch die Einbeziehung von Siedlungskernen im Norden, Süden und Westen erfährt das Kölner Stadtgebiet eine bedeutende Erweiterung und umfasst jetzt 223 ha.

1164

Erzbischof Rainald von Dassel bringt die Reliquien der Heiligen Drei Könige von Mailand nach Köln.

1180

Baubeginn der großen Umwehrung, die heute von den Ringen nachgezeichnet wird. Das Stadtgebiet ist nun 401 ha groß.

1248

Grundsteinlegung für den gotischen Dom.

1259

Erzbischof Konrad von Hochstaden spricht Köln das Stapelrecht zu.

1288

Schlacht von Worringen. Die Stadt Köln steht auf Seiten der Sieger, Erzbischof Siegfried von Westerburg auf Seiten der Verlierer. Die Stadtherrschaft ist seitdem für die Erzbischöfe verloren.

1322

Der Chor des gotischen Doms ist vollendet.

1349

In einem Pogrom wird die jüdische Gemeinde fast vollständig vernichtet.

1388

Gründung der Kölner Universität.

1396

Die Patrizier verlieren ihre bislang zäh verteidigte Macht, Handwerker- und Kaufmannsgilden schreiben mit dem ‚Verbundbrief' eine Stadtverfassung fest, die 400 Jahre gültig bleibt.

1424

Endgültige Vertreibung der Kölner Juden.

1475

Friedrich III. erhebt Köln durch kaiserliches Privileg zur Freien Reichsstadt, ein Status, den Köln de facto schon lange besaß.

1530

(und nicht erst 1560) müssen die Arbeiten am Dom eingestellt werden, „wegen verdammter Ketzerei“.

1573

Vollendung der imposanten Renaissancelaube am Rathaus.

1583

Erzbischof Gebhard II. Truchsess von Waldburg tritt zum evangelischen Bekenntnis über. Seine weiter reichenden Pläne scheitern, als er den nachfolgenden Kölner Krieg verliert.

1618–1648

Köln bewahrt im Dreißigjährigen Krieg Neutralität und kann sich aus den Kriegshandlungen heraushalten. 1632 besetzen schwedische Soldaten das kurkölnische Deutz.

1794

Truppen des revolutionären Frankreich besetzen die Stadt, die ihnen kampflos übergeben wurde.

1798

Köln wird Teil der Französischen Republik.

1815

Nach dem Ende der Franzosenherrschaft spricht der Wiener Kongress das Rheinland, also auch Köln, dem Königreich Preußen zu.

1823

Erster Rosenmontagszug und Reorganisation des Kölner Karnevals durch das „Festordnende Comitee“.

1842

Der preußische König Friedrich Wilhelm IV. legt den Grundstein zum Weiterbau des Doms.

1848/49

Die bürgerliche Revolution findet auch in Köln statt, Karl Marx als Chefredakteur der ‚Neuen Rheinischen Zeitung‘ spielt eine wichtige Rolle. Allerdings scheitert die Erhebung hier genauso wie überall im Reich.

1880

In Anwesenheit von Kaiser Wilhelm I. wird die Vollendung des Doms gefeiert. Die Atmosphäre ist frostig, denn mit der

Inhaftierung des Kölner Erzbischofs Melchers liegt der Höhepunkt des Kulturkampfs (die Konfrontation von katholischer Kirche und preußischem Staat) nur sechs Jahre zurück.

1881

Der Abriss von Kölns mittelalterlicher Stadtmauer beginnt. Während der folgenden Jahre nimmt auch die „Neustadt“ Gestalt an.

1888

Eingemeindungen, u. a. der Städte Ehrenfeld und Deutz sowie der Gemeinden Nippes und Poll, führen zu einer zehnfachen Vergrößerung des Stadtgebiets.

1914

Nach dem Anfall der Stadt Kalk und der Gemeinde Vingst 1910 kommen nun noch Mülheim und die Gemeinde Merheim zu Köln.

1917

Konrad Adenauer wird Oberbürgermeister und bleibt es bis zu seiner Amtsenthebung durch die Nationalsozialisten 1933. In seine Amtszeit fallen die Neugründung der Universität, die Anlage des Inneren und Äußeren Grüngürtels sowie die Eröffnung der Messe 1924.

1938

In der „Reichskristallnacht“ vom 9. zum 10. November werden auch die Kölner Synagogen zerstört.

1945

Am 2. März erlebt die Stadt den letzten Luftangriff, nachdem sie zum ersten Mal im März 1942 Ziel der Bomben gewesen war und dann in der Nacht vom 30. auf den 31. Mai desselben Jahres mit dem „1000-Bomber-Angriff“ die bis dahin schwerste Bombardierung einer deutschen Stadt erlebt hatte. Insgesamt kommen hier 20 000 Menschen um, 60 000 sind ohne Wohnung. Die Innenstadt ist zu etwa 90 Prozent zerstört.

1985

Jahr der romanischen Kirchen. Die Wiederherstellung der zwölf großen innerstädtischen Gotteshäuser ist abgeschlossen.

1993/1995

Zwei Naturkatastrophen treffen Köln: Zwischen dem Jahrhunderthochwasser vom Dezember 1993 und dem Jahrhunderthochwasser vom Januar 1995 liegen nur 13 Monate.

Cologne – Pictures of a Great City

Cologne – une métropole en images

Cologne – Pictures of a Great City

Being located on the most mythical river of Europe is an intrinsic part of Cologne. The Rhine belongs so steadfastly to Cologne that for centuries the city was only depicted before its waters. The panoramic view of the city from the Rhine was celebrated and praised - even by the most critical minds. The city was oriented towards the Rhine and showed itself at its best and sweetest there long before its waterfront was enriched by a museum of sweet chocolate.

The cathedral, an outpost of Rhine romanticism and since 1996 a UNESCO world heritage site, plays a similarly dominating role as the river. The cathedral puts its stamp so compellingly on the cityscape that the city itself is in danger of disappearing behind it. Clearly such a dominant building can easily become a nuisance, at least for the city planners who feel themselves inhibited by it in their freedom of action.

The foundation stone of this church was laid in 1248. But more than 600 years had to pass before it was really completed. Its architecture is considered to be a high point of French Gothic cathedral architecture, its line of descent going back to Amiens and the Île de France.

After almost 300 years, work on the cathedral was resumed beginning in 1842. Medieval plans were consulted and Protestant master builders of cathedrals were called in. The completion of the building was regarded as a patriotic act and it became a national monument. During the construction of the cathedral, however, fierce conflicts broke out between the Prussian state and the Catholic church and at that time two archbishops had to go to prison. In 1815 Frederick William III took possession of the lands of the Rhine ("Rheinlande") and the people of Cologne were then also ruled by Berlin which was far away not only in terms of distance. Prussia's appearance on the scene did not receive the unanimous approval of the new province's dependants, and conversely the new masters deeply mistrusted the people of Cologne for a long time. Lieutenant General von Aster warned that "one can only consider the people of Cologne to be Prussian patriots by way of exception". The cathedral referred to a glorious past. Its construction showed that the Prussian state saw itself in the tradition of the Holy Roman Empire. But, according to the wish of King Frederick William IV, the connection between tradition and the modern age was to stamp the cityscape of Cologne decisively: The line of vision of the first railway bridge across the Rhine led directly to the choir of the cathedral. At the time the decision to construct this bridge was anything but undisputed, yet history has proved that the decision-makers of time were right: The cathedral has the nearby train station to thank for its many visitors (possibly even for believers). In addition, the station is a gateway to the city from which, for instance, the Philharmonic Hall also profits. Adjoining the concert hall, opened in 1986, there is the Ludwig Museum, also opened in 1986. Its architecture ranks among the most prominent of modern Cologne. The cockscomb-like roofscape rises on the edge of the plateau above the park "Rheingarten" (1984 to 1986). This park was created when the heavily travelled road along the banks of the Rhine between the Hohenzollernbrücke and the Deutzer Brücke disappeared underground. Here Cologne is truly on the Rhine – and not on the road along the banks of the Rhine. That also benefits the old part of town, Cologne's entertainment district, which has made it its sole ambition to justify Cologne's reputation as the "most northern Italian city".

Cologne developed into an economic centre in the Prussian state, even if at first this ascent only occurred hesitantly. Initially the fortifications encircling the city prevented it from striking out into the surrounding area. It was only in 1881 that Cologne could be expanded by the addition of the new town. The large factories were thus built in the communities before the gates of Cologne. These communities became urbanised before they were annexed to Cologne. Ehrenfeld on the left bank of the Rhine and Deutz and Kalk on the right bank of the Rhine were even granted town charters. Mülheim, which had already been independent and economically strong for quite some time (with its own chamber of commerce since 1871), became part of Cologne in 1914. As is generally known, the German Reich did not belong to the avant-garde of industrial nations. Thus it is all the more remarkable that Cologne can be regarded as the "cradle of world motorisation". Admittedly, the "Deutz Gas Engine Factory" of Nicolaus August Otto was located on the other side of the Rhine in Deutz. Otto invented the engine named after him in 1876, and it still plays an important role in auto manufacturing to this day. Four years before that Gottfried Daimler and his friend Wilhelm Maybach had been hired and they stayed in Deutz for a decade.

Between the wars Cologne's Lord Mayor of many years standing, Konrad Adenauer, pushed ahead with the establishment of new industrial plants. Despite the economically difficult conditions between the two world wars the auto manufacturer Ford could be induced to come to Cologne. At that time work on the new port in Niehl was also begun. It was, however, the PRESSA, the International Press Exhibition of 1928, that spread the reputation of the city. On the occasion of this exhibition which echoed throughout the world, Adolf Abel secured the contract to redesign the Deutz exhibition halls. Moreover, Adenauer saw to it that nature came into its own in Cologne. The green belts laid out at that time still determine the cityscape today.

Cologne was, however, already a significant business location in the Middle Ages; trade with England was particularly important. After the "Stapelrecht" had already been de facto applied for decades, the archbishop explicitly granted it to his metropolis in 1259. All products which came to Cologne by ship now fell under the "Stapelrecht". Non-local merchants had to offer their goods for sale here for three days before they themselves were free to do what they wanted with them. Merchants from outside Cologne were not permitted to do business among themselves, but had to call in citizens of Cologne as middlemen instead. Thanks to this privilege the city became a commercial centre with connections spreading further and further. Wine became the main commercial product and Cologne was regarded as the wine tavern of the Hansa. It was, however, not only traded, but also produced. And the Cologne commercial enterprises could not complain about lack of sales. The weapons produced here were famous and likewise the goldsmith work. For a long time the cloth trade also ranked among the assets. Cologne probably already had 20,000 inhabitants in the 12th century. The rich upper class consisted primarily of merchants who, however, later withdrew from active commerce more and more. At the end of the day they profited from the presence of the archiepiscopal city ruler, after all one of the most powerful princes in the northern part of the empire. In time, however, the citizenry became ever more self-confident, and the archbishop was ever more on the defensive. But even at that time the Cologne citizenry was not a united block. Government of the city was in the hands of the "Richerzeche", the association or guild of the rich that united the most influential citizens and was open to only 15 families. On Rheingasse the Overstolzenhaus (ca. 1230), Germany's most beautiful secular building of the Romanesque period, has survived. When another family which had previously been expelled wanted to seize control of the city in 1268 and had already surmounted the walls, the Overstolzen family took up position at the head of the defenders of Cologne. A stone relief bears witness to this "Battle at the Ulrepforte", the original of which (restored in 1886) is the oldest secular monument in this country.

In 1288 the archbishop lost the battle of Worringen whereas the city was on the side of the victors. Around this time the 15 families shut themselves off even more from the rest of the population. Their reign continued for a long time before it experienced a crisis after 1350. In 1396 the guilds came to power. On September 14th the 22 offices and "Gaffeln" (political union of guilds and citizens) affixed a seal to the "Verbundbrief" (charter of cooperation) which, as a kind of constitution or basic law, placed participation in the government of the city on a broader basis. Modified once again in 1513, this constitution continued to exist until 1794.

But the city council hardly had any access at all to the numerous religious institutions, monasteries and convents. To this day the twelve great Romanesque churches bear witness to their significant role; all of them except St. Maria Lyskirchen belonged to religious bodies. A number of these buildings have gone down in the history of architecture, among them the still Ottonian Church of St. Pantaleon with its magnificent "Westwerk" (western façade with an extended narthex and entrance), St. Maria im Kapitol with its epochmaking trefoil choir, St. Gereon with its decagon, or Gross St. Martin with its crossing tower which many people think is the most beautiful of all from the Romanesque period. The famous "Golden Chamber" in St. Ursula highlights Cologne as a centre for the veneration of relics. It was not created until the Baroque period, but here, like nowhere else, the holy relics set the tone for the entire space. In the Middle Ages the wealth of Cologne and the large number of potential patrons attracted many artists. Their best works were created in the 15th century, but the only master known by name is Stephan Lochner. Along with the magnificent shrine of the Three Kings, his "Altarpiece of the City Patrons" is the mostadmired work of art in Cologne Cathedral today. At one time it stood on the altar of the town hall chapel which was built on the walls of the destroyed synagogue and later also disappeared. The local Jewish congregation was one of the largest in the German Reich, and the development of the Cologne Jewish quarter situated directly next to the town hall can be remarkably well traced in the sources. The mikvah, the ritual bath, is the most accessible feature today.

In 1180 historical Cologne experienced its last expansion. It entailed the construction of an extraordinarily strong and never surmounted fortification around the city. The Severinstor, Ulrepforte, Hahnentor and Eigelsteintor still testify to it today. They are prominent witnesses to the old glory of the imperial city, a status Cologne already claimed after it expelled the archbishop in 1288, but which it was not officially awarded until 1475. But even so Cologne remained a Catholic community and inhabitants of other denominations only received complete civil rights very late and then under external pressure. Still today, though, Cologne is regarded as the centre of "Rhenish Catholicism" which banks on the magnanimity of the heavenly Father in a particularly trustful way.

The Cologne ring roads still trace the course of the moat and wall. Today sections of them once again give some idea of what their enlargement into splendid boulevards was like. Between Rudolfplatz and Ebertplatz they are in any case popular beats for strolling. The buildings of star architects set new trends in contemporary architecture, e.g. Norman Foster (the block of houses on Friesenplatz), Peter Zumthor (Kolumba, the museum of the archbishopric of Cologne) and Renzo Piano (Peek & Cloppenburg Department Store) whose store added a highlight to the main shopping street Schildergasse. Jean Novel is also part of this group whose Cologne Tower was meant to be the landmark of Cologne as a media location. The media park itself definitely belongs to the attractions of the "new Cologne". Cologne had already developed into a stronghold of avant-garde art in the 1960's. Collectors and patrons had a part in this to the same degree as artists and galleries.

The "Veedel" (quarters or districts) are a Cologne story in themselves, especially the most famous ones known by name, the Eigelstein Quarter and the Severins Quarter. The problem is, nobody knows exactly what should be understood by "Veedel". But such fuzziness belongs to the myth since people sing undauntedly of "unser Veedel" as their real home, and in any case the proverbial "milieu" develops there which has inspired the best Cologne songs.

Early on individual carnival processions also used to march in the quarter; these were then united into the "Schull- und Veedelszöch" (School and Quarter Parade) on Carnival Sunday. Most people still arrive along the path of the procession one day later. This "Rosenmontagszug" (Shrove Monday Parade) provides the most famous pictures of Cologne throughout the whole of Germany. Carnival should not, however, be mistaken for the picture which the TV sessions paint of it. But even there the celebratory mood bubbles over into the audience and then the hall provides the atmosphere, quite often independently of the programme. On the streets or in the pubs the people of Cologne leave no room for doubt as to what is clearly their very special gift: Off the cuff they can blare out an "Ajuja", and they sweep along more ponderous people as well.

That which is called the "Cologne way" up and down the country culminates in carnival as if it were the most natural thing in the world. Tolerance belongs first and foremost to this which makes it possible even for people from the Sauerland to advance into the highest ranks of the carnival. And only very malicious tongues maintain that this tolerance is a variation of indifference. It seems the people of Cologne easily find their way into the inevitable, and tautologies like "Et ess, wie et ess" (it is as it is) or "Et kütt, wie et kütt" (it will happen however it happens) are part of their fundamental convictions. Elsewhere that would end in quiet resignation, but not so with the inhabitants of this city. Their credo is: "Et hätt noch emmer jot jejange" (it has always gone well). That is hardly a vigorous kind of optimism, but confidence all the same.

The most important insight for immigrants, new arrivals and other outsiders: The open manner of the people of Cologne is contagious. It invites one to feel at home here. To be on the safe side a broad range of hotels is kept at the ready for this purpose since Cologne is not a city for just a one day visit.

Museum Ludwig
Ludwig Museum

Roy Lichtenstein's "Maybe", Andy Warhol's "Brillo Boxes" and George Segal's "Restaurant Window", all American pop art icons, had just been completed when they were loaned to the Wallraf-Richartz Museum in 1969. The works came from Peter and Irene Ludwig, who owned the largest pop art collection outside of the United States.

The Ludwig Museum was founded in 1976 after the Ludwigs donated some 350 works of modern art to the city. It was to be the first museum in Cologne to exhibit contemporary art. Apart from works of pop art, the Ludwigs also donated an extensive collection of Russian avantgarde art from the period 1906 to 1930 and made a permanent loan to the new museum of a collection of several hundred works by Pablo Picasso. Picasso's works have in the meantime become the property of the Ludwig Museum, thanks to two generous donations made in 1994 and 2001.

The modern department of the Wallraf-Richartz Museum, which included the expressionist collection of Cologne solicitor Joseph Haubrich, formed the basis of the contemporary art collection and was integrated into the Ludwig Museum.

The museum continued to systematically collect contemporary art. Its most recent acquisition was always just a few months old. Thus the Ludwig Museum's collection also includes German art from the 1970s and 1980s as well as international trends and installations of the younger avantgarde.

The building situated between cathedral, Rhine and central station was opened in 1986 and housed Wallraf-Richartz Museum, Ludwig Museum and Philharmonic Hall. Since January of 2001, when the Wallraf-Richartz Museum moved into a building of its own, the art of the 20th century and the present has had approx. 8,000 m² of exhibition space at its disposal. Kasper König took over as the director of the Ludwig Museum in November 2000. His name is linked with large-scale exhibitions such as "Westkunst" (Western Art), "von hier aus" (beginning here) and "skulptur.projekte Münster" (sculpture.projects Münster). He wants to increase international awareness of the Ludwig Museum and establish a dialogue between visitors and art. "A museum should not just be visited, but used, because it belongs to everyone and no one."

Wallraf-Richartz-Museum & Fondation Corboud
Wallraf-Richartz Museum & Fondation Corboud

The Wallraf-Richartz Museum houses one of Germany's greatest collections of paintings. Ferdinand Franz Wallraf, canon, professor of theology and the last dean of the first University of Cologne before its closure by the French, was the founder of the collection. His "Wallrafianum" included a wide range of artworks: altarpieces, sculptures, Roman antiquities, valuable books, glass, coins, priceless prints, objects from the fields of botany, archaeology and the history of art. Some of the material he collected had simply become ownerless property after secularisation in and around 1803. Many of the items from Wallraf's collection can today be seen in other Cologne museums.

As specified in his will, the collection passed to the city of Cologne after Wallraf's death. The inheritance included 1,616 paintings, 3,875 drawings and 42,419 prints. Wallraf was not only an expert collector, but a passionate one as well.

Decades passed before a suitable building was provided to house the collection and other art treasures belonging to the city. It was in 1854 that Johann Heinrich Richartz, a wealthy leather wholesaler, donated the sum of 100,000 talers to his home town to build a museum. The foundation stone was laid in 1855 in the presence of the king of Prussia. When the money proved to be insufficient, Richartz donated another 100,000 talers. The building completed in 1861 was destroyed during World War II. However, the art treasures, to which various additions had been made by purchases and numerous donations by Cologne citizens, had been taken to a safe place beforehand.

Stephan Lochner's "Muttergottes in der Rosenlaube" (Madonna of the Rose Bower), Dürer's "Pfeifer und Trommler" (Piper and Drummer), Rubens' mythological painting "Juno and Argus", a late self-portrait of Rembrandt, works of the Italian masters, French baroque paintings or Murillo's "Saint Francis in the Portiuncula Chapel", paintings of Cologne native Wilhelm Leibl, or of Cézanne, Renoir, Monet, van Gogh and Edvard Munch are just a few of the treasures on which the reputation of the Wallraf-Richartz Museum is built. There is also an important collection of sculptures and the museum's print collection includes drawings by Dürer, Raffael and Leonardo da Vinci.

In 2001 the museum was relocated into a building designed by architect Oswald Mathias Ungers and is now situated next to Gürzenich, Cologne's historic event venue, only a few hundred metres from the cathedral. The museum's name has been changed to include "Fondation Corboud" in honour of collector Gérard J. Corboud, who donated over 170 impressionist and postimpressionist paintings to the museum. This gave it the distinction of exhibiting Germany's most extensive collection of impressionist and post-impressionist works. Highlights of the collection include pieces by Manet, van Gogh, Signac, Seurat, Caillebotte and many others. Special exhibitions are regularly held at the Wallraf-Richartz Museum & Fondation Corboud. Find out more about the museum's current programme.

Museum für Angewandte Kunst
Museum of Applied Art

The Museum of Applied Art was founded in 1888 through an initiative of local citizens in the Kölnischer Kunstgewerbe-Verein (Cologne Applied Arts Association). The museum is one of the institutions established in the second half of the 19th century to acquaint tradespeople, designers and their contractors with the greatest achievements of the applied arts. The museum's objective was to present goldwork and furniture, glass, ceramic and textile arts in terms of their historical development and technological characteristics.

This objective changed over the course of the years as the museum's inventory of exhibits grew. Since 1963 the collections have been systematically expanded to include contemporary works: Skilfully created unica began to be exhibited side by side with industrial designs intended for serial production. Works of fine art were integrated into the collections to help visitors place the exhibits in the context of the leading art movements of their time. Special exhibitions are regularly held on all areas and themes addressed by the applied arts as well as on architecture, graphic art and photography. The museum, like the city, has an eventful history. The museum's magnificent neo-Renaissance building, opened in 1900 on the Hansaring, was destroyed during nightly air raids in World War II. However, almost all of the exhibits of what was until 1939 Cologne's most popular museum survived the bombing raids because they had previously been moved to a safe place. By 1961, the memory of the museum's extensive collections was only kept alive through scholarly inventory catalogues and special exhibitions held in the temporary quarters of the Romanesque Overstolzenhaus. The museum was finally given a building of its own in 1989, An der Rechtschule, a building Rudolf Schwarz had designed in 1957 for the Wallraf-Richartz Museum. But one thing has never changed throughout the museum's history: The people of Cologne have and still continue to donate or bequeath individual pieces or collections to this museum, and support it both financially and in other ways. They have helped make the museum into what it is today: a forum for historic and contemporary design, a discussion platform for artistic and aesthetic questions as well as a laboratory for the applied arts, design and tomorrow's innovative product design.

Römisch-Germanisches Museum
Roman-Germanic Museum

The Roman-Germanic Museum stands on the walls of a Roman villa containing the world-famous Dionysus mosaic. When it was opened in 1974, the museum attracted much attention and great interest among the public, and that not only in Cologne. Some twenty million people have visited the museum in the more than thirty years it has been open. The unusual design of the museum itself is no doubt one of the reasons for this success: large windows on the side facing the Roncalliplatz give a round-the-clock view of the Dionysus mosaic and the imposing tomb of the Roman legionary Poblicius. Roman relics are posted around the museum building. The interior is designed in such a way as to invite the visitor to a leisurely stroll through history. Detailed information on individual aspects is available for anyone with a desire to know more. The sophisticated didactic information system tempts you to lend an ear.

Archaeological gems and everyday articles give a vivid impression of Roman times and the early history of the area in and around Cologne. The museum, which is also a place of research and archives for our archaeological heritage, is also the home of numerous finds from the earliest days of mankind. This Cologne museum exhibits the largest collection of Roman glass vessels, including a precious "diatreta" glass. The head of Emperor Augustus, almost as small as a miniature, is a particularly attractive piece. The treasure room contains jewellery and ornaments from the early periods and the time of the migration of the peoples. No other museum in western Europe has such a large collection of jewellery of equestrian nomads.

One section, in keeping with the principal objective of the museum's design, gives an impression of everyday life in a Roman town. Such as in a kitchen or a dining room, where the finds are displayed in the way they were formerly used.

Museum für Ostasiatische Kunst
Museum of East Asian Art

In the inner green belt, only a few hundred metres away from the edges of the city centre, the visitor walks into a strange, new world. In front of green slopes, directly alongside the Aachener Weiher pond lies the Museum of East Asian Art, designed in 1966 by Kunio Mayekawa, one of Japan's most famous architects, and opened in 1977. The low-profile building clad with brown bricks fired in Japan blends into the surrounding landscape. Large windows afford a view of the silhouette of the city beyond the pond or of an attractive Japanese garden. The Museum of East Asian Art, the first in Europe, was opened in Cologne as long ago as 1913. It was Professor Adolf Fischer, a collector, and his wife Frieda, who persuaded the city authorities to set up this museum, having failed with similar efforts in Berlin and Kiel. Up to that time, Chinese, Japanese and Korean works of art had mainly been exhibited in art and ethnological museums.

Among its treasures, the museum can boast a unique collection of wooden Buddhist sculptures, magnificent ceramics, lacquer work, textiles, early chinese religious bronzes and selected prints. It also offers an excellent specialist library for archaeology and the history of East Asian art.

Museum Schnütgen
Schnütgen Museum

This is surely the most charming of Cologne's museums and at the same time one of the few museums in Europe and the US that is exclusively dedicated to medieval art. This excellent collection of medieval sculpture, goldwork, ivory carvings, stained glass, and precious fabrics is exhibited in a unique place, the Romanesque Cäcilienkirche. Historical records show that, at least since Carolingian times, the building housed one of the oldest religious communities for noble ladies in the Rhineland, and was converted into a convent for Augustinian nuns in 1475. From 1803 to 1945 the church was used as a chapel by the city's first public municipal hospital. After it was partially destroyed during the war, it was restored by architect Karl Band as an exhibition space for the collections of the Schnütgen Museum. Building measures are currently in progress to extend this space by 2009, which will allow the medieval building to remain the historical focus not only for European ecclesiastical art, but also for the predominately cultic art from all over the world exhibited by its future neighbour, the Rautenstrauch-Joest Museum. The history of the Schnütgen Museum can be traced back to a gift from Cologne Cathedral Canon Wilhelm Alexander Schnütgen (1843–1918). His ecclesiastical profession led him to become a great expert and rescuer of old church art. At just the right time: churches and royal collections were getting rid of or selling historical pieces during this period, which were then often integrated into new collections. Schnütgen was not only a great art expert, whose crafty acquisition tactics have become the subject of many anecdotes, but also an important cultural manager who organised enormous exhibitions. In 1906 he donated his treasures to the city of Cologne with the proviso that a museum building would be erected for them. Through the expertise of its managers and the generosity of its patrons and sponsors, the museum's collection has continued to grow while the Schnütgen Museum has developed into an internationally recognised centre for research and exhibitions on medieval art. Since 2003 visitors to the brightly lit Romanesque building have been able to explore the newly organised collection under a variety of different aspects. They can, for example, learn a great deal about the role played by angels and saints within the medieval world by studying masterpieces of sculpture, stained glass and carved ivory. The imaginatively shaped reliquaries, priceless gold and silver altarware and fine vestments demonstrate the central role that art has played and still plays in transforming cultic acts into an intensely experienced event. Eight centuries of Madonna statues illustrate how artists' perception of man progressed from regal severity to effeminate sweetness. Magnificent sculptures of the Passion of Christ show that the depiction of martyrdom and suffering is a challenge that artists have been struggling with since medieval times.

Kölnisches Stadtmuseum
Municipal Museum of Cologne

The Municipal Museum of Cologne exhibits, collects and preserves objects and artworks relating to the history of Cologne from the eighth century until the present.

It was founded in 1888 as the Historical Museum of the city of Cologne. The museum's collections have been exhibited in the "Zeughaus", or armoury, a building that dates back to the year 1600, since 1958. Special exhibitions are put on display in the neighbouring "Alte Wache" (Old Guardhouse), a classical building erected during Prussian times.

The stimulating permanent collection provides insights into the history, intellectual, business and day-to-day life of Cologne and its inhabitants. Exhibits on the ground floor focus on Cologne's political history from medieval times until the post-war period after visitors have been able to familiarise themselves with such typical Cologne phenomena as Klüngel (cliquism), Kölsch (a special type of beer brewed in Cologne), carnival, Hänneschen-Theater (a traditional puppet theatre), Kölnisch Wasser (original Eau de Cologne), Otto engines and Ford. A large model of the city shows visitors what Cologne looked like in 1571. Of special interest on this floor is a display of the city charter, or constitution, democratically enacted in 1396 by tradesmen and merchant guilds. The exhibit includes the large seal of the city that was created in 1268/69 and used for 500 years.

The exhibition on the first floor focuses on such topics as popular piety (including the important Judaica collection), intellectual life and scholarship, Cologne bourgeoisie, home furnishings throughout the ages, commerce, industry and traffic. The focus here is on two important epochs of Cologne history, the periods around 1600 and 1900.

Another unique exhibit is the museum's collection of physics equipment and former globes, most of which were used in the historic secondary school Gymnasium Tricoronatum, later called the Dreikönigengymnasium, as well as the two Vopelius globes once owned by Ferdinand Franz Wallraf.

Rautenstrauch-Joest-Museum
Rautenstrauch-Joest Museum

With 65,000 ethnographical objects and 100,000 historical photographs, the Rautenstrauch-Joest Museum is one of the largest ethnographical museums in Germany and the only one of its kind in North Rhine-Westphalia.

It owes its establishment more than a century ago to the globetrotting geographer, ethnologist and journalist Professor Wilhelm Joest and Adele and Eugen Rautenstrauch. The Rautenstrauchs not only donated their own collections and those bequeathed to them by Wilhelm Joest, who died in 1897 on an expedition to the South Seas, but also followed them at the turn of the century with the money to build a museum.

The new building, which is being erected in the very heart of the city at Josef-Haubrich-Hof, was long in planning. The foundation stone was finally laid in mid-2005 and the building is expected to be completed in 2008. The new permanent exhibition, on 3,600 m² of exhibition space, should be opened to the public the following year. Visitors will find an innovative exhibition design, where the focus has shifted away from major geographical regions to exciting, factual discussions of topics that affect people all over the world, but which cultural factors lead them to address in different ways.

The symbol of the new building is also the Rautenstrauch-Joest Museum's largest exhibit, which will be on display in the building's spacious foyer: an eleven metre long, five metre wide and over seven metre high rice storehouse from the Indonesian island of Sulawesi – an impressive example of traditional architecture and a reflection of its former owners' perception of the universe.

A 400-m² room will be reserved for special exhibitions. Exciting dialogues – such as with the neighbouring Schnütgen Museum – will be initiated through joint exhibition projects. The museum service's "junior museum" will introduce young visitors to the complex subject matter of an ethnological museum. The large event area of the neighbouring adult education centre VHS will also ensure that visitors experience the museum as a lively place to meet people and exchange ideas.

Kölner Karnevalsmuseum
Cologne Carnival Museum

Natives and non-natives alike consider the carnival an important element of Cologne's city culture. Thanks to television broadcasting, millions of viewers can watch the colourful large-scale events from the comfort of their homes. Most, however, are unaware of just how diverse these festivities are and know nothing about their backgrounds and historical origins. This often leaves a great deal of room for stereotypes and bias – both positive and negative.

The objective of Cologne's Carnival Museum is to provide all who are interested with a new, unbiased approach to the festival. The museum is run by the "Gemeinnützige Gesellschaft des Kölner Karnevals mbH" (Nonprofit Society of the Cologne Carnival), a subsidiary of the "Festkomitee des Kölner Karnevals" (Festive Committee of the Cologne Carnival). The "Grosse Senat" (Great Senate) of Cologne's carnival, a patrons' association, has also done a great deal for the museum over the past decades. A 1,400-m² exhibition on carnival history has been set up on the premises of the Festive Committee of the Cologne Carnival. The architectural design of the exhibition integrates the latest museum research findings.

Legend and historical fact are kept strictly separate. Thus the exhibition examines both the supposed ancient Roman roots of the festival, for which no historical evidence exists, as well as the actual verifiable beginnings of the carnival in Europe during the High Middle Ages. The first record of carnival being celebrated in Cologne dates back to the year 1341. The carnival has always been linked with Easter and the forty days of fasting, or Lent, that precede it. The eve of the first day of Lent is known as "Fastnacht" or Shrove Tuesday. New elements were added to the festivities in modern times. The festival was strongly influenced by the Italian carnival and its sumptuous costumes, which in turn were derived from the theatre and more specifically from the Commedia dell' Arte, a kind of improvisational comedy theatre.

Following the French revolution, the organisation of the carnival passed into bourgeois hands. In Germany, Cologne had soon outstripped all other cities in carnival matters. In 1823, the Festive Committee of the Cologne Carnival was formed, which has been responsible for organising the carnival ever since. At this point the carnival in Cologne became centred around the Shrove Monday parade and Prince Carnival evolved into the primary carnival figure. The diverse elements that make up today's carnival are not only explained by informative exhibits, but also further clarified by multimedia stations. Visitors can listen to a range of carnival songs at headphone stations, and watch rare historical, pre-World War II footage of carnival revelry at video stations.

Die Kölner Kollwitz-Sammlung
The Cologne Kollwitz Collection

The Käthe Kollwitz Museum Cologne was founded in 1985 by the Kreissparkasse Cologne. It is the very first museum to be solely dedicated to the works of this artist. Since 1989, it has been located on the upper storey of the Neumarkt Passage in specially constructed rooms with 1,000 m² of exhibition space and a forum for cultural events.

The collection, which is continuously and systematically being expanded, is currently considered the world's largest exhibition on this outstanding twentieth century artist. The collection focuses on drawings from all periods of her artistic career, including early pastels and charcoal drawings for the satirical magazine Simplicissimus, studies that reveal the creative process of important graphic works, as well as some of her most beautiful and expressive late drawings, made during a time in her life when she was preoccupied with the theme of death. The collection includes all of the important print series: the early cycles "Ein Weberaufstand" (The Revolt of the Weavers) (1893–1898) and "Bauernkrieg" (Peasants' War) (1902–1908), the woodcut cycles "Krieg" (War) (1921–1923) and "Proletariat" (1925) and the late series of lithographs "Tod" (Death) (1934–1938). It also includes important single prints, some of which are very rare – for instance, the multi-coloured lithographs created in the first years after the turn of the century, or the last lithograph "Saatfrüchte sollen nicht vermahlen werden" (Seed for Sowing should not be Milled) from 1942, the artist's legacy against the death of soldiers and war. Moreover, the collection encompasses all known posters, some extremely rare, most of which Käthe Kollwitz, true to her maxim "I would like to exert influence in these times," created in the 1920s as part of her fight against war and for social justice, humanity and peace.

The artist's sculptural work – to the extent that it is available to museums – is fully represented in the Käthe Kollwitz Museum Cologne: fifteen bronze sculptures, mainly exquisitely beautiful early casts. By exhibiting them together with replicas of the mourning parents from the church ruins of St. Alban and the Levy grave relief from the Jewish cemetery in Bocklemünd, visitors are given a unique overview of all the artist's sculptural works.

As a result of the repressive measures adopted in the "Third Reich", the work of Käthe Kollwitz fell from favour. After World War II it was not reaccepted in Germany until the 1970s because it was stereotypically associated with socialist ideologies. The objective of Cologne's Käthe Kollwitz Museum is to make the work of this important artist accessible again and to reveal the high artistic quality of her creativity in drawings, prints and sculptures.

Within the permanent exhibition of works from the museum's collection, a series of special "Einblicke" (Insights) exhibitions, conducted at irregular intervals, concentrate upon individual aspects of the artist's work. The museum also holds special monographic exhibitions that relate to the work of Käthe Kollwitz. In recent years, these have included the works of William Hogarth, Goya, Ewald Mataré, Paula Modersohn-Becker, Ernst Barlach, Otto Dix, Toulouse-Lautrec, Henry Moore, Picasso, Horst Janssen as well as contemporary artists. Further exhibitions explore thematic or historical contexts or focus upon artistic techniques ("Selbstbildnisse der 20er Jahre" (Self-Portraits of the 20s), "Imago Mortis – Das Bild des Todes" (Imago Mortis – The Image of Death), "Die Geschichte der Lithographie" (The History of Lithography)). A highlight, in 1995, was "Käthe Kollwitz – Masterpieces of Drawing", which commemorated the fiftieth anniversary of the artist's death with 130 of the most important drawings exhibited in both German and international museums as well as private collections.

Kollwitz's works are of course loaned to other museums and exhibition centres. In addition, the Käthe Kollwitz Museum Cologne offers lectures, readings, concerts as well as educational activities and tours.

Kolumba

Kolumba was founded in 1853 as the Archiepiscopal Diocesan Museum and is Cologne's second oldest museum after the Wallraf-Richartz Museum. The driving force behind its establishment was the Christlicher Kunstverein für das Erzbisthum Köln (Christian Art Society for the Archbishopric of Cologne), which was committed to the preservation of the intellectual and artistic works of the neo-Gothic period. It was only in the 1920s that its focus was expanded to include contemporary design languages. The building of the museum was destroyed in the war, but subsequently rebuilt in its original location. The archbishopric of Cologne has owned the collection since 1989. A new building designed by Swiss architect Peter Zumthor, which will be erected over the ruins of the church of St. Kolumba that was destroyed in World War II, is expected to be ready in 2007. The building will offer a magnificent backdrop for the extensive collection and integrates excavations of preceding buildings that date all the way back to antiquity. The collection encompasses a wide range of artwork dating from late antiquity until the present and includes Coptic textiles, medieval goldwork, sculptures and paintings, baroque cloister pieces, drawings by Düsseldorf's later Nazarene painters and works of classic modernism as well as contemporary and applied art. Exhibits are regularly exchanged and presented in new arrangements. Chronology is, however, a less important factor in this than content (e.g. "Über die Wirklichkeit" (About Reality), "Über die Ambivalenz" (About Ambivalence)). These exhibitions are supplemented by monographic presentations and exhibitions on medieval illumination. Kolumba's work is documented in several series of publications, workbooks and catalogues.

NS-Dokumentationszentrum
NS Documentation Centre

The NS Documentation Centre is an institution of the city of Cologne. The city council decided to found the institution in 1987; since 1988 it has been located in the EL-DE building where Cologne's Gestapo had its headquarters from December 1935 until March 1945. The name (which is pronounced like the letters L-D) can be traced back to the initials of its owner, merchant Leopold Dahmen, who rented the building to the Gestapo while it was still under construction. The secret police then modified it to suit their purposes. They installed ten prison cells in the basement, the walls of which still bear moving and shocking testimony to the torture, torment and mortal fear suffered within them, but also to the fighting spirit displayed by the prisoners. Several hundreds of people, especially foreign forced labourers, were executed in the courtyard of the EL-DE building during the last months of the war.

The Gestapo prison memorial was opened in December 1981. The permanent exhibition "Köln im Nationalsozialismus" (Cologne during the National Socialist period) was opened in June of 1997. It covers all aspects of political, public and social life in Cologne during the NS period: rise and seizure of power, consolidation of institutional powers, power structure, staged national community, youth, Cologne between day-to-day life and macro politics, religion, racial ideology, the persecution of "forgotten victims" such as those who underwent forced sterilisation and "euthanasia" victims, "social misfits" and homosexuals, Sinti and Romani, the Jewish fate, opposition, war, forced labour, and the end of the war. The museum also holds special exhibitions and events, develops pedagogical materials, maintains a public specialist library and extensive databases, collects source materials and other works and issues publications.

The NS Documentation Centre is thus a place of remembrance, learning and research and as such dedicates itself to the commemoration, study and communication of the history of Cologne during the National Socialist period. It is Cologne's "somewhat different" museum, which focuses on the darkest period of the city's history.

Die Schatzkammer des Kölner Doms
Treasury of Cologne Cathedral

Historical records show that the priceless treasury of Cologne Cathedral dates all the way back to the 9th century. It was first kept in the "Golden Chamber", which was already being mentioned in documents in the year 1212, and occasionally shown to the public. It was not until the mid-19th century that the church treasury was exhibited in special chambers set up in the northern transept of the cathedral.

In the fall of 2000 a new exhibition was opened in the converted 13th century historical cellar vaults on the northern side of the cathedral.

On display across approx. 500 m² of exhibition space are precious reliquaries, liturgical objects and vestments as well as the insignias of archbishops and cathedral clergymen from the 4th until the 20th centuries, medieval sculptures and Frankish grave finds. For conservation reasons manuscripts are only shown occasionally in smaller exhibitions.

The staff and chains of St. Peter are two of the most significant exhibits of the church treasury. They were the cathedral's main relics before the remains of the Three Kings were brought to Cologne in 1164. The reliquary treasures also include two triptychs with relics from the cross of Christ, two bust reliquaries dating back to the 15th and 19th centuries and the baroque shrine of St. Engelbert (1633). The Gothic bishop's crosier, which was probably specially made for the consecration of the cathedral's choir, and the late Gothic electoral sword from around 1480/90 are insignias (symbols) of the ecclesiastical and secular power of the archbishops of Cologne.

Of special interest from the extensive collection of baroque altarware and mass vestments are the precious vestments of Archbishop of Cologne Clemens August von Wittelsbach, tailored in 1742 in Paris and worn on the occasion of the imperial coronation of his brother Charles VII.

The historic vaulted chambers, which include remains of the Roman city wall, as well as columns from an earlier building that preceded the cathedral, modern architectural elements and the novel presentation of the cathedral treasury all work together to make a visit through Cologne Cathedral's eventful past a memorable one.

Schokoladenmuseum Köln
Chocolate Museum

The chocolate museum was founded by Consul Dr. Hans Imhoff, a former supervisory board chairman of the Stollwerck chocolate company, and opened its doors on October 31, 1993. Imhoff had seized the opportunity offered by the Stollwerck company's move to Porz to exhibit its historic treasures in surroundings befitting their value, thus keeping them from being packed away in storage. Today's exhibits are integrated into a greater historical context – chocolate is, after all, a millenia-old cultural institution – and are surrounded by a tropical botanical garden, a production facility as well as the both famous and vaunted chocolate fountain. The chocolate museum has since become one of the world's most successful private museums. It finances itself – without public funding – and even makes a profit. Within just a few years it has become a veritable public attraction in Cologne. And with more than 600,000 visitors a year, it is one of Germany's top ten most popular museums in terms of visitor numbers.

Deutsches Sport & Olympia Museum
The National Interactive Museum for
Sports in Germany

The German Sports & Olympic Museum in Cologne is unique in its field. As a centre of attraction for everyone, it is a place where information from the world of sport is disseminated in an entertaining and dynamic fashion. The museum concentrates not only on the past, but it also covers current events. In exhibitions and a variety of events, opportunities are provided for experiences and discussions, feelings are stimulated and excitement provoked.
On November 26, 1999, the German Sports & Olympic Museum opened its doors. To this day, the museum remains in the hands of a private holding company, which has been joined by the National Sports Associations of the NOC and DSB as well as almost all state sports federations (LSB). In addition, the museum is subsidised by the City of Cologne, and the State of North Rhine-Westphalia.
Since its opening, the museum has experienced a steady increase in the numbers of visitors. In 2004, some 130,000 people visited the building.
On its 3,000 m^2 of floor space, the museum offers an insight into the history and development of sport in an attractive and informative way. The range stretches from the Olympics of antiquity, through German gymnastics and English sports to the Olympic games in Berlin and Munich. Coverage is given not only to the variety of organised and recreational sports, but also to the individual stages of today's professional sports, such as football, cycling, boxing and motor sport. Not only the great moments, but also the shadier sides of sports are vividly presented using a combination of original objects and state-of-the-art presentation techniques. At the same time, the visitor learns a great deal both about the potential and the nature of sport. Performance, fairness and team spirit are covered as well as peaceful togetherness and international understanding. Not only can the acquisition and application of these values be viewed in the exhibition, but also their effects can be immediately tested in live sport participation on the museum roof. Thus, especially for children and the young, the museum is a unique place of learning and experience which, in addition, provides pleasure and enjoyment.
"The German Sports & Olympic Museum as a cultural platform for sports" - this claim is also reflected in special exhibitions.
The spectrum of the exhibitions mounted to date ranges from historical sport topics, such as the presentation of "Men in Yellow", through the history of the "Tour de France" to such multi-media spectaculars as, for example, "SonArt-Olympics" on the occasion of the 2004 Olympics. With the "Olympisches Gestalten" ("Olympic Creativity") exhibition the museum provided a showcase for designer visions, and with its Olympic collections it explored the long history of the games.

Historical Dates

19/18 B.C.
Agrippa settles the Ubians on the left bank of the Rhine. The "oppidum ubiorum", the precursor of the CCAA, is founded around the turning point in history.

50 A.D.
Agrippina, daughter of military commander Germanicus and a native of Cologne, convinces her husband, the Emperor Claudius, to grant colonia status to the oppidum, i.e. make it an official city according to Roman law. The community, approximately one square kilometre in size, is called Colonia Claudia Ara Agrippinensium (CCAA). A bulwark with 21 towers and nine gates is erected along its borders.

about 310
Emperor Constantine the Great strengthens the Rhine border by establishing the encampment Divitia (Deutz) on the other side of the Rhine. The first permanent bridge is constructed over the River Rhine to connect Colonia and Divitia.

313
A document from Constantine the Great contains the first reference to a bishop "from Cologne", Maternus.

355
The Franks conquer Cologne for the first time.

about 460
Cologne falls to the Franks for good and becomes the seat of their Ripuarian kings until about 510.

about 800
Charlemagne appoints his close advisor Hildebold as the first archbishop of Cologne. When he is later made arch-chaplain, Hildebold becomes the highest ranking ecclesiastic in the Frankish Empire.

870
Recorded consecration of the Carolingian cathedral.

881
Cologne suffers extensive damage during a Norman invasion.

953–965
Bruno, brother of Emperor Otto I, is both archbishop and, as a secular monarch, ruler of Cologne. He does much to improve the city, i.e. he establishes Gross St. Martin as well as the Pantaleon and Andreas monasteries. The bulwark is extended during his reign to in-

clude the Rheinvorstadt, i.e. those parts of the city immediately adjacent to the River Rhine.

1003
Archbishop Heribert, the chancellor of Emperor Otto III, establishes a Benedictine abbey in the fort at Deutz.

1056
Anno II becomes one of the most important and most controversial figures to be appointed archbishop of Cologne.

1074
The citizens revolt against Anno II's rule, but are defeated.

1096
The Jewish quarter is burned down.

1106
By including the settlement centres to the north, south and west, the boundaries of the city of Cologne are significantly expanded and come to encompass 223 hectares.

1164
Archbishop Rainald von Dassel escorts the relics of the Three Kings from Milan to Cologne.

1180
Construction begins on the large bulwark, the line of which is still followed by today's "ring" streets. The city now encompasses 401 hectares.

1248
The foundation stone is laid for the Gothic cathedral.

1259
Archbishop Konrad von Hochstaden grants staple rights to Cologne.

1288
Battle of Worringen. The city of Cologne had sided with the victors, Archbishop Siegfried von Westerburg with the defeated. The archbishops thus lose the right to rule the city.

1322
The choir of the Gothic cathedral is completed.

1349
The Jewish community is almost completely annihilated during a pogrom.

1388
The University of Cologne is founded.

1396
The patricians lose their fiercely protected power; tradesmen and merchant guilds enact

a constitution for the city in a charter that remains in effect for 400 years.

1424
The last of Cologne's Jewish citizens are expelled from the city.

1475
Invoking imperial privilege, Frederick III elevates Cologne to the status of Imperial Free City, a de facto position it had held for a long time.

1530
(and not in 1560) work on the cathedral has to be suspended "because of damned heresy".

1573
The monumental Renaissance porch of the city hall is completed.

1583
Archbishop Gebhard II Truchsess von Waldburg converts to the Protestant faith. His further plans are frustrated when he is subsequently defeated in the Cologne War.

1618–1648
Cologne maintains its neutrality during the Thirty Years War by managing to avoid becoming involved in any acts of war. In 1632 Swedish soldiers occupy Deutz, a part of Electoral Cologne.

1794
Troops from revolutionary France occupy the city, which surrenders without a fight.

1798
Cologne becomes part of the French Republic.

1815
When French domination comes to an end, the Congress of Vienna incorporates the Rhineland, and thus also Cologne, into the Prussian kingdom.

1823
The first Rosenmontagszug (Shrove Monday parade) is held and a "permanent committee" formed to reorganise the carnival of Cologne.

1842
Frederick William IV of Prussia lays the foundation stone for the resumption of the construction work on the cathedral.

1848/49
Cologne is drawn into the bourgeois revolution; Karl Marx plays an important role in this as editor-in-chief of the Neue Rheinische Zeitung. The revolutionaries are, however, defeated – as they are across the empire.

1880
Emperor William I attends the festivities held in celebration of the completion of the cathedral. The atmosphere is frosty; only six years have passed since the events of the Kulturkampf ("cultural struggle", a power struggle between the Catholic church and the Prussian state) came to a head with the imprisonment of the archbishop of Cologne, Paul Melchers.

1881
Demolition of Cologne's medieval city wall begins. The "New City" gradually emerges over the next few years.

1888
Towns such as Ehrenfeld and Deutz as well as municipalities such as Nippes and Poll are incorporated into the city, which grows to ten times its former size.

1914
Mülheim and the municipality of Merheim are incorporated into Cologne following the city of Kalk and the municipality of Vingst in 1910.

1917
Konrad Adenauer is appointed Lord Mayor, an office that he holds until his removal by the National Socialists in 1933. During his term of office the modern university is established, the areas of the inner and outer green belt are developed and the exhibition centre is opened in 1924.

1938
Synagogues are destroyed in Cologne during the "Reichskristallnacht" from November 9 to 10.

1945
The last air raid on Cologne takes place on March 2. The city was heavily targeted by bombs already in the night from May 30 to 31, 1942. Twenty thousand people are killed, 60,000 are left homeless. Ninety per cent of the city centre is destroyed.

1985
It is the year of the Romanesque churches celebrating the completion of the reconstruction of the twelve large churches in the city centre.

1993/1995
Two natural disasters hit Cologne: Only 13 months separate the flood of the century of December 1993 and the flood of the century of January 1995.

Cologne – une métropole en images

Sa position géographique près du fleuve européen le plus porteur de mythes fait partie intégrante de Cologne. Le Rhin est tellement lié à la ville que celle-ci a été, pendant des siècles, représentée uniquement devant ses eaux. Le panorama du Rhin était réputé et a été célébré même par les esprits particulièrement critiques. La ville était orientée vers le Rhin, d'où elle montrait son côté « chocolat » bien avant de s'enrichir d'un musée dédié à cette douce friandise.

La cathédrale, avant-poste du romantisme rhénan et patrimoine culturel mondial de l'UNESCO depuis 1996, joue un rôle d'une importance similaire à celle du fleuve. La cathédrale a marqué l'image de la ville au point que cette dernière menace de disparaître derrière elle. Manifestement, une construction aussi dominante peut facilement être source de contrariétés ; quoiqu'il en soit, les planificateurs s'en sentent gênés dans leur liberté de mouvement.

La première pierre de cette maison de Dieu a été posée en 1248. Mais jusqu'à son achèvement complet, il a fallu attendre 600 ans. Son architecture est considérée comme le clou de la cathédrale gothique française et sa filiation mène vers Amiens et l'Ile-de-France.

A partir de 1842, après presque 300 ans, les travaux sur la cathédrale reprenaient avec les services de bâtisseurs de cathédrales protestants et des plans du Moyen Âge. L'achèvement de l'édifice fut considéré comme un acte de patriotisme, il est devenu monument national. Pendant la construction de la cathédrale, des conflits violents eurent lieu entre l'État prussien et l'église catholique ; deux archevêques furent emprisonnés à cette époque. En 1815, Friedrich-Wilhelm III prit possession des pays du Rhin (« Rheinlande »), et les habitants de Cologne se retrouvèrent eux aussi gouvernés par Berlin, ville éloignée, et cela pas seulement sur le plan géographique. L'entrée en scène des Prussiens ne fut pas approuvée à l'unanimité par les nouveaux ressortissants et inversement, les nouveaux dirigeants entretinrent longtemps une profonde méfiance vis-à-vis des habitants de Cologne. « Il ne faut considérer les habitants de Cologne qu'à titre exceptionnel pour des patriotes Prussiens », prévenait le lieutenant-général von Aster.

La cathédrale renvoyait vers un passé glorieux. Sa construction témoignait du fait que l'État prussien se considérait fidèle à la tradition du Saint Empire Romain. Mais selon la volonté du roi Friedrich Wilhelm IV, le lien entre la tradition et la modernité devait marquer l'image de la ville de Cologne : l'axe du premier pont ferroviaire enjambant le Rhin conduisait directement vers le chœur de la cathédrale. A l'époque, la décision de construire ce pont était loin de faire l'unanimité, mais l'histoire a donné raison aux décideurs : la cathédrale doit de nombreux visiteurs (peut-être même des croyants) à la gare centrale située juste à côté. C'est en plus une porte d'entrée vers la ville, et la philharmonie en tire elle aussi profit.

A la salle de concert ouverte en 1986 vient se rattacher le musée Ludwig (inauguré la même année). Son architecture compte parmi les plus marquantes du Cologne moderne. Son paysage de toits en crêtes de coq s'élève sur l'arête du haut plateau surplombant le Rheingarten (1984–1986). Ce site fut créé lorsque l'on décida d'enterrer le tronçon de la voie sur berge, charriant un important trafic, situé entre le pont Hohenzollern et celui de Deutz. Cologne se retrouve ici véritablement au bord du Rhin, et non plus au bord de la route qui le longe. C'est un avantage pour la vieille ville, le quartier animé de Cologne. Il met une énergie particulière à justifier sa réputation de « ville latine la plus nordique ».

Sous l'État prussien, Cologne se développa pour devenir aussi un centre économique, même si, au départ, cette ascension se déroula de façon hésitante. Au début, les fortifications empêchèrent une extension en périphérie, et ce n'est qu'à partir de 1881 que Cologne a pu être agrandi de la nouvelle ville. C'est ainsi que sont nées les grandes usines des communes situées aux portes de Cologne. Elles s'urbanisèrent avant d'être rattachées à Cologne. Ehrenfeld, sur la rive gauche du Rhin, et Deutz et Kalk, sur la rive droite, qui se virent même octroyer des droits municipaux. Mülheim, ville indépendante et économiquement forte depuis longtemps (propre chambre de commerce depuis 1871) fut rattachée à Cologne en 1914.

Comme chacun sait, l'empire allemand ne faisait pas partie de l'avant-garde des pays industriels. Le fait que le terme de « berceau de la motorisation mondiale » s'applique à Cologne est donc d'autant plus remarquable. L'« usine de moteurs à gaz de Deutz » de Nicolaus August Otto se trouvait bien sûr de l'autre côté du Rhin, à Deutz. Otto inventa en 1876 le moteur portant son nom et qui joue encore aujourd'hui un rôle important dans la construction automobile. Gottfried Daimler et son ami Wilhelm Maybach avaient été engagés quatre ans auparavant et ils restèrent dix ans à Deutz. Entre les deux conflits mondiaux, c'est surtout le maire de longue date de Cologne, Konrad Adenauer, qui redoubla d'efforts pour accélérer l'implantation de nouvelles entreprises industrielles. Malgré les difficultés économiques de l'entre-deux guerres, l'on parvint par exemple à attirer à Cologne le constructeur automobile Ford. C'est aussi à cette époque que les travaux de construction du nouveau port de Niehl commencèrent. Mais c'est la PRESSA, exposition internationale de la presse, en 1928, qui répandit la bonne réputation de la ville. A l'occasion de cette exposition à retentissement international, Adolf Abel reçut la mission de réaménager les halls de Deutz. En outre, Adenauer se chargea de mettre la nature en valeur à Cologne. La ceinture verte de la ville, aménagée à l'époque, caractérise encore aujourd'hui son image.

Cologne fut toutefois un important pôle économique dès le Moyen Âge ; les échanges avec l'Angleterre jouaient un rôle majeur. Alors que le droit de comptoir (Stapelrecht) était de facto appliqué depuis des décennies, l'archevêque le reconnut expressément pour sa métropole en 1259. Tous les produits arrivant à Cologne par bateau bénéficiaient de ce droit. Les commerçants étrangers devaient proposer ici leurs marchandises pendant trois jours avant de pouvoir en disposer à leur guise. Il leur était interdit de faire des affaires entre eux et ils devaient avoir recours aux citoyens de Cologne en tant qu'intermédiaires.

Ce privilège permit à la ville de devenir une place commerciale rayonnante. Le vin devint une marchandise clé et Cologne tenait son rang de « cellier » de la Hanse. Mais on n'y faisait pas que commercer ; on y produisait aussi. Et les artisans de Cologne n'avaient pas à se plaindre de mévente. Les armes de facture locale étaient réputées, de même que les travaux d'orfèvrerie. L'industrie drapière compta elle aussi longtemps parmi les postes actifs.

Cologne avait vraisemblablement déjà 20 000 habitants au 12e siècle. La riche classe supérieure était essentiellement constituée de négociants qui, plus tard, se retirèrent de plus en plus du commerce actif. Au bout du compte, ils profitaient de la présence de l'archevêque, maître de la ville, un des souverains les plus puissants du nord de l'empire.

Au fil du temps, les citoyens prirent de plus en plus d'assurance et l'archevêque se retrouva de plus en plus sur la défensive. Mais déjà à cette époque, les habitants de Cologne n'étaient pas unis entre eux. Le régime de la ville était entre les mains de la « Richerzeche », ouverte à une quinzaine de familles seulement. Dans la rue « Rheingasse », la maison des Overstolzen (« Overstolzenhaus », vers 1230) a été conservée ; il s'agit du plus bel édifice profane allemand de style roman. Quand, en 1268, une autre famille, auparavant chassée, tenta de s'emparer du pouvoir après avoir déjà franchi le mur d'enceinte, les Overstolzen se placèrent à la tête des défenseurs de Cologne. Un relief sur pierre, dont l'original (rénové en 1886) est le plus ancien objet du patrimoine local, témoigne de ce combat à la porte « Ulrepforte ».

En 1288, l'archevêque perdit la bataille de Worringen, alors que la ville s'était rangée du côté des vainqueurs. C'est approximativement à cette époque que les 15 familles s'isolent encore plus du reste des habitants, en tant que patriciat. Elles restent longtemps au pouvoir, jusqu'à ce que les dissensions l'emportent après 1350. En 1396, les guildes arrivent au pouvoir. Le 14 septembre, les 22 associations corporatives scellent le « Verbundbrief », la charte de Cologne : sorte de constitution ou de loi fondamentale, elle étaye la participation au régime de la ville sur une large base. Cette constitution, modifiée en 1513, exista jusqu'en 1794.

Toutefois, le conseil n'avait pratiquement pas d'influence sur les nombreux couvents et monastères. Les douze grandes maisons de Dieu de style roman témoignent encore aujourd'hui du rôle essentiel qu'ils jouèrent ; à l'exception de St. Maria Lyskirchen, elles appartenaient toutes à des corporations ecclésiastiques. Un grand nombre de ces édifices est entré dans l'histoire de l'architecture. Citons notamment l'église St. Pantaleon, de style ottonien, avec son magnifique massif occidental ; St. Maria im Kapitol, avec son chœur en trèfle et les bras de son transept, qui firent date ; St. Gereon, avec son dôme décagonal ; ou encore l'église Gross St. Martin avec sa tour de la croisée, considérée par beaucoup comme l'une des plus belles de l'époque romane. La célèbre chambre dorée de St. Ursula permet à Cologne de rayonner en tant que centre du culte des reliques. Elle ne date certes que de l'époque baroque mais ici, les ossements sacrés marquent la pièce comme nulle part ailleurs.

La richesse de Cologne et donc la multitude de clients potentiels attira de nombreux peintres au Moyen Âge. Leurs œuvres les meilleures furent créées au 15e siècle, mais le nom d'un seul maître est connu : Stephan Lochner. A côté du somptueux reliquaire des rois mages, son autel des saints patrons de la ville est l'œuvre d'art aujourd'hui la plus admirée. Elle se trouvait autrefois sur l'autel de la chapelle municipale, disparue plus tard elle-même, qui fut érigée sur les vestiges de la synagogue détruite. La communauté juive locale était l'une des plus importantes de l'empire allemand et les sources d'information permettent de remarquablement bien suivre le développement du quartier juif de Cologne, à proximité immédiate de l'hôtel de ville. La Mikwe/mikvah, le bain rituel, est le lieu le mieux accessible à ce jour.

Le Cologne historique vécut sa dernière extension en 1180, avec pour conséquence la construction d'une fortification exceptionnellement puissante et jamais prise. Les portes Severinstor, Ulrepforte, Hahnentor et Eigelsteintor en attestent encore aujourd'hui. Ce sont des témoins caractéristiques de l'ancienne splendeur de la ville impériale, un statut déjà revendiqué par Cologne après avoir chassé l'archevêque en 1288, mais octroyé officiellement en 1475. Malgré tout, Cologne resta une communauté catholique. Ce n'est que plus tard et sous une pression externe que les habitants d'autres confessions reçurent la totalité des droits civiques. Cologne est, aujourd'hui encore, considéré comme le centre du « catholicisme rhénan », qui mise en toute confiance sur la générosité du père divin.

Les périphériques de Cologne suivent l'ancien tracé des fossés et des murs. On devine encore aujourd'hui partiellement leur aménagement en magnifiques boulevards ; et il fait de toute façon bon flâner entre la Rudolfplatz et l'Ebertplatz. Les édifices des célèbres architectes Norman Foster (Friesenkarree), Peter Zumthor (Kolumba, Musée de l'archevêché de Cologne) et Renzo Piano (Peek & Cloppenburg) – dont le magasin a illuminé la rue commerciale principale « Schildergasse » – mettent de nets accents sur l'architecture contemporaine. Dans cette série aussi : Jean Nouvel, dont la tour a été conçue comme l'emblème de Cologne en tant que pôle médiatique. Le Mediapark lui-même fait sans aucun doute partie des attractions du nouveau « Cologne ». Et dès les années 1960, Cologne était devenu un bastion de l'art avant-gardiste. Cela est autant dû aux collectionneurs et aux mécènes qu'aux artistes et aux galeries.

Le « Veedel » (quartier) se flatte de représenter une histoire de Cologne en soi, surtout ce qui concerne les quartiers les plus connus, Eigelsteinviertel et Severinsviertel. Mais personne n'est vraiment en mesure d'expliquer le terme « Veedel ». De telles inexactitudes font cependant partie du mythe. « Unser Veedel » est inlassablement chanté en tant que patrie véritable et c'est là que le proverbial « milieu », ayant inspiré les meilleures chansons de Cologne, s'est formé. Le Veedel a eu de bonne heure ses propres défilés de carnaval, réunis dans les années 1930 sous forme de « Schull-un Veedelszöch » (défilés des écoles et des quartiers) le dimanche de carnaval. La plupart des gens se retrouvent encore le lendemain le long du passage du défilé du lundi gras (« Rosenmontag »). Il fournit sur tout le territoire fédéral les images les plus connues du Cologne actuel. Il est toutefois important de ne pas confondre le carnaval avec l'image donnée par les sessions télévisées. Mais même au cours de ces sessions, l'humeur de fête déborde et atteint le public, si bien que la salle se charge elle-même de l'animation, et cela souvent indépendamment du programme. Dans les rues ou dans les bars, les habitants de Cologne ne laissent aucun doute sur leur talent tout à fait personnel : ils sont capables de faire retentir à l'improviste un « Ajuja » et ils parviennent même à entraîner les natures plus réservées.

Comme de bien entendu, ce que l'on appelle dans tout le pays la « Kölsche Art » domine lors du carnaval. En première position de ce style de vie : la tolérance, qui a même permis aux habitants de la région de Sauerland de se hisser jusqu'aux premiers rangs du carnaval. Et seules les mauvaises langues prétendent que cette tolérance est une forme d'indifférence. Apparemment, l'habitant de Cologne se retrouve facilement dans l'inéluctable, des tautologies comme « Et ess wie et ess » (c'est comme c'est) ou « Et kütt wie et kütt » (il arrive ce qui doit arriver) faisant partie de ses convictions. Ailleurs, cela équivaudrait à une résignation silencieuse, mais pas pour les habitants de cette ville. Leur credo : « Et hätt noch emmer jot jejange » (ça s'est toujours bien terminé). Un optimisme aux accents pas vraiment dynamiques, mais confiant malgré tout.

La chose la plus importante à savoir pour les immigrés, les nouveaux venus ou tout autre étranger : l'ouverture d'esprit des habitants de Cologne est contagieuse. Elle invite à s'y sentir bien. Pour cela et à toutes fins utiles un grand nombre d'hôtels se tient disponible. Cologne n'est en effet pas la ville d'un seul jour.

Museum Ludwig
Musée Ludwig

« Maybe » de Roy Lichtenstein, « Brillo Boxes » d'Andy Warhol ou « Restaurant Window » de George Segal : les icônes du Pop-Art américain venaient juste d'être achevées lorsqu'elles rejoignirent en 1969 le musée Wallraf-Richartz en tant que prêts. Ces œuvres étaient la propriété de Peter et Irène Ludwig, qui ont réuni la plus grande collection de Pop-Art à l'extérieur des États-Unis. C'est suite au don de 350 œuvres d'art moderne par le couple Ludwig, en 1976, que le musée Ludwig a été fondé, avec pour ambition d'être le premier musée de Cologne à exposer des œuvres contemporaines. En plus du Pop-Art, les Ludwig mirent en dépôt dans le nouveau musée une importante collection de l'avant-garde russe, datant de 1906 à 1930, ainsi qu'un ensemble de plusieurs centaines d'ouvrages de Pablo Picasso. Suite à deux dons très généreux, en 1999 et en 2001, les œuvres de Picasso sont dorénavant la propriété du musée. La partie moderne du musée Wallraf-Richartz, avec la collection d'expressionnistes du juriste colonais Joseph Haubrich, constitue la base de la collection d'art contemporain et elle également été intégrée au musée Ludwig. Le musée continue de collectionner avec détermination l'art contemporain. L'œuvre la plus récente n'avait jamais plus de quelques mois. Des œuvres allemandes des années 1970 et 1980, de même que les tendances internationales et les installations de l'avant-garde plus récente, ont ainsi pu trouver leur place dans le musée Ludwig.

Le bâtiment, situé entre la cathédrale, le Rhin et la gare centrale, a été inauguré en 1986. Il abrite le musée Wallraf-Richartz, le musée Ludwig et la philharmonie. En janvier 2001, le musée Wallraf-Richartz emménage dans son propre édifice et l'art du 20ᵉ siècle et de l'époque actuelle dispose alors d'environ 8 000 m² de surface d'exposition.

Depuis novembre 2000, Kasper König est le directeur du musée Ludwig. Son nom est synonyme de grandes expositions telles que « Westkunst », « von hier aus » et « skulptur.projekte Münster ». Son objectif est de positionner le musée à un niveau international et de créer un dialogue entre les visiteurs et l'art. « Le musée n'est pas là pour être visité mais pour être utilisé, puisqu'il appartient à tout le monde et à personne. »

Wallraf-Richartz-Museum & Fondation Corboud
Musée Wallraf-Richartz & Fondation Corboud

Le musée Wallraf-Richartz d'abord installé à la fin de l'été 1986 dans le nouvel édifice sis entre la cathédrale et le Rhin, compte parmi les plus grandes galeries de peinture en Allemagne. Son fondateur : Ferdinand Franz Wallraf, chanoine, professeur de théologie et dernier recteur de l'université avant la fermeture de celle-ci par les Français. Son « Wallrafianum » contenait des œuvres d'art très hétéroclites : tableaux d'autel, sculptures, antiquités romaines, livres précieux, objets en verre, monnaies, estampes rarissimes, des objets relevant de la botanique, de l'archéologie et de l'histoire de l'art. Vers 1803, il avait déjà réuni une bonne partie des biens qui, après la sécularisation, n'avaient plus de propriétaires. On peut encore admirer aujourd'hui de nombreuses pièces du chanoine, originaires d'autres musées de la ville.

Dans son testament, Wallraf avait légué sa collection à la ville de Cologne. En faisaient partie : 1 616 tableaux, 3 875 dessins et 42 419 estampes. Outre son érudition, Wallraf vouait une véritable passion à son violon d'Ingres. Il allait se passer des décennies avant que la ville ne trouve un foyer adéquat pour cette collection d'art. C'est en 1854 que Johann Heinrich Richartz, commerçant aisé et négociant en gros dans le cuir, fit don à sa ville de 100 000 thalers pour la construction d'un musée. La première pierre fut posée en 1855, en présence du roi de Prusse. La somme s'avérant insuffisante, Richartz déboursa 100 000 thalers de plus. Achevé en 1861, le bâtiment fut détruit pendant la Seconde Guerre mondiale. Les nombreuses œuvres d'art complétées par d'autres acquisitions et de nombreuses donations de citoyens de la ville, avaient pu être mises à l'abri. Entre 1951 et 1957, on construisit un nouveau musée sur la place Wallraf.

« Muttergottes in der Rosenlaube » (La Madone dans la charmille de roses) de Stephan Lochner, « Pfeifer und Trommler » (Fifre et tambour) de Dürer, « Junon et Argus », peinture mythologique de Rubens, un autoportrait du vieux Rembrandt, des œuvres de maîtres italiens, de la peinture baroque française ou encore « St. François dans la chapelle Portiuncula » de Murillo, des tableaux du peintre colonais Wilhelm Leibl, puis des Cézanne, Renoir, Monet, Van Gogh ne sont que quelques-uns des trésors qui ont fait la réputation du musée Wallraf-Richartz. S'y ajoute une importante collection de sculptures et d'estampes parmi lesquelles on trouve notamment des dessins de Dürer, de Raphaël et de Léonard de Vinci.

Depuis 2001, le musée se trouve dans un nouvel édifice conçu par l'architecte Oswald Mathias Ungers près du Gürzenich, la salle des fêtes historique de Cologne, à quelques centaines de mètres seulement de la cathédrale. Le musée porte en complément le nom « Fondation Corboud », en l'honneur du collectionneur Gérard J. Corboud qui fit don de plus de 170 tableaux impressionnistes et postimpressionnistes. Dès lors, l'établissement abrite la plus importante collection d'œuvres de ce style en Allemagne. Des œuvres de Manet, van Gogh, Signac, Seurat, Caillebotte et bien d'autres viennent enrichir la collection. Le musée Wallraf-Richartz & Fondation Corboud organise en outre régulièrement des expositions temporaires. Renseignez-vous sur le programme actuel.

Museum für Angewandte Kunst
Musée des arts appliqués

Le musée des arts appliqués, fondé en 1888 à l'initiative de citoyens regroupés dans l'association des arts et métiers de Cologne, fait partie des institutions établies dans la deuxième moitié du 19ᵉ siècle. Son but : faire connaître aux artisans, aux créateurs et à leur clientèle le meilleur de l'artisanat. L'évolution historique et les technologies caractéristiques de métiers tels que l'orfèvrerie, l'ébénisterie, le verre, la céramique et le tissage devaient y être présentées. Au fil des années, le programme a changé, l'inventaire du musée s'est étoffé. Depuis 1963, les collections continuent d'évoluer pour rejoindre l'époque actuelle : le design industriel créé pour des productions en série voisine aux côtés du chef-d'œuvre artisanal. Les œuvres des beaux-arts permettent de faire des rapprochements avec les courants principaux de l'époque concernée. Tous les thèmes des arts appliqués, mais aussi de l'architecture, du graphisme et de la photographie font régulièrement l'objet d'expositions spéciales.

L'histoire du musée est, tout comme celle de la ville, mouvementée. Bien que le magnifique bâtiment du boulevard Hansaring, érigé dans le style néo-renaissance et inauguré en 1900, fut détruit par les bombardements nocturnes de la Seconde Guerre mondiale, la grande majorité des stocks du musée le plus populaire de Cologne jusqu'en 1939 put être mise à l'abri à temps et donc sauvegardée. Dans la maison romane « Overstolzenhaus », refuge provisoire, le souvenir des riches collections fut entretenu à partir de 1961 par des expositions spéciales et des catalogues scientifiques. Ce n'est qu'en 1989 que le musée retrouva une demeure à lui dans le bâtiment « An der Rechtschule », qui avait été conçu en 1957 par Rudolf Schwarz pour le musée Wallraf-Richartz. Une constante toutefois : jusqu'à ce jour, les citoyens de Cologne font don ou transmettent par héritage des collections et des pièces uniques au musée ; ils le soutiennent d'un point de vue spirituel et financier. C'est grâce à eux que le musée est aujourd'hui ce qu'il est : un forum de conception historique et actuelle, un lieu de discussions sur des questions artistiques et esthétiques, un laboratoire pour l'artisanat, le design et la conception des produits novateurs de demain.

Römisch-Germanisches Museum
Le musée romain-germanique

Le musée romain-germanique est bâti sur les fondations d'une villa romaine dont le sol est fait de la célèbre mosaïque de Dionysos. Son inauguration en 1974 eut un retentissement bien au-delà de la région de Cologne. En plus de trente ans, on a pu compter quelque 20 millions de visiteurs. Ce succès est sans doute aussi le fruit d'une présentation inhabituelle. A partir de la place Roncalli, jour et nuit, une grande baie vitrée ouvre la vue sur cette mosaïque et sur le grand tombeau du légionnaire romain Poblicius. Des trouvailles romaines « montent la garde autour du musée ». Les salles invitent à découvrir l'histoire en promenade. L'intéressé peut, s'il le veut, en apprendre davantage sur tel ou tel aspect grâce aux informations dispensées par un système didactique fort bien étudié.

Des joyaux de l'archéologie et des ustensiles de la vie de tous les jours donnent une image vivante de l'époque romaine et de la protohistoire dans la région de Cologne. Le musée, simultanément lieu de recherche et archives de l'héritage archéologique, réserve aux visiteurs de nombreuses trouvailles de l'ère primitive de l'humanité. Il contient encore la plus importante collection de vases en terre de l'époque romaine, tel un précieux verre « ajouré ». Un vrai bijou : la miniature de la tête de l'empereur Auguste. Dans la « trésorerie », on expose des parures remontant aux époques des grandes migrations. Nul autre musée en Europe occidentale ne possède une aussi vaste collection de parures provenant de tribus de cavaliers normandes. Une section qui met bien en évidence le concept du musée nous familiarise avec la vie de tous les jours dans une ville romaine : par exemple dans une cuisine, dans un réfectoire, où les ustensiles sont disposés tel qu'en usage à l'époque.

Museum für Ostasiatische Kunst
Musée des arts d'Extrême-Orient

En pleine verdure et à seulement quelques centaines de mètres du centre : c'est un monde inconnu qui s'ouvre au visiteur. Face à des bosquets et des prés au bord de l'étang « Aachener Weiher », le musée des arts d'Extrême-Orient se blottit dans le paysage. La construction basse aux briques brunes cuites au Japon est l'œuvre d'un des architectes nippons les plus connus. Kunio Mayekawa en présenta les plans en 1966 et l'inauguration eut lieu en 1977. De grandes baies ouvrent la vue sur un charmant jardin japonais et, au-delà de l'étang, sur le panorama de la ville. Cologne avait déjà inauguré un tel musée en 1913. Après l'échec qu'ils avaient essuyé à Berlin et à Kiel, le professeur Adolf Fischer et son épouse avaient obtenu gain de cause à Cologne. A l'époque, les œuvres d'art en provenance de Chine, du Japon et de Corée n'étaient présentées que dans des musées ethnologiques ou d'arts appliqués.
Lors d'un voyage autour du monde, Adolf Fischer avait échoué en Extrême-Orient, où il séjourna de longues années. Au cours de son existence aventurière en Chine et au Japon, le couple Fischer acquit des expériences qui lui permirent d'échapper aux pratiques de commerçants retors ou d'habiles faussaires. Le musée héberge entre autres une collection unique de sculptures bouddhistes en bois, des joyaux de la céramique, des ouvrages en laque de Chine, des tissus, des bronzes religieux de la protohistoire chinoise, ainsi qu'une sélection d'estampes. Il dispose en plus d'un excellent fonds d'ouvrages traitant d'archéologie et d'histoire de l'art de l'Extrême-Orient.

Museum Schnütgen
Musée Schnütgen

De tous les musées de Cologne, il offre certainement le cadre le plus remarquable et il s'agit de l'un des rares établissements entièrement consacrés à l'art médiéval Europe et États-Unis confondus. Cette extraordinaire collection de sculptures médiévales, de travaux d'orfèvre, d'ouvrages en ivoire, de peinture sur verre et de tissus précieux a élu domicile dans un lieu unique : l'église romane St. Cäcilien. Il est attesté qu'il s'agit là d'un des plus anciens couvents nobiliaires de Rhénanie, depuis l'époque carolingienne. En 1475, il est devenu un couvent d'augustines.
De 1803 à 1945, l'église a servi de chapelle au premier hôpital public de la ville, le « Bürgerspital » (hôpital des citoyens). Après les destructions partielles dues à la guerre, elle a été reconstruite par l'architecte Karl Band pour abriter les collections du musée Schnütgen. L'édifice médiéval, qui se verra adjoindre des surfaces d'exposition supplémentaires à compter de 2009, reste non seulement le foyer historique de l'art chrétien européen mais aussi celui de l'art rituel du monde entier dans le bâtiment neuf, voisin du musée Rautenstrauch-Joest. Le musée Schnütgen doit son origine à la fondation du chanoine de Cologne, Wilhelm Alexander Schnütgen (1843–1918). En tant qu'ecclésiastique, il était devenu un grand connaisseur et sauveteur de l'art sacré ancien ; ceci à une époque où les objets d'art ancien des églises mais aussi des collections issues des maisons princières étaient soldés et vendus pour être rassemblés dans de nouvelles collections.
Schnütgen n'était pas seulement un grand connaisseur d'art dont les tactiques facétieuses d'acquisition offraient matière à une foule d'anecdotes, mais aussi un important manager culturel, organisateur d'immenses expositions. En 1906, il fit don de ses trésors à la ville de Cologne en posant comme condition la construction d'un musée pour les recevoir. Dès lors, la collection a continué de grandir grâce à la compétence du directeur et à la générosité de mécènes et de sponsors ; le musée Schnütgen est devenu un centre internationalement reconnu pour ses expositions d'art médiéval et son étude. Depuis 2003, on peut admirer la nouvelle présentation de la collection dans la lumineuse salle romane sous différents points de vue. Par l'intermédiaire des chefs-d'œuvre de la sculpture, des vitraux et de l'ivoirerie, on apprend ainsi beaucoup de choses sur la place des anges et des saints dans la vision du monde au Moyen Âge. Les reliquaires aux formes pleines de fantaisie, les précieux ustensiles liturgiques en or et en argent et les habits en tissus de haut prix montrent bien l'importance que l'art avait, et a toujours, dans le vécu des actes du culte. Dans la succession de statues de la Madone issues de huit siècles, l'art permet de suivre l'évolution de l'image de l'être humain : de la rigueur royale à la suavité juvénile. Les fantastiques tableaux de la passion du Christ montrent que le martyre et la souffrance ont toujours été des thèmes défiant les artistes.

Kölnisches Stadtmuseum
Musée de la ville de Cologne

Le musée collectionne et conserve des objets et des œuvres d'art concernant l'histoire de Cologne du 8e siècle jusqu'à nos jours.
Il a été fondé en 1888 en tant que musée historique de la ville de Cologne. Depuis 1958, le « Zeughaus » (arsenal), construit vers 1600, abrite les collections du musée. Les expositions spéciales trouvent leur place dans l'« Alte Wache » voisine, un bâtiment de style classique de l'époque prussienne.
L'exposition permanente et vivante permet de jeter un œil sur l'histoire, la vie spirituelle, l'économie et le quotidien de Cologne et de ses habitants. Le rez-de-chaussée est avant tout axé sur l'histoire politique, du Moyen Âge jusqu'à l'époque d'après-guerre, alors que les visiteurs ont pu auparavant se familiariser avec les phénomènes typiques à Cologne comme le Klüngel (népotisme), la Kölsch (bière) et le carnaval, le théâtre Hänneschen, l'eau de Cologne, le moteur Otto et Ford. La grande maquette représentant la ville permet de se faire une idée de ce qu'elle était en 1571. Au centre, on trouve un groupe de vitrines se rapportant au « Verbundbrief », la charte de Cologne, constitution démocratique établie par les guildes en vigueur depuis 1396. Le grand sceau de la ville de 1268/69, utilisé pendant 500 ans, y est lui aussi exposé.
Au premier étage, l'exposition propose des thèmes comme la piété du peuple (dont l'importante collection Judaica), la vie spirituelle et la science, la bourgeoisie de Cologne, l'habitat, l'économie et la circulation. On retrouve en premier lieu deux époques d'une importance primordiale dans l'histoire de Cologne – la première vers 1600 et la deuxième vers 1900. En outre, la collection d'appareils de physique et de globes anciens est unique en son genre : ces objets sont, pour la plupart, issus du vieux lycée Tricoronatum, nommé par la suite le lycée « Dreikönigengymnasium », et les deux

globes Vopelius appartenaient à Ferdinand Franz Wallraf.

Rautenstrauch-Joest-Museum
Le musée Rautenstrauch-Joest

Avec 65 000 objets ethnographiques et 10 000 photographies historiques, le musée Rautenstrauch-Joest fait partie des grands musées ethnologiques d'Allemagne. C'est le seul du genre en Rhénanie-du-Nord-Westphalie.

Il doit son existence – qui remonte à plus d'un siècle – au géographe globe-trotteur, ethnographe et journaliste Wilhelm Joest et au couple Adele et Eugen Rautenstrauch. Ces derniers ont non seulement fait don de leur propre collection et de celle, héritée, de Wilhelm Joest, ayant trouvé la mort au cours d'une expédition en 1897 dans le Pacifique sud, mais ils ont aussi mis à disposition l'argent nécessaire à la construction d'un édifice, au tournant du siècle dernier.

Le nouveau bâtiment depuis longtemps à l'étude et dont la première pierre a enfin été posée au milieu de l'année 2005 à l'adresse « Josef-Haubrich-Hof », au cœur de la ville, devrait être achevé en 2008 ; l'ouverture des 3 600 m^2 de la nouvelle et vaste exposition permanente est prévue pour l'année suivante. Ce qui attend les visiteurs et visiteuses : un concept d'exposition novateur, non plus orienté sur de grandes salles géographiques, mais qui « prépare » les sujets de manière scientifique et passionnante ; des thèmes émouvants pour les visiteurs du monde entier, qui pourront toutefois s'y confronter de différentes façons, en fonction des caractéristiques culturelles.

La plus grande pièce d'exposition du musée Rautenstrauch-Joest, qui trouvera sa place dans le généreux foyer de l'édifice, un silo à riz de onze mètres de long, cinq mètres de large et plus de sept mètres de haut, issu de l'île indonésienne Sulawesi, sera l'emblème de ce nouvel édifice – Pièce témoignant de l'architecture traditionnelle et miroir de la fantaisie cosmique de son ancien propriétaire.

Une grande salle de 400 m^2 sera disponible pour y accueillir des expositions particulières. Comme par exemple de passionnants dialogues – avec éventuellement le musée Schnütgen voisin – ayant pour objectif d'organiser des projets communs d'expositions. Le « Juniormuseum » initiera les jeunes visiteurs et visiteuses à la thématique complexe du musée ethnologique. Et la grande salle de manifestation de l'université populaire (VHS) rendra le musée perceptible en tant que lieu vivant de rencontres et d'échanges.

Kölner Karnevalsmuseum
Le musée du carnaval de Cologne

Les habitants de Cologne, de même que les étrangers, considèrent le carnaval comme un élément caractéristique de la culture de la ville. Les retransmissions télévisées permettent à un large public de voir de chez lui le côté extérieur et bigarré de ce grand événement. La plupart des gens n'ont toutefois pas conscience de la diversité de la fête, de son contexte et de son origine historique. Cela a souvent consolidé les clichés et les préjugés à l'égard du carnaval, qu'ils soient positifs ou négatifs.

Le musée du carnaval de Cologne a pour objectif de proposer aux personnes intéressées par le sujet un accès nouveau et sans préjugés. La société « Gemeinnützige Gesellschaft des Kölner Karnevals mbH », une filiale du comité des fêtes du carnaval de Cologne, exploite le musée. Le « grand sénat » du carnaval, une association de mécènes, soutient ce dernier de manière déterminante depuis des décennies. Sur le terrain du comité des fêtes du carnaval de Cologne, une exposition relatant l'histoire du carnaval a été réalisée sur 1 400 m^2 ; d'un point de vue architectonique, elle a été aménagée selon les connaissances muséales les plus modernes.

La légende et la vérité historique y sont minutieusement séparées. Ainsi, l'exposition met en lumière les racines antiques présumées de la fête, remontant à l'époque romaine, mais qui ne sont pas prouvées scientifiquement, tout comme les débuts réels et vérifiables du carnaval, à l'époque du haut Moyen Âge en Europe. A Cologne, le carnaval est évoqué pour la première fois en 1341. Dès le début, il est en rapport avec les fêtes de Pâques, avant lesquelles s'écoulent un carême de 40 jours. La nuit précédant cette période est nommée la nuit du carême ou « Fastnacht ». Au fil du temps, de nouveaux éléments sont venus s'y ajouter. Le carnaval italien avec ses somptueux costumes provenant du monde du théâtre et plus précisément de la Commedia dell'Arte, une sorte de comédie improvisée, a particulièrement marqué le caractère de la fête.

Après la Révolution française, l'organisation du carnaval passa aux mains des citoyens. En Allemagne, Cologne prit un rôle précurseur. En 1823, le comité des fêtes du carnaval de Cologne a été fondé et c'est lui qui organise l'événement depuis cette époque. A partir de là, Cologne a ses défilés du lundi gras et un prince carnaval au centre de la fête. Les diverses formes du carnaval moderne de Cologne ne sont pas illustrées uniquement par la pertinence des pièces exposées, mais aussi par les stations multimédias. Il est ainsi possible d'écouter des chansons carnavalesques choisies au niveau des stations audio. Les stations vidéo, quant à elles,

permettent de visionner des pellicules rares présentant le carnaval d'avant-guerre.

Die Kölner Kollwitz-Sammlung
La collection Kollwitz de Cologne

Le musée Käthe Kollwitz de Cologne a été fondé en 1985 par la banque Kreissparkasse Köln en tant que premier musée consacré à l'artiste. Depuis 1989, sa nouvelle demeure se trouve à l'étage du Neumarkt-Passage, un édifice neuf offrant 1 000 m^2 de surface d'exposition et un foyer réservé aux diverses manifestations.

La collection, agrandie en permanence et de manière systématique, représente aujourd'hui l'inventaire le plus important, à un niveau international, des œuvres de cette remarquable artiste du 20e siècle. Les dessins de toutes les périodes créatives, avec entre autres des pastels de jeunesse et des fusains destinés à la revue satirique « Simplicissimus », les études concernant les principales œuvres lithographiques et permettant de comprendre le processus artistique, de même que quelques-unes des feuilles les plus belles et les plus expressives de la dernière période, époque à laquelle Käthe Kollwitz a surtout travaillé sur le thème de la mort, représentent les points forts de la collection. Dans le domaine de la lithographie, on retrouve toutes les grandes séries : les cycles « Ein Weberaufstand » (Révolte des tisserands, 1893–1898) et « Bauernkrieg » (Guerre des paysans, 1902–1908), les cycles de gravures sur bois « Krieg » (Guerre, 1921–1923) et « Proletariat » (Prolétariat, 1925) ainsi que la série lithographique de la dernière période « Tod » (Mort, 1934–1938). A cela viennent s'ajouter des feuilles importantes, dont de rares pièces uniques, comme les lithographies multicolores, créées au cours des premières années suivant le changement de siècle ou la dernière lithographie « Saatfrüchte sollen nicht vermahlen werden » (Les semences ne doivent pas être broyées), œuvre datant de 1942, le testament de l'artiste contre la mort des soldats et la guerre. La collection dispose en plus de toutes les affiches connues et d'autres extrêmement rares, créées par Käthe Kollwitz, fidèles à sa devise « Je veux agir dans mon temps » – principalement dans les années 1920, contre la guerre, pour une justice sociale, l'humanité et la paix.

La totalité (celle accessible aux musées) de l'œuvre sculpturale de Käthe Kollwitz est exposée dans le musée de Cologne : quinze sculptures en bronze particulièrement belles, datant des premières années. Avec la copie du couple en deuil des ruines de St. Alban et le relief funéraire Levy du cimetière juif de Bocklemünd, Cologne offre l'extraordinaire possibilité de se faire une idée globale de toute l'œuvre sculpturale de l'artiste.

Les sanctions du « IIIᵉ Reich » marginalisèrent l'œuvre de Käthe Kollwitz et après la Seconde Guerre mondiale, son accaparement pour l'idéologie socialiste compliqua la réception de l'œuvre en République fédérale jusque dans les années 1970. Le musée Kollwitz de Cologne considère comme son devoir de proposer un accès nouveau à l'œuvre de cette importante artiste et de clarifier le contenu d'une grande valeur artistique de ses dessins, lithographies et sculptures.

Au sein de l'exposition permanente de l'inventaire propre au musée, le cycle irrégulier d'expositions « Einblicke » se charge de présenter des aspects individuels de l'œuvre Kollwitz. En outre, le musée propose des expositions spéciales monographiques ayant un rapport avec l'œuvre de Käthe Kollwitz. Ainsi des œuvres de William Hogarth, Goya, Ewald Mataré, Paula Modersohn-Becker, Ernst Barlach, Otto Dix, Henry Moore, Picasso, Toulouse-Lautrec, Horst Janssen – entre autres – ou d'autres artistes contemporains ont-elles été exposées au cours des dernières années. D'autres expositions ont un rapport thématique ou historique, ou bien mettent l'accent sur la présentation des techniques artistiques : « Selbstbildnisse der 20er Jahre » (Autoportraits des années 20), « Imago Mortis – Das Bild des Todes » (L'image de la mort), « Die Geschichte der Lithographie » (L'histoire de la lithographie). L'apogée en 1995 : l'exposition « Käthe Kollwitz – Chefs-d'œuvre du dessin » avec 130 des principaux dessins issus de différents musées allemands et internationaux mais aussi de collections privées, exposés à l'occasion du 50ᵉ anniversaire de la mort de l'artiste. Il va de soi que les œuvres de Käthe Kollwitz sont prêtées à d'autres musées et pour d'autres expositions dans le monde entier. Le musée Käthe Kollwitz de Cologne propose par ailleurs des conférences, des lectures, des concerts ainsi que des activités et visites guidées pédagogiques.

KOLUMBA

Kolumba a été fondé en 1853 en tant que musée diocésain archiépiscopal et il est donc le plus ancien musée de Cologne après le musée Wallraf-Richartz. L'association « Christlicher Kunstverein für das Erzbisthum Köln » (Association d'art chrétien pour l'archevêché de Cologne) en était responsable et elle est avait à cœur de s'engager pour l'idéologie du néogothique. Ce n'est que dans les années 20 du siècle dernier que l'on s'est tourné vers des foyers d'expression contemporains.

Après sa destruction pendant la guerre, l'édifice du musée a été reconstruit au même endroit. Depuis 1989, l'archevêché de Cologne est propriétaire de la collection. Une construction nouvelle, conçue par l'architecte suisse Peter Zumthor et bâtie sur les ruines de l'église St. Kolumba, détruite pendant la guerre, offrira, après son inauguration en 2007, un domicile impressionnant au grand inventaire du musée. Cet inventaire inclut aussi les trouvailles, faites au cours des fouilles, des constructions antérieures qui remontent jusqu'à l'antique.

La collection recouvre un spectre important allant de l'Antiquité tardive jusqu'à nos jours, des tissu coptes jusqu'à l'art contemporain et appliqué, en passant par l'art médiéval de l'orfèvrerie, la sculpture et la peinture, les travaux baroques issus de couvents, les dessins de style nazaréen tardif de Düsseldorf et des œuvres du moderne classique. Les stocks sont présentés sous forme de sélections variant constamment et toujours associées de façon différente. Ici, les critères chronologiques jouent un rôle moins important que les thèmes (« Über die Wirklichkeit – A propos de la réalité », « Über die Ambivalenz – A propos de l'ambivalence » par exemple). A cela viennent s'ajouter des présentations monographiques et des expositions sur les enluminures médiévales. Les activités de Kolumba sont documentées dans plusieurs séries de publications, des livres traitant des œuvres et des catalogues.

NS-Dokumentationszentrum
Centre de documentation sur le nazisme

Le centre de documentation sur le nazisme est une institution de la ville de Cologne. Le conseil municipal a pris la décision de le fonder en 1987 ; il siège depuis 1988 dans la maison EL-DE. C'est là que se trouvait le quartier général de la Gestapo (Geheime Staatspolizei) de Cologne de décembre 1935 à mars 1945. Le nom (prononcé L-D-Haus) fait référence aux initiales de son maître d'ouvrage, le commerçant Leopold Dahmen, qui loua sa maison à l'état brut à la Gestapo ; celle-ci se chargea de l'adapter à ses besoins. Avant tout, elle fit construire 10 cellules de prison sur les murs desquelles on peut encore voir aujourd'hui des témoignages impressionnants et bouleversants sur la torture, les tourments et les angoisses mortelles mais aussi l'esprit combatif des prisonniers. Au cours des derniers mois de la guerre, plusieurs centaines d'être humains, en particulier des hommes et des femmes étrangers, condamnés au travail forcé, ont été exécutés dans la cour intérieure de la maison EL-DE.

Le mémorial de la prison de la Gestapo a été inauguré en décembre 1981. Depuis juin 1997, la maison présente l'exposition permanente « Köln im Nationalsozialismus – Cologne sous le national-socialisme » avec des thèmes traitant de la vie politique et sociale de Cologne à l'époque du national-socialisme : l'ascension et la prise du pouvoir, la « Gleichschaltung » (mise au pas), l'appareil du pouvoir, la communauté populaire mise en scène, la jeunesse, entre la vie de tous les jours et la grande politique, la religion, l'idéologie des races, la persécution des « victimes oubliées » comme les êtres humains stérilisés de force et les victimes de l'«euthanasie», de même que les « asociaux », homosexuels, Sinti et Roma, le destin juif, la résistance, la guerre, le travail forcé, la fin de la guerre. Il y a en outre présentation d'expositions spéciales, réalisation de manifestations particulières, développement d'activité pédagogique, entretien d'une bibliothèque publique spécialisée, collection de sources d'informations et de matériaux, entretien d'une importante banque de données et publications d'écrits.

En tant que lieu commémoratif, instructif et de recherche, le centre de documentation sur le nazisme se consacre par conséquent à la commémoration, l'étude et la transmission de l'histoire de Cologne sous le national-socialisme. C'est le musée « pas tout à fait comme les autres » de Cologne, rappelant la période la plus sombre de l'histoire de la ville.

Die Schatzkammer des Kölner Doms
La trésorerie de la cathédrale de Cologne

La possession par la cathédrale d'un précieux trésor sacré est un fait avéré dès le 9ᵉ siècle. Conservé au départ dans la chambre d'or («Goldene Kammer»), déjà évoquée en 1212, puis présenté au public de temps à autre, le trésor de la cathédrale a été exposé pour la première fois de façon muséale au milieu du 19ᵉ siècle, dans les pièces du transept nord.

Depuis l'automne 2000, il est présenté dans les caves voûtées historiques et réaménagées ; elles datent du 13ᵉ siècle et se trouvent du côté nord de la cathédrale.

Sur une surface d'exposition d'environ 500 m², on trouve de précieux reliquaires, des ustensiles et des habits liturgiques, de même que les insignes des archevêques et des ecclésiastiques de la cathédrale du 4ᵉ au 20ᵉ siècle, des sculptures médiévales et des pièces trouvées dans les tombes des Francs. Pour les préserver, les manuscrits ne sont présentés que sporadiquement et au cours de petites expositions spéciales.

Parmi les pièces principales du trésor, on retrouve la crosse de Saint-Pierre et ses chaînes. Jusqu'au transfert des ossements des rois mages vers Cologne en 1164, c'est elles qui constituaient les principales reliques de la cathédrale. D'autres pièces particulières, issues aussi du trésor de reliques : les deux triptyques comportant des reliques de la croix du Christ, deux bustes à reliques datant du 15e et du 19e et le reliquaire baroque de St. Engelbert (1633). La crosse d'évêque de style gothique et créée sans doute à l'occasion de la consécration de la cathédrale et l'épée électorale de style gothique flamboyant datant de 1480/90, sont des insignes représentant la puissance religieuse et profane des archevêques de Cologne.

Le précieux habit de l'archevêque de Cologne, Clemens August von Wittelsbach, se distingue de l'importante collection d'ustensiles religieux et d'habits liturgiques ; il le commanda à Paris, en 1742, à l'occasion du couronnement de son frère Charles VII.

Les historiques pièces voûtées avec leurs vestiges de l'enceinte romaine de la ville, les colonnes de la construction précédente de la cathédrale, l'architecture moderne et la présentation nouvelle du trésor permettent aux visiteurs d'apprécier, de façon saisissante, l'histoire changeante de la cathédrale de Cologne.

Schokoladenmuseum
Musée du chocolat

Créé par Hans Imhoff, consul et ancien président du conseil de surveillance des chocolateries Stollwerck, le Musée du chocolat a été inauguré le 31 octobre 1993. Lors du déménagement de Stollwerck vers Porz, Imhoff avait ainsi offert un cadre digne d'eux aux objets anciens conservés tout au long de l'histoire de l'entreprise, sortant tous ces précieux souvenirs de dépôts où ils auraient peut-être été voués à l'oubli. Les objets actuellement exposés ont été installés dans un cadre historique plus vaste, digne d'un produit qui, vieux de plusieurs milliers d'années, fait partie de notre patrimoine culturel.

Le musée initial a été complété depuis par une serre tropicale, des installations de production, et la fameuse fontaine à chocolat. Le Musée du chocolat est aujourd'hui l'un des musées privés les plus prospères du monde : il s'autofinance entièrement, et réalise même des bénéfices. Sans engloutir de fonds publics, il est devenu en quelques années un véritable pôle d'attraction de la ville de Cologne. Avec plus de 600 000 visiteurs par an, il figure au top ten des musées allemands les plus fréquentés.″

Deutsches Sport & Olympia Museum
Le musée allemand du sport et des Jeux olympiques de Cologne

Le Musée allemand du sport et des Jeux olympiques se trouve en plein centre de Cologne, sur les bords du Rhin.

Par son concept original, ce musée sort délibérément des limites étroites d'une exposition à vocation purement historique. Il y parvient grâce à une multitude d'activités proposées au visiteur pour l'inciter à faire lui-même du sport. L'attrait particulier du musée résulte de ces deux aspects : découvrir la fascinante histoire du sport, tout en pouvant marcher sur les traces de ses stars.

Véritable phénomène de civilisation, le sport est riche d'une longue histoire jalonnée de noms célèbres, que nous remémore l'exposition. Sur son trajet, le visiteur découvrira d'abord la tradition antique des jeux olympiques. La statue colossale d'Héraclès, l'athlète grec par excellence, auquel la légende attribue la paternité des jeux olympiques, restitue la prodigieuse impression de puissance des athlètes de l'Antiquité, dont les performances stupéfient encore aujourd'hui.

Discipline qui comptait de nombreux adeptes en Allemagne, la gymnastique est considérée comme un autre jalon du sport moderne. En faisant un énorme bond dans le temps, on passe de l'Antiquité au monde du 19e siècle, en découvrant dans un gymnase reconstitué l'ambiance d'un club de gymnastique de l'époque, où régnaient l'ordre et la discipline, le tout sous l'œil sévère du « Turnvater Jahn », le père de la gymnastique en Allemagne.

Mais c'est d'Angleterre que sont venues les impulsions décisives qui ont façonné le sport moderne, tel qu'il est encore pratiqué aujourd'hui. Une boutique de bookmaker anglais, reconstituée avec amour du détail, pose la question du vainqueur et du vaincu : alors que cette notion était encore pratiquement étrangère au monde de la gymnastique, elle est devenue l'une des principales composantes du sport d'aujourd'hui.

Après avoir découvert les racines du sport actuel, on suit, le long d'un axe de temps, qui correspond au tracé d'une piste de course, la « pièce maîtresse » du musée : 200 ans d'histoire du sport, condensés en 750 événements sportifs. Une collection exceptionnelle d'objets évoquant ces étapes jalonnent ce voyage dans le temps.

Outre cette démarche chronologique, le visiteur trouvera également des blocs thématiques. Deux salles sont entièrement consacrées aux Jeux olympiques de Berlin en 1936 et de Munich en 1972.

Le Musée allemand du sport et des Jeux olympiques offre une multitude d'activités à ses visiteurs. Les « Jeux olympiques du Musée », par exemple, comprennent une visite guidée passionnante de l'ensemble de l'établissement, jalonnée par des exercices sportifs, des jeux sur le toit du bâtiment, ainsi qu'un rallye olympique « spécial musée ». Une équipe compétente accueille les visiteurs, leur proposant des visites guidées et activités s'adressant à toutes les catégories d'âge, ainsi que des programmes spéciaux, par exemple pour les sorties ou fêtes de clubs sportifs.

19/18 avant J.-C.
Agrippa installe les Ubiens sur la rive gauche du Rhin. L'« oppidum ubiorum » fut fondé à cette époque en tant que précurseur de la CCAA.

50 après J.-C.
A la demande d'Agrippina, fille du général Germanicus, l'empereur romain Claudius, son mari, accorde la pleine dignité de « cité » à l'oppidium où elle est née, qui prend le nom de Colonia Claudia Ara Agrippinensium (CCAA). Suite à cela, on érigera des fortifications comprenant 21 tours et 9 portes. Colonia a une surface d'environ 1 km².

Vers 310
Pour renforcer la frontière du Rhin, l'empereur Constantin Le Grand fonde le camp Divitia (Deutz) de l'autre côté du Rhin. Le premier pont fixe est installé sur le Rhin, faisant le lien avec Colonia.

313
Dans un document de Constantin Le Grand, Maternus est évoqué en tant que premier évêque de « Cologne ».

355
Les Francs conquièrent Cologne pour la première fois.

Vers 460
Cologne tombe définitivement aux mains des Francs. Jusqu'en l'an 510 environ, la ville est le siège de leurs rois ripuaires.

Vers 800
Charlemagne donne le titre de premier archevêque de Cologne à Hildebold, son proche conseiller. Par la suite, Hildebold deviendra vicaire impérial, l'ecclésiastique le plus important de l'empire des Francs.

870
Date transmise de la consécration de la cathédrale carolingienne.

881
L'invasion des Normands inflige d'importants dommages à Cologne.

953–965
Bruno, frère de l'empereur Otto Ier, est archevêque et, en tant que souverain profane, il est aussi maître de Cologne. Ses initiatives (fondation de l'église Gross St. Martin, des monastères St. Pantaleon et St. Andreas) revalorisent considérablement l'image de la ville. C'est aussi sous son gouvernement que le faubourg du Rhin sera intégré aux fortifications.

1003
L'archevêque Heribert, le chancelier de l'empereur Otto III, fonde une abbaye bénédictine dans les fortifications de Deutz.

1056
Avec Anno II, c'est une des personnalités les plus importantes et les plus controversées qui devient évêque de Cologne.

1074
Anno II réprime la révolte des citoyens contre sa souveraineté.

1096
Le quartier juif est détruit par le feu.

1106
Grâce au rattachement des colonies principales du nord, du sud et de l'ouest, la ville de Cologne s'agrandit considérablement et a alors une surface de 223 ha.

1164
L'archevêque Rainald von Dassel apporte les reliques des rois mages de Milan à Cologne.

1180
La construction des grandes fortifications, retracées aujourd'hui par les périphériques intérieurs, commence. La surface de la ville atteint alors 401 ha.

1248
Pose de la première pierre de la cathédrale gothique.

1259
L'archevêque Konrad von Hochstaden adjuge à Cologne le « Stapelrecht » (droit de comptoir).

1288
Bataille de Worringen. La ville de Cologne se range du côté des vainqueurs, l'archevêque Siegfried von Westerburg du côté des perdants. Dès lors, les archevêques perdent leur souveraineté séculière.

1322
Le chœur de la cathédrale gothique est achevé.

1349
Lors d'un pogrom, la communauté juive sera presque entièrement anéantie.

1388
Fondation de l'université de Cologne.

1396
Les patriciens perdent leur pouvoir jusqu'alors défendu avec opiniâtreté. Les guildes d'artisans et de commerçants rédigent une constitu-

tion, la charte de Cologne, qui gardera sa validité pendant 400 ans.

1424
Expulsion définitive des juifs de Cologne.

1475
Par privilège impérial, Friedrich III déclare Cologne « ville impériale libre », statut que Cologne possédait déjà de facto depuis longtemps.

1530
(et non pas en 1560) les travaux sur la cathédrale sont interrompus pour cause d'« hérésie damnée ».

1573
Achèvement de l'imposante tonnelle de style Renaissance de l'hôtel de ville.

1583
L'archevêque Gebhard II Truchsess von Waldburg se convertit au protestantisme. Il perd la guerre de Cologne qui suit, si bien que ses nombreux projets ne seront pas réalisés.

1618–1648
Lors de la guerre de Trente Ans, Cologne reste neutre et parvient à se tenir à l'écart des opérations de guerre. En 1632, des soldats suédois occupent Deutz.

1794
Les troupes de la France révolutionnaire occupent la ville qui leur sera remise sans combat.

1798
Cologne devient une partie de la République Française.

1815
A la fin de la souveraineté française, le congrès de Vienne remet la Rhénanie, dont Cologne fait partie, au royaume prussien.

1823
Premier défilé du lundi gras et réorganisation du carnaval de Cologne par le « comité des fêtes ».

1842
Le roi de Prusse, Friedrich Wilhelm IV, pose la première pierre pour la poursuite des travaux de la cathédrale.

1848/49
La révolution civile touche aussi Cologne, Karl Marx, rédacteur du journal « Neue Rheinische Zeitung », y joue un rôle important. Malgré cela, le soulèvement échoue ici, comme dans le reste de l'Empire.

1880

L'achèvement de la cathédrale sera fêté en présence de l'empereur Wilhelm I. L'atmosphère est glaciale : l'arrestation de Mgr. Melchers, archevêque de Cologne, point culminant du combat culturel (la confrontation entre l'église catholique et l'État prussien), ne remonte en effet que six ans en arrière.

1881

La démolition du rempart médiéval commence. Au cours des années suivantes, la « nouvelle ville » prend forme.

1888

Les rattachements administratifs, des villes Ehrenfeld et Deutz, et des communes Nippes et Poll entre autres, décuplent la superficie de la ville.

1914

Après le rattachement de la ville de Kalk et de la commune de Vingst en 1910, Mülheim et la commune de Merheim font dorénavant aussi partie de Cologne.

1917

Konrad Adenauer devient maire de la ville et le reste jusqu'à sa destitution par les nazis en 1933. Sous son égide, il y aura la fondation d'une nouvelle université, l'aménagement de la ceinture verte intérieure et extérieure ainsi que l'ouverture de la foire-exposition en 1924.

1938

Pendant le pogrom de la « nuit de cristal » (9 au 10 novembre), les synagogues de Cologne seront, elles aussi, détruites.

1945

Le 2 mars, la ville subit les derniers bombardements aériens, les premiers s'étant produits dans la nuit du 30 au 31 mai 1942. Au total, 20 000 personnes trouvent la mort et 60 000 se retrouvent à la rue. Environ 90 pour cent du centre ville est détruit.

1985

L'année des églises romanes : la restauration des douze grandes églises du centre est achevée.

1993/1995

Cologne est victime de deux catastrophes naturelles : entre la « crue centennale » de décembre 1993 et celle de janvier 1995, il ne se sera écoulé que 13 mois.

Fotonachweis:
Deutsches Sport & Olympia Museum: S. 236, 237; Käthe
Kollwitz Museum Köln: S. 226, 227; Kölner Karnevalsmu-
seum: S. 224, 225; Kölnisches Stadtmuseum, © Rheini-
sches Bildarchiv Köln: S. 220, 221; Kolumba, © Lothar
Schnepf / Kolumba: S. 228, 229; Museum für Angewandte
Kunst, © Rheinisches Bildarchiv Köln: S. 212, 213; Mu-
seum für Ostasiatische Kunst, © Rheinisches Bildarchiv
Köln: S. 216, 217; Museum Ludwig, © Rheinisches Bildar-
chiv Köln: S. 208, 209; Museum Schnütgen, © Rheinisches
Bildarchiv Köln: S. 218, 219; NS-Dokumentationszentrum
der Stadt Köln, © NS-Dokumentationszentrum der Stadt
Köln / Michael Wiesehöfer: S. 230, 231; Rautenstrauch-
Joest-Museum, © Rheinisches Bildarchiv Köln: S. 222, 223;
Römisch-Germanisches Museum, © Rheinisches Bildar-
chiv Köln: S. 214, 215; Schatzkammer des Kölner Doms,
© Dombauarchiv Köln, Matz und Schenk: S. 232, 233;
Schokoladenmuseum Köln: S. 234, 235; Wallraf-Richartz-
Museum & Fondation Corboud, © Rheinisches Bildarchiv
Köln: S. 210, 211
Alle anderen Fotografien stammen von Celia Körber-
Leupold.

Bildnachweis:
Für die Werke von Heinrich Campendonk, Otto Dix,
Fernand Leger, Richard Serra und Rosemarie Trockel:
© VG Bild-Kunst, Bonn 2017
Für die Werke von Georg Meistermann (Chor und Deka-
gon in St. Gereon, S. 50, 51): © Georg-Meistermann-Nach-
lassverwaltung, Dr. J. M. Calleen / VG Bild-Kunst, Bonn
2017; Pablo Picasso: Succession Picasso / VG Bild-Kunst,
Bonn 2017; Gerhard Richter: © Gerhard Richter, Köln;
Andy Warhol: © 2017 The Andy Warhol Foundation for
the Visual Arts, Inc. / Artists Rights Society, New York;
Tom Wesselmann: © The Estate of Tom Wesselmann /
VG Bild-Kunst, Bonn 2017

Auch die Rechte der trotz sorgfältiger Recherchen nicht er-
mittelten Fotografen und Rechteinhaber bleiben gewahrt.

© Greven Verlag Köln, 2017
1. Auflage 1987 · Neuausgabe 2006, 2017
Gestaltung und Satz: Thomas Neuhaus, Billerbeck
Gesetzt aus der Minion
Übersetzungen ins Englische: Katharina Leonbacher
(AJKL) und Martha M. Matesich
Übersetzungen ins Französische: Astrid Journet (AJKL)
und Anne Wegesin
Lithografie: Julius Fröbus, Köln
Papier: LumiSilk
Druck und Bindung: optimal media, Röbel/Müritz
Alle Rechte vorbehalten
ISBN 978-3-7743-0684-4

Detaillierte Informationen über alle unsere Bücher finden
Sie unter: **www.Greven-Verlag.de**

Celia Körber-Leupold (1936–2016) war Architekturfoto-
grafin und bis 1999 Mitarbeiterin des Kölner Stadtkon-
servators. Im Greven Verlag Köln erschien von ihr auch
Köln / Cologne. Die 100 schönsten Seiten.

Dr. Detlev Arens (geb. 1948) ist Germanist. Zahlreiche
Rundfunkessays und Bücher weisen ihn als profilierten
Kenner der rheinischen Kulturgeschichte aus.